법의 정신

DE L'ESPRIT DES LOIS

Montesquieu

법의 정신

몽테스키외 외 지음 | 이재형 옮김

문예출판사

| 차례 |

2부

* 일러두기

1. 이 책은 몽테스키외의 《법의 정신(De l'esprit des lois)》 전편에서 엄선한 장들을 번역한 것입니다.
2. 원주는 1, 2, 3…으로, 옮긴이주는 〔 〕로 표기했습니다.

저자가 알려드리는 말씀

이 책 1~4편을 제대로 이해하려면 내가 공화국에서 '덕성'이라고
부르는 것이 곧 조국애라는 사실을, 다시 말해 평등애(平等愛)라는 사
실을 깨달아야 한다. 그것은 도덕적 덕성이나 기독교적 덕성이 아니
라 '정치적' 덕성이다. 그리고 '명예'가 군주국을 움직이는 원동력인 것
처럼, 이 정치적 덕성은 공화정부를 움직이는 원동력이다. 그래서 나
는 조국애와 평등애를 '정치적 덕성'이라고 불렀다. 나는 새로운 사상
을 갖게 되었다. 그래서 꼭 새로운 단어들을 찾아내거나, 아니면 옛 단
어들에 새로운 뜻을 부여해야만 했다. 이 사실을 깨닫지 못하던 사람들
때문에 나는 터무니없는 말을 해야만 했고, 어쩌면 이 말은 이 세상 모
든 나라 사람들을 격분시킬지도 모르겠다. 왜냐하면 이 세상 모든 나
라 사람들은 도덕을 원하기 때문이다.

영혼의 변모나 덕성 등 몇 가지 자질이 어떤 정부를 움직이는 원동
력이 아니라고 말하는 것과, 이러한 자질이 그 정부에 전혀 없다고 말
하는 것 사이에는 꽤 큰 차이가 있으니 조심해야 한다. 설사 내가 어떠
어떠한 큰 톱니바퀴 또는 어떠어떠한 작은 톱니바퀴가 이 손목시계를
움직이는 원동력이 아니다, 라고 말한다고 치자. 그렇다고 해서 그 큰
톱니바퀴나 작은 톱니바퀴가 손목시계에 들어 있지 않다고 결론을 내

려야 할까? 전혀 그렇지 않다. 도덕적·기독교적 덕성은 군주국에서 배제되지만 정치적 덕성은 배제되지 않는다. 요컨대 정치적 덕성이 공화국의 원동력이지만 명예는 공화국에 존재한다. 그리고 명예가 정치적 덕성의 원동력이지만 정치적 덕성은 공화국에 존재한다.

마지막으로 3편 5장에서 문제가 되는 덕인(德人)은 기독교를 믿는 덕인이 아니라 내가 앞에서 말한 정치적 덕성을 갖춘 정치 덕인이다. 그는 자기 나라의 법을 사랑하고 그 사랑으로 행동에 나서는 사람이다. 이 책에서 나는 개념들을 더한층 명확히 정립하면서 이 모든 것을 새로운 관점으로 조명했다. 그리고 나는 '덕성'이라는 단어를 사용한 대목 가운데 거의 대부분에서 그것을 '정치적 덕성'이라는 뜻으로 사용했다.

서문

혹여 이 책에 실려 있는 무수히 많은 내용 가운데 내 예상과는 달리 불쾌감을 불러일으킬 수도 있는 것이 있을지 몰라도, 어쨌든 나쁜 의도로 일부러 집어넣지는 않았다. 원래 나는 반대를 위한 반대 따위를 하는 사람이 아니다. 플라톤은 자기가 소크라테스 시대에 태어난 것을 하늘에 감사했다. 나는 내가 지금 살고 있는 공화국에서 태어나게 해주신 데 대해, 그리고 내가 사랑하는 사람들에게 복종하도록 해주신 데 대해 하늘에 감사한다.

한 가지 양해를 구할 점이 있는데, 혹시라도 사람들이 양해를 안 해줄까 봐 걱정된다. 20년에 걸쳐 이루어진 작업을 잠깐 동안 읽고 판단하지 말아달라는 것이다. 겨우 몇 문장을 읽고 나서 인정하거나 비난하지 말고 처음부터 끝까지 책을 다 읽은 다음 그렇게 하라는 말이다. 만일 작가의 의도가 무엇인지 알고 싶다면, 그가 책을 쓴 목표부터 알아야만 그 의도를 알아낼 수가 있다.

나는 우선 인간에 대해 검토했으며, 이처럼 무수히 많은 법률과 풍습 가운데 그들이 오직 자신의 환상에 따라서만 행동하지는 않는다고 믿었다.

나는 원칙들을 정했고, 개별적 경우들이 마치 스스로 알아서 그러는 것처럼 이 원칙에 따르는 것을 보았다. 모든 민족의 역사는 이 원칙들이 만들어낸 결과에 지나지 않는다. 그리고 각각의 개별적 법률은 다른 법률과 연관돼 있거나, 더 일반적인 또 다른 법률에 종속돼 있다.

아주 오래전 시대를 언급할 때 나는 그 시대의 정신을 이해하려고 애썼는데, 전혀 다른 경우들을 유사한 것으로 간주하지 않기 위해, 그리고 유사한 경우들의 차이를 모르고 넘어가지 않기 위해서였다.

나는 원칙들을 내 편견이 아니라 사태의 성격에서 이끌어냈다.

여기서 독자들은 진실을 또 다른 진실과 연결하는 연쇄 관계를 보고 나서야 수많은 진실을 알게 될 것이다. 세부에 대해 더 많이 생각하면 할수록 원칙의 확실성이 더 잘 느껴질 것이다. 나는 이 세세한 부분을 전부 다 기술하지는 않았다. 미치도록 지겨워하면서 모든 것을 다 말하려고 하는 사람이 도대체 어디 있겠는가?

이 책에서는 지금 나오는 저서들(바일과 퐁트넬, 볼테르의 저서를 빗댔다)의 특색을 나타내는 그 두드러진 특징들이 단 한 가지도 발견되지 않는다. 범위를 조금만 더 넓혀 생각해보면 그같이 두드러진 특징들은 흔적도 없이 사라져버린다. 보통 그 같은 특징들이 생기는 것은 오직 정신이 다른 모든 방향은 포기한 채 한쪽 방향으로만 뛰어들기 때문이다.

나는 그 어떤 나라에서 이미 정립된 바를 비판하고자 이 책을 쓰는 것은 결코 아니다. 각 나라 국민은 자기들이 왜 자기네만의 원칙을 갖게 되었는지 그 이유를 이 책에서 발견하게 될 것이다. 그리고 거기서 당연히 얻게 되는 결론은 다음과 같다. 즉 변화를 제안하는 것은 오직 아주 행복하게 태어나 재능을 발휘함으로써 한 국가의 조직 전체를 정확히 이해할 수 있는 사람들에게 주어진 권한이다.

16

어떤 민족이 식견을 갖추고 있다는 것은 대단한 일이다. 행정관의 편견은 우선 민족의 편견에서 시작되었다. 무지의 시대에는 심지어 극악무도하기 짝이 없는 악행이 저질러져도 사람들이 전혀 회의(懷疑)를 품지 않았다. 계몽 시대에는 천사 같은 선행을 베풀고도 두려움으로 몸을 떨었다. 옛날 폐습이 느껴지고, 그것이 정정되는 것을 본다. 그러나 정정 그 자체가 남용되는 것도 알 수 있다. 최악이 두려우면 악을 그냥 내버려둔다. 최선에 대해 의심이 들면 선을 그냥 내버려둔다. 우리가 부분을 관찰하는 것은 오직 전체를 함께 판단하기 위해서다. 또 모든 원인을 검토하는 것은 모든 결과를 알기 위해서다.

만일 내가 모든 사람으로 하여금 그들의 의무와 그들의 군주, 그들의 조국, 그들의 법률을 사랑할 새로운 이유를 갖게 할 수 있다면, 각 나라와 각 정부, 자기가 있는 각 부서에서 행복을 더 잘 느끼게 할 수 있다면, 나는 내가 인간들 가운데 가장 행복한 인간이라고 믿을 것이다.

만일 내가 명령을 내리는 사람들로 하여금 그들이 명령을 내려야 하는 것에 대한 지식을 더 많이 갖게 하고, 복종하는 사람들로 하여금 복종하는 데서 새로운 즐거움을 느끼도록 할 수 있다면, 나는 내가 인간들 가운데 가장 행복하다고 믿을 것이다.

만일 내가 인간들로 하여금 그들의 편견에서 벗어나도록 할 수 있다면, 나는 내가 인간들 가운데 가장 행복하다고 믿을 것이다. 여기서 내가 편견이라고 부르는 것은 사람들로 하여금 무엇에 대해 모르도록 만드는 것이 아니라, 자기 자신을 모르도록 만드는 것을 가리킨다.

우리는 인간들을 깨우쳐주려고 애씀으로써 모든 사람에 대한 사랑을 포함하는 이 보편적 덕성을 실천할 수 있다. 사회에서 다른 사람들의 생각과 느낌에 따르는 유연한 존재인 인간은 또한 누군가가 자신의 성격을 보여주면 그것을 알 수도 있고, 또 누군가가 그것을 자신에게서 훔쳐가면 그것에 대한 감정까지 잃어버릴 수도 있다.

나는 이 책을 수도 없이 시작했고, 수도 없이 포기했다. 써놓은 원고를 수도 없이 바람에 날려 보냈다. 아버지의 손이 내려뜨려지는(시인 베르길리우스(기원전 70~19년)가 《아이네이스》(VI, 33)에서 인용한 글귀로, 아들인 이카로스의 비극적 모험을 표현할 능력이 없는 조각가 다이달로스를 상기한다) 것을 매일같이 느꼈다. 나는 구상 따위는 안 짜고 그냥 내 목표만 따랐다. 나는 규칙도 모르고 예외도 몰랐다. 내가 진실을 발견한 것은 오직 그것을 잃어버리기 위해서였다. 그러나 내 원칙을 발견하면 내가 찾는 모든 것이 내게로 왔다. 그리고 20년 동안 나는 내 책이 시작하고, 커지고, 앞으로 나가고, 끝나는 것을 보았다.

만일 이 책이 성공을 거둔다면 주제가 훌륭한 덕분이라고 생각할 것이다. 그렇다고 내 재능을 전혀 발휘하지 않은 것은 아니다. 프랑스와 영국, 독일에서 여러 위대한 인물들(주로 그로티우스(1583~1645년)와 홉스(1588~1679년), 푸펜도르프(1632~1694년), 로크(1632~1704년)를 가리킨다. 플라톤(기원전 427~347년)이나 아리스토텔레스(기원전 384~322년)를 덧붙일 수도 있다)이 나보다 먼저 썼다는 사실을 알았을 때 나는 감탄했다. 하지만 나는 조금도 용기를 잃지 않았다. 나는 코레조처럼 이렇게 말했다. "나도 화가인데('코레조'라고 불린 이탈리아 화가 안토니오 알레그리(1494~1534년)가 라파엘의 그림 앞에서 도발적으로 했다는 말)."

1부

법 일반

1. 법과 다양한 존재들의 관계

가장 넓은 의미에서의 법은 사물의 성격에서 유래하는 필연적 관계다. 그리고 이 같은 의미에서 모든 존재는 그들의 법을 갖는다. 신들도 그들의 법을 갖고 있다. 물질세계에도 그것의 법이 있다. 인간보다 우월한 영적 존재들도 그들의 법이 있다. 짐승들에게도 그들만의 법이 있다. 인간들도 그들의 법이 있다.

맹목적 운명이 우리가 지금 이 세상에서 목격하고 있는 모든 결과를 낳았다, 라고 말한 사람들은 결국 말도 안 되는 소리를 한 셈이다[몽테스키외는《'법의 정신'을 옹호함》에서 자신이 영국 철학자 홉스를 겨냥해 이렇게 말했음을 분명히 밝히고 있다]. 맹목적 운명이 지능을 갖춘 존재들을 만들어낸다는[보쉬에(1627~1704년)는〈보편적 역사에 관한 담론〉에서 똑같이 섭리를 옹호하는 주장을 편다] 말보다 더 터무니없는 말이 이 세상 어디에 있겠는가 말이다.

그러므로 일차적인 이유가 있다. 그리고 법은 그것과 상이한 존재들 간 관계이자 이 여러 존재들 상호 간 관계다. 창조자나 보존인과 마찬가지로 신은 우주와 관계를 맺는다. 즉 신이 천지를 창조했다는 법은 곧 신이 천지를 보존한다는 법에 다름 아니다. 신은 이 법칙을 알기 때문에 그것에 따라 행동한다. 신은 이 법칙을 실행했기 때문에 그것을 안다. 신은 이 법칙이 자신의 지혜나 힘과 관련을 맺고 있기 때문에 그것을 실행했다.

물질 운동으로 구성되며 지능을 갖추지 못한 세계가 여전히 존재한다는 사실을 우리가 알고 있기 때문에, 물질 운동은 불변의 법칙을 가져야만 한다. 그리고 만일 우리가 이와 상이한 또 다른 세계를 상상할 수 있다면, 그것은 지속적 규칙을 갖거나 파괴될 것이다.

그래서 하나의 임의적 행위로 보이는 창조는 무신론자들의 운명만큼이나 변함이 없는 규칙들을 필요조건으로 한다. 조물주가 이 규칙 없이도 세계를 지배할 수 있으리라고 말하는 것은 터무니없는 일이리라. 왜냐하면 규칙 없이는 세계가 존속할 수 없을 것이기 때문이다.

이 규칙은 끊임없이 구축되는 관계다. 움직이는 한 육체와 움직이는 또 다른 육체 사이에서는 질량과 속도의 관계에 따라 모든 움직임이 받아들여지고, 늘어나고 줄어들며, 사라진다. 각각의 다양성은 '균일성'이고, 각각의 변화는 '불변'이다.

지능을 갖춘 개별 존재들은 스스로 법을 만들어 가질 수 있다. 그러나 그들은 자기들이 만들지 않은 법을 가질 수도 있다. 지능을 갖춘 존재들이 있기 전에 법이 존재할 수 있었다. 그래서 그들의 관계가 가능했으며, 그 결과 법이 가능했다. 만들어진 법이 있기 전에 정의의 관계가 가능했었다. 성문법은 공정한 것도 공정하지 않은 것도 명령하거나 옹호하지 않는다, 라고 말하는 것은(손으로 쓴 원고에는 "홉스처럼 …… 이라고 말하는 것은"으로 되어 있다) 곧 원이 그려지기 전에는 모든 반지름이 다 똑같지는 않았다고 말하는 것과 마찬가지다.

그러므로 이전의 형평 관계를 수립하는 성문법에 대해 그 같은 관계를 인정해야 한다. 예를 들어 인간들의 사회가 있다고 가정한다면 그들의 법에 따르는 것이 당연한 것처럼 말이다. 다른 존재에게 어떤 혜택을 받은 지적 존재들이 있다고 할 때 그들이 그 혜택에 대해 감사해야 하는 것처럼 말이다. 만일 지능을 갖춘 어떤 존재가 지능을 가진 또 어떤 존재를 창조했을 때 창조된 존재는 태생적으로 갖는 의존관계에서 계속 벗어나지 못하는 것처럼 말이다. 또 다른 지적 존재에게 해악을 저지른 어떤 지적 존재는 자기가 저지른 것과 똑같은 악행을 다른 존재에게 당해봐야 하는 것처럼 말이다.

그러나 지적 세계가 물질세계처럼 지배되는 것은 아니다. 왜냐하면 지적 세계는 비록 그 성격상 불변일 수밖에 없는 법을 갖기는 하지만 물질세계가 그 자체의 법을 따르듯 지속적으로 자신의 법을 따르지는 않기 때문이다. 지능을 갖춘 개별 존재들이 그들의 성격에 의해 한정되고, 그 결과 오류를 저지르게 된다는 것이 그 이유다. 또 한편으로 그들은 성격상 그들 스스로 행동한다. 그래서 그들은 원래 갖고 있던 법을 꾸준히 따르지는 않는다.

우리는 운동의 일반 법칙이 짐승들을 지배하는지, 아니면 짐승들 고유의 충동이 그들을 지배하는지를 알지 못한다. 어찌 되었든 짐승들은 나머지 물질세계보다 더 내밀한 관계를 신과 유지하지는 않는다. 그리고 짐승들은 오직 자기들끼리 유지하는 관계 속에서만, 또는 다른 개개의 존재들이나 짐승들 자체와 유지하는 관계 속에서만 감정을 필요로 한다.

짐승들은 쾌락에 대한 성향으로 자기들 각자의 존재를 보존한다. 그리고 같은 성향으로 자신들의 종(種)을 보존한다. 그들도 자연법을 갖고 있는데, 지식에 의해 결합되지 않기 때문이다. 그러나 그들이 변함없이 이 자연법을 따르는 것은 아니다. 지식도 없고 감정도 없는 식물들이 자연법을 더 잘 따른다(몽테스키외는 젊었을 때 쓴《자연사 관찰》(1719~1721년)이라는 책에서 기계-식물 이론을 전개한다).

짐승에게는 우리 인간이 갖춘 최고의 이점들이 없지만, 대신 우리 인간이 갖추지 못한 이점들이 있다. 그들은 우리처럼 희망을 느끼지 않지만 두려움 또한 느끼지 않는다. 그들도 우리와 마찬가지로 죽음을 피할 수는 없지만, 죽음이 무엇인지 모른 채 죽음을 맞는다. 대부분 짐승은 우리보다 스스로를 더 잘 보존하고, 자신들의 정념을 그렇게까지 악용하지도 않는다.

물질적 존재로서의 인간은 다른 물체들처럼 변함없는 법칙의 지배를 받는다. 또한 지적 존재로서의 인간은 신이 만들어둔 법칙을 끊임없이 위반하고, 자기 스스로 정해놓은 법칙을 바꾼다. 그는 스스로를 인도해야 한다. 그렇지만 그는 한정된 존재다. 그는 지능을 가진 모든 유한한 존재처럼 무지나 오류를 피할 수 없다. 그리고 자기가 가진 빈약한 지식마저 끊임없이 잊어버린다. 지각 능력을 갖춘 피조물로서의 인간은 무수한 정념에 사로잡힌다. 이런 존재는 언제 어느 때라도 자신의 창조자를 잊어버릴 수가 있었다. 신은 종교 규범을 통해 그 점을 상기시켰다. 이런 존재는 언제 어느 때라도 자기 자신을 잊어버릴 수가 있었다. 철학자들은 도덕규범을 통해 그 점을 알렸다. 또한 그는 사회생활을 하도록 만들어졌는데도 거기서 다른 사람들을 잊어버릴 수가 있었다. 그래서 입법자는 정치법과 국민법을 통해 인간으로서 그가 지켜야 할 의무를 상기시켰던 것이다.

2. 자연법

이런 모든 법 이전에 자연의 법이 있는데, 이런 이름이 붙은 것은 그 법이 우리 존재의 구조에서만 유래하기 때문이다. 자연법에 대해 제대로 알려면 사회가 성립되기 이전의 인간을 고찰해야 하는데, 자연법이란 그런 상태에서 그가 받아들이게 될 법이다.

우리 자신의 마음속에 창조자의 관념을 심은 다음 그에게 데려가는 이 법은 자연법들의 순위가 아니라 그 중요성으로 자연법들 가운데 첫 번째가 된다. 인간은 자연 상태에서 지식을 갖는다기보다 인식 능력을 갖게 될 것이다. 인간이 맨 처음 품는 관념이 사변적 관념이 아니라는 것은 분명하다. 그는 자기 존재의 기원을 찾기 전에 그 보존에 대해 생각할 것이다. 그런 인간은 우선 자기가 나약하다고만 느껴 극도로 소심해질 것이다. 이 점을 실험해볼 필요가 있어 숲 속에 살던 미개인들을 찾아냈는데[1] 이들은 무엇을 보든 두려워 벌벌 떨며 도망친다.

이런 상태에서 각자는 자기가 열등하다고 느낄 뿐 다른 사람들과 평등하다고는 잘 느끼지 않는다. 따라서 그들은 서로를 공격하려 하지 않을 테니 평화가 제1의 자연법이 된다.

인간은 무엇보다도 서로를 정복하려는 욕망을 가졌다는 홉스의 주

---

1   이 미개한 증인은 하노버의 숲 속에서 발견되어 조지 1세 치하의 영국에서 산다.

장은 합리적이지 않다. 지배와 정복 관념은 매우 복잡하고 다른 많은 관념에 의존하고 있으므로 인간이 첫 번째로 갖는 관념은 아닐 것이다.

인간은 약하다는 감정에 욕구 감정을 덧붙일 것이다. 그래서 또 다른 자연법이 인간에게 먹기 위해 애쓰도록 부추길 것이다.

나는 인간이 두려움 때문에 서로를 피하게 될 것이라고 말했다. 그러나 서로에 대한 두려움의 흔적이 남으므로 그들은 얼마 안 있어 서로 다가갈 수밖에 없다. 한편 인간은 동물이 자기 종에 속하는 다른 동물에 접근할 때 느껴지는 쾌감으로 서로 접근하게 된다. 또한 양성이 그 차이로 서로에게 불러일으키는 매혹이 이 쾌감을 증대한다. 따라서 그들의 서로에 대한 자연스러운 소원이 제3의 자연법이 된다.

인간은 맨 처음 갖는 감정 외에 지식을 갖게 된다. 따라서 그들은 다른 종류의 동물이 맺지 않은 두 번째 유대를 맺고, 결합 동기를 새로이 갖게 된다. 그리하여 사회생활을 하고 싶다는 욕구가 제4의 자연법이 된다.

3. 실정법

인간은 사회생활을 시작하자마자 곧 자기가 나약하다는 감정을 잃는다. 그들 사이에 존재하던 평등이 사라지고 전쟁 상태가 시작된다.

각 사회는 자신의 힘을 자각하기에 이른다. 그리하여 민족 간 전쟁 상태가 시작된다. 각 사회에서 개개인은 자신의 힘을 자각하기 시작한다. 그들은 그 사회의 주된 이익을 차지하려고 노력한다. 그러다 보면 그들 사이에 전쟁 상태가 조성된다.

이 두 가지 전쟁 상태 때문에 인간들 사이에 법률이 제정된다. 서로 다른 민족의 존재가 필연적일 만큼 아주 큰 행성의 주민으로 고찰되는 인간은 이들 민족 상호 간 관계 속에서 법을 갖는다. 그것이 바로 만민법이다. 유지되어야 할 사회에서 살아가는 자로서 고찰되는 인간은 통치하는 자들이 통치받는 자들과 맺는 관계 속에서 법을 갖는다. 그것이 바로 정치법이다. 또 그들은 모든 국민이 자기들끼리 맺는 관계 속에서도 법을 갖는다. 그것이 바로 국민법이다.

만민법은 원래 다음 원칙을 바탕으로 성립한다. 즉 여러 민족은 각자의 참된 이익을 손상하는 일 없이 평시에는 서로에게 최대한의 선(善)을, 전시에는 최소한의 악(惡)을 행해야 한다는 것이다.

모든 사회에 관련되는 만민법 외에 각 사회에는 정치법이 있다. 사회는 정부 없이 존속할 수 없을 것이다. 그라비나(18세기의 유명한 이탈리아 법학자)의 말처럼 "모든 개별적 힘의 통합이 이른바 정치적 상태라고 불리는 것을 형성한다."

전체의 힘은 단 한 사람 수중에 둘 수도 있고, 여러 사람 수중에 둘 수도 있다. 어떤 사람들은 자연이 부권(父權)을 만들었으므로 단 한 사람의 통치가 자연에 가장 적합하다고 생각했다. 그러나 부권의 예는 아무것도 증명하지 못한다. 만약 부권이 단 한 사람의 통치와 관계가 있다 해도 아버지가 죽은 뒤 형제들의 권력, 또는 형제들이 죽은 뒤 사촌들의 권력이 다수의 통치와 관계가 있기 때문이다. 정치적 세력은 필연적으로 여러 가족의 결합을 포함한다(아리스토텔레스의 주장《정치학》I, 3과 정확히 일치한다).

그러므로 자연에 가장 적합한 정체란, 그것의 특별한 조항들이 그 국민의 성향에 더 잘 어울리는 정체라고 말할 수 있다.

법이란 일반적으로 인간 이성이다. 그리고 각 국민의 정치법 및 국민법은 오직 이 인간 이성이 적용되는 특수한 경우여야만 한다.

각 국민의 정치법과 국민법은 그 대상인 국민에게 적합해야 하므로, 어느 한 국민의 법이 다른 국민에게도 적합하다면 그것은 실로 우연한 경우다.

이들 법은 수립되어 있는, 또는 수립하고자 하는 정체의 성질과 원칙에 합당해야 한다. 정치법같이 정체를 구성하는 법이든, 아니면 국민법같이 그것을 유지하는 법이든 마찬가지다.

각 나라의 국민법과 정치법은 춥거나 덥거나 온화한 풍토라든지 토질, 나라의 위치와 크기, 농민이나 사냥꾼이나 목자 같은 국민의 생활양식 등 그 나라의 물질적인 것과 관련되어야 한다. 또 이들 법은 자유 정도와 국민의 종교, 그들의 성향, 그들의 부, 그들의 수, 그들의 상업, 그들의 풍습, 그들의 예의범절과도 관련되어야 한다. 끝으로 법들은 그것들끼리 관계를 맺는다. 그 자체의 기원과 입법자의 의도, 그리고 그 제정 기초가 되는 사물의 질서 등과도 관계를 맺는다. 그러므로 법은 이런 모든 관점에서 고찰되어야 한다.

나는 이 책에서 바로 그런 것들에 대해 이야기하려 한다. 나는 그런 모든 관계를 검토할 것이다. 그 모든 것이 함께 이른바 '법의 정신'을 구성한다.

나는 먼저 법과 각 정체의 성격 및 원리의 관계를 규명할 것이다. 그런 다음 좀 더 특이한 경우라고 여겨지는 다른 여러 관계로 눈을 돌릴 것이다.

2편

정체의 성격에서
직접 유래하는 법들

1. 세 가지 정체의 성격

정체에는 세 종류가 있다. 공화정체와 군주정체, 전제정체가 그것이다(아리스토텔레스에게 물려받은 전통은 이때까지 군주정체와 귀족정체, 민주정체를 구분했다. 몽테스키외의 정의는 그보다 더 경험적이고 논리적이다). 그 성격을 발견하는 데는 교육을 가장 덜 받은 사람들이 그것들에 대해 갖는 생각만으로 충분하다. 나는 세 가지 정의를, 아니 세 가지 사실을 다음과 같이 가정한다. 공화정체는 집단을 이룬 국민이나 단지 일부 국민이 주권을 갖는 정체다. 군주정체는 단 한 사람이, 그러나 제정된 불변의 법에 의거하여 다스리는 정체다. 반면에 전제정체에서는 통치자가 법이나 규칙 없이 자신의 의지나 뜻에 따라 모든 것을 끌고 간다.

나는 바로 이것을 각 정체의 성격이라고 부른다. 이 성격에서 직접 유래하는 법이 무엇인지, 따라서 제1기본법들이 무엇인지 살펴보아야 한다.

2. 공화정체 및 민주정체에 관한 법

공화국에서 집단을 이룬 국민이 주권을 가지면 '민주정체', 주권이
일부 국민의 손 안에 있으면 '귀족정체'라고 불린다.

민주정체에서 국민은 어떤 점에서는 군주고, 다른 어떤 점에서는
신하다.

국민은 그들의 의사인 투표를 통해서만 군주가 될 수 있다. 주권자
의 의사는 주권자 자체다. 따라서 투표권을 정하는 법이 이 정체에서는
매우 중요하다. 여기서 투표가 어떻게, 누구에 의해, 누구에 대해, 무엇
에 대해 행해져야 하는가를 정하는 것은, 군주정체에서 누가 군주이며
어떠한 방법으로 다스려야 하는가를 정하는 것만큼 중요하다.

그리스의 소피스트인 리바니오스〔배교자 율리아누스 황제(331~363년)의
조언자였고, 그리스 교회의 교부들인 바실리우스 성인(329~379년)과 요하네스 크리소
스토모스 성인(344~407년)의 스승이었다〕는 "아테네에서 국민 집회에 끼어든
외국인은 사형에 처해졌다"[2]라고 말한다. 주권을 침해했기 때문이다.

집회 성립에 필요한 국민 수를 정하는 것은 중요한 일이다. 그렇게
하지 않을 경우 국민이 말을 했는지, 아니면 단지 국민 일부만 말을 했
는지 알 수가 없다. 라케다이몬〔고대 그리스의 도시국가. 수도는 스파르타이며
펠로폰네소스 반도의 타이예토스 산맥 기슭과 에우로타스 강 골짜기에 있었다〕에서는
국민 1만 명이 필요했다〔아리스토텔레스의 〈라케다이몬 사람들의 구성〉에서 인용
했다〕. 처음에는 작았으나 나중에는 커질 로마, 운명의 모든 흥망성쇠를
겪게 될 로마, 때로는 거의 모든 국민이 그 성벽 밖에 있었고 또 때로는

---

2 《웅변술》17, 18.

전 이탈리아와 일부 영토가 그 성벽 안에 있었던 로마에서는 단 한 번도 그 숫자를 정하지 않았다.[3] 그리고 바로 이 점이 로마가 몰락한 주요 원인 가운데 하나였다(여기서 몽테스키외는 로마가 로마 국민권을 요구하는 이탈리아 동맹국들을 상대로 벌였던 '사회전쟁'에 대해 언급하는 '……에 대한 고찰' 장(章)을 참조한다).

주권을 가진 국민은 자신이 잘할 수 있는 일은 전부 다 자기가 해야 하고, 잘할 수 없는 일은 장관들이 하도록 내버려두어야 한다.

만일 국민이 장관들을 임명하지 않으면 그들은 국민의 것이 아니다. 그래서 국민이 자신의 장관들, 즉 행정관들을 임명하는 것은 이 정체의 가장 중요한 원칙이다.

국민은 군주와 마찬가지로, 때로는 군주 이상으로 고문 회의나 원로원의 인도를 받아야 한다. 그러나 국민이 고문 회의나 원로원을 신뢰하려면 그 의원들을 선출해야 한다. 아테네에서처럼 국민이 그들을 직접 선출하든가, 아니면 로마에서 몇몇 경우에 그랬던 것처럼(사실 로마 공화국에서는 원로원 의원들이 항상 행정관(집정관에 이어 감찰관)에 의해 선출되었다) 국민이 정한 집정관 몇 명이 그들을 선출하는 것이다.

국민은 자신이 가진 권위의 일부를 맡겨야 할 사람을 선출할 때 감탄할 만한 능력을 발휘한다. 그들은 오직 모르려야 모를 수가 없는 것들과 자명한 사실들에 근거해 결정하면 된다. 그들은 누가 자주 참전했고 전투에서 이런저런 승리를 거두었다는 사실을 아주 잘 알고 있다. 그래서 그들은 장군을 선출하는 데 대단한 능력을 발휘할 수 있게 된

---

3 《로마 성쇠 원인론》 9장.

다. 그들은 어떤 재판관이 무척 열심히 일하고, 많은 사람들이 그에 대해 만족스러워하면서 법정을 나서며, 그를 매수할 수 없었다는 사실을 알고 있다. 이 정도면 국민은 그를 사법관으로 선출할 수가 있다. 그들은 어떤 국민의 후한 인심이나 부유함에 깊은 인상을 받는다. 이 정도면 그들은 충분히 토목 담당관을 선출할 수가 있다. 이 모든 것은 궁궐에 사는 군주보다 국민이 공공 광장에서 더 잘 경험하는 사실들이다. 그러나 그들은 어떤 일을 추진하고, 장소와 기회 및 순간을 알고 그것들을 이용할 수 있을까? 아니다. 그들은 그렇게 할 줄 모를 것이다.

만약 인간의 장점을 판별하는 국민의 타고난 능력에 의심을 품는 사람이 있다면, 연이어진 아테네 사람들과 로마 사람들의 놀라운 선택에 눈을 돌리기만 하면 될 것이다. 이것을 우연으로 돌리면 절대 안 된다.

누구나 알다시피 로마에서는 국민이 평민을 공직에 앉힐 권한을 부여받았지만, 그런데도 선뜻 그들을 선출해야겠다는 결심을 할 수가 없었다. 그리고 아테네에서는 아리스티데스[기원전 540~468년. '의인'이라는 별명으로 불린 아테네 정치가로, 법 개정을 주도했다]의 법으로 모든 계급에서 행정관을 뽑을 수 있었으나, 크세노폰[기원전 430~355년. 그리스의 작가, 철학자, 정치가]의 말에 따르면 하층민이 자기들의 안녕이나 명예에 영향을 미칠 수 있는 공직을 요구하는 일은 결코 일어나지 않았다.

공직자를 선출할 만한 조건을 충분히 갖춘 국민 대부분이 공직자로 선출될 만한 조건은 충분히 갖추지 못했던 것처럼, 국민은 다른 사람들을 관리할 능력은 충분히 갖고 있지만 스스로를 관리할 만한 능력은 갖고 있지 않다.

공무는 진척되어야 하지만, 속도가 너무 빠르거나 너무 늦어서는 안 된다. 그러나 국민의 행동은 항상 너무 넘치거나 너무 모자란다. 그들은 이따금 수많은 팔을 휘둘러 모든 것을 뒤집어엎는다. 때로는 수많은 발을 갖고도 겨우 곤충처럼 움직일 뿐이다.

세르비우스 툴리우스(기원전 6세기에 활동한 로마의 전설적인 여섯 번째 왕이며, 그의 정치 개혁은 기원전 578년에 이뤄졌다)는 계층을 편성할 때 귀족정체의 정신을 따랐다. 티투스 리비우스(기원전 59~기원후 17년. 고대 로마의 역사가)와 드니 달리카르나스(기원전 8년경 사망한 그리스의 역사가 겸 편찬자)의 책을 보면(두 사람 다 로마 역사를 다룬 책을 썼다) 그가 어떻게 투표권을 주요 국민의 손에 넘겨주었는지 알 수 있다. 그는 로마 국민을 193개 백인조(百人組)로 구분했으며, 이들이 여섯 개 계급을 구성했다. 그리하여 부자지만 숫자는 가장 적은 사람들은 처음 몇 개의 백인조에, 그보다 덜 부유하지만 숫자는 더 많은 사람들은 그다음 몇 개의 백인조에 넣었으며, 가난한 사람들은 맨 마지막 백인조에 넣었다. 그러나 각 백인조가 각기한 표밖에 갖지 못했으므로 사실상 투표를 하는 것은 사람이라기보다능력과 재산이라고 할 수 있었다.

솔론(기원전 640~558년. 아테네의 정치가이자 고대 그리스의 일곱 현자 중 한 명이며, 아테네 민주주의의 토대를 세웠다)은 아테네 국민을 네 계급으로 구분했다. 그가 민주정체 정신에 따라 이 계급을 만든 것은 선거할 사람들을 정하기 위해서가 아니라 반대로 선출될 수 있는 사람들을 정하기 위해서였다. 그리고 그는 모든 국민에게 선거권을 주고 이 네 계급 각각에서 재판관을 선출할 수 있게 되기를 바랐다. 그러나 집정관은 오직 부유층이 속한 상위 세 계급에서만 선출될 수 있게 되기를 바랐다.[4]

---

4 드니 달리카르나스,《이소크라테스 찬미》2권 95쪽.

투표권을 갖는 사람들의 구분이 공화정체에서 기본법인 것과 마찬가지로, 투표를 하는 방법 역시 또 다른 기본법이다.

추첨에 의한 투표는 민주정체의 성격에 속한다(아리스토텔레스의《정치학》4권 9장. 추첨에 의한 투표는 아테네와 엘리스, 시라쿠사에서 실시되었다. 헤로도토스와 아리스토텔레스는 이 투표를 지지했고, 플라톤은 유보적이었으며, 크세노폰과 이소크라테스는 반대했다). 또 선택에 의한 투표는 귀족정체의 성격에 속한다.

추첨은 그 누구도 괴롭히지 않는 선거 방법이며, 조국에 봉사할 수 있으리라는 희망을 국민 한 사람 한 사람에게 불어넣는다.

그러나 그것은 그 자체로 결함이 있으므로, 위대한 입법자들은 그것을 규제하고 바로잡고자 많은 노력을 기울였다.

아테네에서 솔론은 선택을 통해 모든 군직(軍職)을 임명하고, 원로원 의원과 재판관은 추첨으로 선출하도록 정했다.

그는 많은 비용이 들어가는 민간 행정관 직은 투표로 정하고, 다른 것은 추첨으로 정하려 했다.

그러나 추첨에 따른 폐단을 우려한 그는 입후보자 중에서만 선출할 수 있고, 선출된 사람은 재판관의 심사를 받아야 하며[5] 누구든지 선출된 사람이 그 직위에 어울리지 않는다는 이유로 탄핵할 수 있다고 규정했다.[6] 이 같은 규정은 추첨 방식과 선출 방식을 동시에 고려한 것이다. 정무관 직 임기가 끝나면 이 직무를 제대로 수행했는가에 대해 또한 차례 심사를 받아야만 했다(일종의 '직무 감사'로서 아테네뿐만 아니라 로마에서도 (최소한 이론적으로는) 행해졌다). 그래서 무능한 사람들은 자기 이름

---

5   데모스테네스(기원전 384~322년. 아테네의 연설가)의 〈가짜 사자(使者)〉와 티마르코스에 대한 연설.

을 추첨 명단에 올려놓기를 몹시 꺼렸다.

투표 방법을 정하는 법도 민주정체에서는 매우 중요한 법이다. 투표가 비밀리에 행해져야 하는가, 아니면 공개리에 행해져야 하는가는 중요한 문제다. 키케로[기원전 106~43년. 로마의 정치가이자 연설가)는 로마 공화정 말기에 투표를 비밀로 하도록 규정한 법[7]이 로마를 몰락시킨 주요한 원인 중 하나였다고 쓴다. 이것은 여러 공화정에서 다양한 형태로 행해지고 있으므로 내가 보기에는 신중하게 생각해야 할 문제다.

국민이 공개 투표를 해야 한다는 데는 의심의 여지가 없다.[8] 이것은 민주정체의 기본법으로 간주되어야 한다. 하층민은 영향력 있는 정치지도자들에 의해 계발되고, 몇몇 주요 인사들의 사려로써 제어되어야 한다. 그런데 로마 공화정에서는 투표를 비밀로 하는 바람에 모든 것이 파괴되고 말았다. 파멸해가는 하층민을 계발한다는 것은 가능하지 않았다. 그러나 귀족정체에서 귀족 집단[9]이, 또 민주정체에서 원로원[10]이 투표하는 경우에는 정치적 음모를 방지하는 것이 시급한 문제였으므로 투표를 비밀로 할 수밖에 없었다.

원로원에서의 정치적 음모는 위험하고, 귀족 집단에서도 역시 위험하다. 그러나 원래 정념에 따라 행동하는 국민의 경우에는 그것이 위험

---

6 행정관이 될 사람의 능력을 사전에 검토하는 이 같은 방법은 오직 아테네에서만 실행되었다.

7 이것은 '투표법'이라 했다. 각 국민에게 두 가지 투표용지가 주어졌는데, 첫째 표에는 A라는 도장이 찍혀 있어 반대의 뜻이며, 둘째 표에는 U와 R이 찍혀 있어 찬성의 뜻이었다.

8 아테네에서는 손을 들어 의사를 표시했다.

9 한 예로서 베네치아의 경우를 들 수 있다.

10 아테네에서 30인의 참주는 최고재판소 재판관을 공개적으로 선출하자고 주장했는데, 그들을 마음대로 조종하기 위해서였다.

하지 않다. 국민이 통치에서 아무 역할도 하지 못하는 국가에서 국민은 공무 때문에 흥분하듯 관계자에 대해서도 흥분할 것이다. 공화국의 불행은 정치적 음모가 더는 일어나지 않을 때 발생한다. 국민이 돈에 매수당했을 때 이런 일이 일어난다. 국민은 냉혈한이 되어 돈에는 환장하지만 공무에는 별다른 관심이 없다. 정부나 정부 제안에는 아무 관심 없이 그저 대가(그의 영합이나 무관심에 대한 대가)만을 얌전히 기다리는 것이다.

오직 국민만이 법률을 만든다는 것 역시 민주정체의 가장 중요한 법칙이다. 그렇지만 상원이 명령을 내릴 수 있어야 하는 수많은 상황이 있다. 로마와 아테네의 기본법은 아주 현명했다. 원로원 결정은 1년 동안 법으로서 힘을 발휘했다.[11] 그러나 국민 뜻에 의하지 않고는 항구적인 법이 되지 못했다.

4. 군주정체의 성격에 관한 법

종속적이며 의존적인 중간 권력은 군주정체, 즉 오직 한 사람이 기본법에 따라 지배하는 정체의 성격을 이룬다. 나는 종속적이며 의존적인 중간 권력이라고 말했다. 실제로 군주정체에서는 군주가 모든 정치적·국민적 권력의 원천이다. 이 기본법은 필연적으로 그것을 통해 권력이 흐르는 중간 수로를 연상시키게 마련이다(최고 권력과 신하들을 연결해주는 벨트 역할의 매개체). 그 이유는 만약 국가에 오직 한 사람의 일시적이고

---

11 드니 달리카르나스,《로마사》4권, 9권.

변덕스러운 의지만 존재한다면 그 무엇도 고정될 수 없고, 결과적으로 어떠한 기본법도 존재할 수 없기 때문이다.

가장 자연스러운 종속적 중간 권력은 귀족의 권력이다. 귀족 신분은 어떻게 보면 군주정체의 성격에 속하며, 그 기본 원칙은 "군주가 없으면 귀족이 없고, 귀족이 없으면 군주가 없다"는 것이다. 귀족이 없으면 오직 전제군주만 있을 뿐이다.

유럽의 몇몇 나라에서 영주의 재판권 일체를 폐지하려 한 사람들이 있었다(에스파냐 가톨릭 왕 페르난도 2세(1452~1516년)와 포르투갈 국왕 주앙 2세(1455~1495년)의 반(反)봉건 개혁을 가리킨다). 그들은 자신들이 하려는 일을 이미 영국 의회가 했다는 사실을 알지 못했다. 군주정체에서 영주와 성직자, 귀족, 그리고 도시의 특권을 폐지해보라. 그러면 얼마 지나지 않아 국민국가나 전제국가가 출현할 것이다.

유럽에 있는 한 강대국의 법정(프랑스 고등법원)은 몇 세기 전부터 영주의 세습 재판권과 성직자의 재판권에 끊임없이 타격을 가하고 있다(그 결과 귀족계급과 교회의 특권을 빼앗아 왕권에 유리하게 이용하는 루이 14세의 정책이 결실을 맺었다). 우리는 지극히 현명한 사법관들을 비난하고 싶지는 않다. 다만 그 결과로 국가 구조가 어느 정도까지 바뀔 수 있는지에 대한 판단은 독자 각자가 알아서 해주기 바란다.

나는 성직자의 특권에 대해 이러쿵저러쿵 따질 생각은 없다. 그러나 그들의 재판권만은 제한되어야 한다고 본다(1695년부터 성직자의 재판권은 오직 영적인 사유에 대해서만 행사되기 시작했다). 그것이 허용될 이유가 있는지 없는지가 문제가 아니다. 그것이 허용되어 있는가, 그것이 그 나라 법의 일부를 이루고 있는가, 그것이 그 나라 어디에서나 적절하게 적용되는가, 독립적이라고 인정받는 두 권력 사이의 조건들이 상호적이어야 하지 않는가, 또 군주의 재판권이나 예부터 지금까지 이 재판권에 부여한 한계를 옹호하는 것이 과연 선한 백성에게 중요한 일인가 아닌가가 문제다.

성직자의 권력은 공화정체에서 위험하지만 군주정체, 특히 전제정치로 이어지는 군주정체에서는 적합하다. 법을 상실한 이후의 에스파냐나 포르투갈에 만약 자의적 권력에 제동을 거는 이 유일한 세력이 없었다면, 과연 이들 두 나라는 어떻게 되었겠는가? 다른 방책들이 없을 때 그것은 항상 튼튼한 방책이 된다. 전제주의가 인간 성품에 끔찍한 고통을 안겨준다는 점에서 그것을 제한하는 악 자체는 오히려 선이 되기 때문이다.

바다가 지구 전체를 뒤덮을 것같이 보이지만 사실은 풀과 자갈로 뒤덮인 바닷가를 넘어서지 못하듯, 무한한 권력을 가진 것처럼 보이는 군주들도 정말 작은 장애물들에 막혀 타고난 자부심을 느끼는 대신 탄식하며 기도에 열중한다.

영국인은 자유를 신장하고자 군주정체를 구성하는 모든 중간 권력을 제거했다. 그들이 자유를 지키려고 하는 것은 옳은 일이다. 이 자유를 잃어버릴 경우 그들은 지상에서 가장 속박을 받는 국민 가운데 하나가 될 것이다.

존 로〔1671~1729년. 스코틀랜드 출신 재정가. 프랑스 정부에 등용되어 군주국 프랑스의 만성적 재정 적자를 메우려고 프랑스 최초로 지폐를 발행했으나 어마어마한 규모로 파산했다. 재정 제도를 실천하려고 강력한 왕권을 원했으며, 귀족과 성직자의 면세 특전 폐지를 제안했다. 몽테스키외는 그를 1729년 베네치아에서 만났다〕는 **공화정체**

와 군주정체 모두에 대해 잘 몰랐기 때문에 유럽에서 가장 강력한 전제주의 주창자가 되었다. 너무나 갑작스럽고 상식에도 어긋나는 이 전대미문의 변혁 이외에도 그는 중간계급을 제거하고 정치집단을 전멸시키려고 했다. 그는 그 비현실적인 상환 계획으로 군주정체를 와해시키고 청산하려는 것 같았다.

군주정체에서는 중간계급이 있는 것만으로 충분하지가 않다. 법의 수탁 기관(법이 준수되도록 보장하는 기관)이 또 필요하다. 이 수탁 기관은 법이 만들어지면 그것을 알리고 사람들이 법을 잊어버리면 그것을 다시 상기시키는 일을 하는 정치단체(예를 들면 의회)에만 속할 수 있다. 귀족들은 원래 무지하고 부주의하며 민간 정부를 무시하기 때문에 법을 그것이 묻혀 있는 먼지 구덩이에서 계속 끄집어내는 단체가 있어야 한다. 국정자문회의는 적당한 법 수탁 기관이 아니다. 국정자문회의는 그 성격상 기본적인 법 수탁 기관이 아니라, 법을 시행하는 군주의 일시적 의사를 수탁하는 기관이다. 게다가 국정자문회의는 계속해서 바뀐다. 즉 국정자문회의는 항구적이지도 않고, 숫자가 많지도 않으며, 국민에게 신뢰를 얻지도 못한다. 그래서 국정자문회의는 험난한 시대에 국민의 앞길을 환히 밝혀줄 수도 없고, 그들을 복종시킬 수도 없다.

기본법이 없는 전제국가에는 법 수탁소도 없다. 그래서 이런 국가에서는 보통 종교가 강력한 힘을 갖는다. 종교가 일종의 상시적 수탁 기관 역할을 하고 있기 때문이다. 이런 나라에서는 종교 아니면 관습을 법 대신 떠받든다.

5. 귀족정체의 성격에 관한 법

귀족정체(이 장의 '귀족정체'란 주로 베네치아의 경우를 말한다)에서 주권은 일정 수의 사람들 수중에 있다. 바로 그들이 법을 만들고 집행한다. 그리고 나머지 국민은 그들에게, 군주정체에서 군주의 신하들 같은 존재일 따름이다.

이 귀족정체에서는 추첨에 의한 투표를 실시하면 안 된다. 불편하기만 하다는 것이다. 사람 마음을 아프게 할 만큼 이미 확연한 구분이 이루어진 정체에서는 설사 추첨으로 선출된다고 해서 덜 불쾌하지 않을 것이다. 사람들이 시기하는 것은 행정관이 아니라 귀족이다.

귀족 숫자가 많을 때는 귀족 집단이 결정할 수 없는 정무를 처리하고 그들이 결정하는 정무를 준비할 원로원이 필요하다. 이 경우에 귀족정체는 어떻게 보면 원로원 안에 있고 민주정체는 귀족 집단 안에 있으므로 국민은 아무것도 아니라고 말할 수 있다.

어떤 간접적 방법으로 국민이 극한 절망 상태에서 벗어나도록 할 수 있다면 귀족정체에서는 참으로 다행스러운 일이리라. 그리하여 국민 가운데 주요 인사들에 의해 운영된 제노바의 산타-조르주 은행[12]은 정부에 상당한 영향을 미쳐 제노바가 번영하도록 만들었다.

원로원 의원은 원로원에 결원이 생겼을 때 그것을 보충할 권한을 가지면 안 된다. 왜냐하면 그만큼 폐해를 항구화할 수 있는 것은 없기 때문이다. 초기에는 일종의 귀족정체였던 로마에서는 원로원 스스로 결원을 보충하는 일이 없었다. 새 원로원 의원은 감찰관들이 임명했다.[13]

---

12 애디슨, 《이탈리아 여행》 16쪽.

13 처음에는 집정관이 임명했다.

공화정체에서 갑자기 한 국민에게 과도한 권위가 주어지면 군주정체나 군주정체 이상의 것이 형성된다. 군주정체에서 법은 국가 구조를 형성하거나 그것에 적응했다. 정체의 원리가 군주를 제약하는 것이다. 그러나 한 국민에게 과도한 권력이 집중되는 공화정체[14]에서는 그 권력의 폐해가 더 크다. 법이 그 점을 전혀 예상하고 있지 않으며, 따라서 그것을 제약할 어떤 수단도 없기 때문이다.

모든 정무 관직은 짧은 임기로 그 권력의 강대함을 상쇄해야 한다. 그래서 대부분의 입법자는 임기를 1년으로 정했다. 그보다 긴 기간은 위험하고, 그보다 짧은 기간은 일의 성격에 어긋난다. 도대체 누가 이런 식으로 자신의 가정사를 이끌어가려 하겠는가? 라구사[시칠리아 섬의 한 도시]에서 공화국 우두머리는 매달, 그 밖의 관리는 매주, 요새 사령관은 매일 바뀐다.[15] 이런 일은 무시무시한 강국에 둘러싸여 있으며 말단 관리들이 쉽게 매수당할 우려가 있는 소공화국에서만 일어날 수 있다.[16]

권력에 참여하지 않는 국민 일부가 매우 가난하고 그 수도 너무 적어서 지배층이 그들을 억압할 생각조차 할 필요가 없는 귀족정체가 가장 바람직한 형태의 귀족정체다. 예를 들어 안티파테르가 아테네에서 2천 드라크마를 소유하지 못한 사람에게서는 투표권을 빼앗겠다고 정했을 때 최선의 귀족정체가 만들어졌다[알렉산더 휘하 장군이었던 안티파테르는 크라논 승리(기원전 322년)에 이어 아테네에 평화를 안겨주면서 민주정체를 폐지했다]. 왜냐하면 이 기준이 매우 적은 금액이라 투표권을 빼앗긴 사람은

---

14 로마공화정 붕괴의 원인이 바로 이것이다.《로마 성쇠 원인론》14장 및 16장 참조.

15 투르느포르,《여행기》.

16 루카[이탈리아 토스카나 지방의 도시]에서는 집정관의 임기가 겨우 2개월이었다.

극소수였고, 이 도시국가에서 어느 정도 존경받는 사람은 아무도 그런 일을 당하지 않았기 때문이다.

그래서 귀족 가문은 가능한 한 국민이 되어야 한다. 귀족정체는 민주정체에 가까워질수록 더 완벽해지고, 군주정체에 가까워질수록 덜 완벽해질 것이다.

모든 귀족정체에서 가장 불완전한 것은, 농민이 귀족의 노예인 폴란드 귀족정체처럼 복종하는 국민 일부가 명령하는 국민 일부의 민법상 노예 상태에 있는 경우다.

6. 전제정체의 성격에 관한 법

전제 권력의 성격에 따라, 그 권력을 행사하는 유일한 인간은 또한 단 한 사람이 그것을 행사하도록 만든다. 오감(五感)을 통해 자기만 잘나고 다른 사람들은 아무것도 아니라고 인식하는 인간은 본래 게으르고 무식하며 향락적이다. 그래서 그는 일을 하다 말고 그만둔다. 만약 그가 그 일을 여러 사람에게 맡긴다면 그들 사이에서 싸움이 일어날 것이다. 제1의 노예가 되려고 암투를 벌일 것이며, 군주는 어쩔 수 없이 다시 정무를 봐야 할 것이다. 그러므로 그와 동등한 권력을 갖는 재상에게 권력을 일임하는 편이 더 간단하다. 이런 나라에서는 재상을 두는 것이 기본법이다.[17]

어떤 교황은 선출된 뒤 자기가 무능하다는 사실을 확신하고 무한

---

17 동양 왕들은 항상 재상을 두었다.

한 어려움을 느꼈다[1670~1676년 로마 교황을 지낸 클레멘스 10세를 말한다]. 결국 그는 상황을 받아들이고 모든 정무를 조카에게 맡겼다[로마 교황의 사생아는 조카로 불렸다]. 그는 감탄하며 "이게 이렇게 쉬운 일이라고는 미처 생각하지 못했다"라고 말했다. 동양 군주들도 마찬가지다. 환관들이 그들의 심장과 정신을 약화시키고 흔히 그들 자신의 상태를 모르게 내버려두었던 이 감옥에서 그들을 끄집어내어 왕좌에 앉히자 그들도 처음에는 놀라워했다. 그러나 그들이 재상을 두고 하렘에서 짐승처럼 정욕에 휩싸일 때, 그리고 그들이 다 무너져가는 궁정에서 어리석기 짝이 없는 변덕을 부릴 때 그들은 그것이 그렇게 쉬운 일이라고는 꿈에도 생각하지 않았을 것이다.

제국이 광활할수록 하렘은 더욱더 커지고, 그 결과 군주는 더한층 쾌락을 즐기고 싶어 한다. 그러므로 이런 나라에서 군주는 통치해야 할 국민 수가 많을수록 통치에 대한 생각을 덜 하게 된다. 처리해야 할 국사가 많을수록 덜 숙고하게 되는 것이다.

3편

세 가지 정체의 원리

1. 정체의 본질과 그 원리의 차이

어떤 법이 각 정체의 성격과 관련되어 있는지 검토해보았으니, 이제는 어떤 법이 그 원리와 관련되어 있는지 살펴볼 차례다.

각 정체의 성격과 원리에는 다음과 같은 차이가 있다.[18] 즉 성격은 정체가 그런 식으로 존재하게끔 만드는 것이고, 원리는 그 정체가 작용하도록 만드는 것이다. 전자는 그것의 고유한 구조이고, 후자는 그것을 움직이는 인간의 정념이다.

그런데 법이란 각 정체의 성격뿐 아니라 그 원리와도 관련되어 있어야 한다. 그러므로 이 원칙이 무엇인지를 알아내야 한다. 나는 이 책에서 바로 그 일을 할 것이다.

앞에서 말했듯 공화정체의 성격은 국민 전체 또는 어떤 몇몇 가족이 주권을 갖는 것이고, 군주정체의 성격은 군주가 주권을 갖되 그 주

---

18 이 같은 구분은 매우 중요하며, 나는 거기서 많은 결과를 이끌어낼 것이다. 그것은 수많은 법의 핵심이다.

권을 정해진 법에 따라 행사하는 것이다. 또 전제정체의 성격은 오직한 사람이 자신의 의지와 일시적인 기분에 따라 통치하는 것이다.

이들 정체의 세 가지 원리를 찾아내는 데는 이것만으로 충분하다. 원리는 거기서 자연히 파생되어 나온다. 공화정체, 거기서도 민주정체부터 알아보기로 한다.

3. 민주정체의 원리

군주정체나 전제정체가 꼭 올바르게 이뤄져야만 오랫동안 유지되거나 지속되는 것은 아니다. 군주정체에서는 법의 힘이, 전제정체에서는 항상 높이 들어 올린 군주의 팔이 모든 것을 처리하거나 억제한다. 그러나 민중 국가에서는 앞의 두 정체와 달리 덕성이라는 원동력이 더 필요하다.

내가 하는 말은 모든 역사책을 통해 확인되고 사물의 성격과도 매우 잘 일치한다. 왜냐하면 법이 시행되도록 하는 사람이 법 위에서 판단하는 군주정체가, 법이 시행되도록 하는 사람이 법에 스스로 복종하고 그 무게를 감당할 것이라고 느끼는 민중 국가에서보다 덕성을 덜 필요로 한다는 것은 분명한 사실이기 때문이다.

지난 세기에 영국인이 그들 사이에 민주정체를 수립하고자 애썼으나 아무 효과도 거두지 못한 것은 흥미로운 일이다. 정무를 담당한 사람들에게 덕성이 결여되어 있었고, 그들의 야심은 가장 대담하게 행동한 자[19]의 성공에 자극받았으며, 당파 정신은 오직 다른 당파 정신에 의

---

19 크롬웰(찰스 1세(1600~1649년)를 무너뜨린 올리버 크롬웰(1559~1658년)).

해서만 억압되었으므로 정체는 끊임없이 변화했다. 깜짝 놀란 국민은 민주정체를 찾았으나 어디서도 발견할 수가 없었다. 결국 온갖 혼란과 충격, 동요〔찰스 1세의 퇴위(1648년), 찰스 1세의 처형과 크롬웰의 독재공화국 수립 및 찰스 2세의 등장과 왕정복고(1649년), 젝 2세의 퇴위(1685년), 오렌지 공이 제헌 군주로서 권좌에 오름(1688년)〕를 겪은 뒤에 배격했던 바로 그 정체에 의지할 수밖에 없었다.

술라가 로마에 자유를 되돌려주려고 했을 때 로마는 그것을 받아들일 수 없었다〔로마 군인이자 정치인인 술라의 놀라운 정치적 역정에 대한 비유. 그는 갑작스럽고 결연하게 쟁취한 절대 권력을 또 갑작스럽게 포기했다〕. 얼마 안 되는 덕성의 찌꺼기밖에 갖고 있지 않았기 때문이다. 그 후에도 그것은 점점 더 줄어들어 카이사르와 티베리우스, 칼리굴라, 클라우디우스, 네로, 도미티아누스〔이들은 로마 역사에서 여러 이유로 가장 잘 알려진 독재자들에 속한다〕로 이어지며 각성하기는커녕 한층 더 노예화할 따름이었다. 모든 타격은 전제군주들에게만 가해졌을 뿐 전제군주제 자체에는 전혀 영향이 없었다.

민주정체하의 그리스 정치가들은 스스로를 지탱할 수 있는 힘으로 오직 덕성만을 인정했다〔플라톤의 〈고르기아스〉에 등장하는 구절에 대한 암시〕. 오늘날 정치가들은 우리에게 제조업과 상업, 금융, 부(富), 그리고 사치 그 자체에 대해서만 말할 뿐이다.

이 덕성이 소멸되면 야심은 받아들일 만한 마음속으로 들어가고, 탐욕은 모든 마음속에 들어간다. 욕망은 대상을 바꾼다. 그래서 인간은 사랑하던 것을 더는 사랑하지 않게 된다. 그전에는 법에 의해 자유로웠으나, 이제는 법에 대해 자유로워지고 싶어 한다. 모든 국민은 마치 주인집에서 도망쳐 나온 노예 같다. 규범이던 것을 이제는 가혹함이라 부르고, 규칙이던 것을 이제는 제약이라 부른다. 그리고 배려이던 것을 이제는 위협이라 부른다. 오늘날 인색함이라 부르는 것은 소유욕이 아니라 검소함이다. 옛날에는 개개인의 재산이 국고를 이루었다. 그러나 오늘날에는 국고가 개개인의 자산이 된다. 공화국은 빈껍데기다. 그것의 힘은 이제 몇몇 국민의 권력과 만인의 방종에 지나지 않는다.

아테네 병력은 다른 나라를 지배하며 큰 영광을 누렸을 때도, 다른 나라에게 종속되어 큰 굴욕을 당했을 때도 늘 같았다. 페르시아인에게서 그리스를 지켰을 때도,[20] 스파르타와 패권을 겨루었을 때도, 시칠리아를 공격했을 때도 아테네 국민은 2만 명이었다(페르시아 전쟁과 펠로폰네소스 전쟁, 시칠리아 원정 등 아테네가 가장 강력했던 기원전 5세기에 일어난 사건들을 말한다. 시칠리아 원정은 기원전 404년에 스파르타에게 당한 대참패를 알리는 전주곡이나 마찬가지였다). 데메트리오스가 꼭 시장에서 노예를 헤아리듯 그 수를 헤아렸을 때 아테네에는 국민 2만 명이 있었다(아테네는 마케도니아 필리포스의 지배를 받게 되었고, 데메트리오스(기원전 317~307년에 총독을 지냈다)는 체계적인 인구조사를 실시했다).[21] 마케도니아의 필리포스가 그리스를 지배하려고 아테네 성문에 나타났을 때 그때까지 아테네는 시간만 허비할 뿐이었다. 데모스테네스의 연설을 읽어보면, 아테네를 각성시키는 데 얼마나 많은 노력이 필요했는지 알 수 있다(아테네 연설가 데모스테네스는 여러 차례의 연설을 통해 아테네 국민이 점점 더 위협적으로 되어가는 마케도니아의 공격에 대해 느끼는 무력감을 깨트리려고 애썼다). 아테네에서 필리포스는 자유의 적이

---

20 플루타르코스의 《페리클레스전》과 플라톤의 《크리티아스전》.

21 아테네에는 국민 2만 1천 명과 외국인 1만 명, 그리고 노예 40만 명이 살았다.

아니라 향락의 적으로서 두려움을 불러일으켰다.[22] 일찍이 수많은 패배를 견뎌내고 파괴된 뒤에도 다시 재건되었던 이 도시는 카이로네이아에서 패배한(기원전 338년) 뒤로 영원히 멸망하고 말았다. 필리포스가 모든 포로를 돌려보냈지만 그게 무슨 소용이란 말인가? 그는 남자들은 돌려보내지 않았다. 아테네의 덕성을 이기기가 어려웠던 만큼이나 그 군대에 이기기는 쉬웠다.

4. 귀족정체의 원리

민주정체에서 덕성이 필요하듯 귀족정체에서도 덕성이 필요하다. 그러나 후자에서는 사실 덕성이 그처럼 절대적으로 필요하지는 않다.

국민은 귀족에 대해 신하의 군주에 대한 관계에 있으므로 귀족의 법에 의해 억제당한다. 그러므로 그들은 민주정체의 국민만큼 덕성이 필요하지는 않다. 동료에 대해 법을 집행해야 할 사람들은, 처음에는 자기 자신의 이익에 반해 행동하고 있는 듯한 생각이 들 것이다. 따라서 그 구조의 성질상 귀족 집단에서 덕성이 필요하다.

귀족정체는 민주정체가 갖지 못한 힘을 갖고 있다. 귀족은 하나의 단체를 형성하며, 그 특수한 이익을 위해 국민을 억압한다. 그러나 이 단체로서는 남을 억압하는 것만큼이나 쉽게 자기 자신을 억제하기가 어렵다. 귀족정체 구조의 성질이 이와 같으므로, 같은 사람들을 법 지배 밑에 두고 있으면서 동시에 법 지배에서 해방시키고 있는 듯 보이는

---

22 그들은 오락에 사용할 돈을 전비(戰費)로 돌리자고 제안하는 자를 사형시키는 법을 만들었다.

것이다.

그런데 그런 단체가 자신을 억제할 수 있는 방법은 다음 두 가지로 국한된다. 어떤 의미에서 귀족을 국민과 평등하게 만드는 위대한 덕성에 의해서든가, 아니면 귀족을 국민과 최소한으로 동등하게 하는 일종의 절도, 즉 좀 더 작은 덕성에 의해서든가. 전자는 위대한 공화국을 형성할 수 있고, 후자는 귀족의 보전을 초래한다. 따라서 이 정체의 정신은 절도다. 내가 말하는 절도는 덕성에 의거하는 것으로, 무기력이나 정신의 나태에서 유래하는 것이 아니다.

5. 덕성은 군주정체의 원리가 아니다

군주정체에서 정치는 되도록 최소한의 덕성을 갖고 큰일을 하게 만든다. 흠 잡을 데 없이 잘 만들어진 기계가 동력과 힘, 바퀴를 되도록 덜 사용하는 것처럼 말이다.

국가는 조국애와 참다운 영광에 대한 욕망, 자기 이익 포기, 가장 귀중한 이익의 희생, 그리고 우리는 말로만 들었을 뿐인 고대인의 그 모든 영웅적 덕성 등에서 독립되어 존속한다.

군주정체에서는 법이 이 모든 덕성을 대신하므로 덕성이 필요하지 않다. 국가가 그것을 면제해준다. 이 정체에서는 은밀하게 이뤄진 행위라면 전혀 문제되지 않는다.

모든 범죄는 원래 공적인 성격을 띠지만, 진짜로 공적인 범죄와 사적인 범죄(사적인 범죄라고 불리는 이유는 그것이 사회 전체보다 한 개인에게 더 큰 고통을 안겨주기 때문이다)는 구별된다.

그런데 공화국에서는 사적인 범죄가 오히려 더 공적이다. 다시 말해 개인보다 국가 구조에 훨씬 더 큰 타격을 준다. 반면에 군주국에서는 공적인 범죄가 오히려 더 사적이다. 즉 국가 구조 자체보다 개인 운명에 더 큰 타격을 준다.

내가 한 말 때문에 감정이 상하는 일이 없기를 바란다. 나는 온갖 사건을 겪고 나서 말하고 있다. 나는 덕성을 갖춘 군주가 적지 않다는 사실을 아주 잘 안다. 그러나 나는 군주정체에서는 국민이 그렇게 되기가 무척 어렵다는 말을 하련다.[23]

리슐리외 추기경은 자신의 정치적 유언에서, 만약 국민 중 어떤 불행한 신사가 있다면[24] 군주는 그를 등용하지 않도록 조심해야 한다고 암시한다.[25] 덕성이 이 정체의 원동력이 아니라는 사실은 이처럼 진리인 것이다. 덕성이 이 정체에서 배제되어 있다는 것이 아니라 그 원동력이 아니라는 말이다.

6. 군주정체에서는 어떻게 덕성의 결여를 보완하는가

나는 내가 군주정체를 풍자한다고 사람들이 믿지 않도록 서둘러 성큼성큼 걷는다. 아니다, 군주정체에는 한 가지 동기가 부족해도 또 다른 동기가 있는데, 바로 명예다. 즉 각 개인과 각 신분의 예단(豫斷)이

---

23 여기서 나는 그것이 공익을 추구한다는 점에서 도덕적 덕성이라 할 수 있는 정치적 덕성에 대해 말한다. 정치적 덕성은 개인의 도덕적 덕성도 아니요, 드러난 진실과 관련되는 그 덕성은 더더구나 아니다. 여기에 대해서는 5편 2장에서 자세히 보게 될 것이다.

24 이 말은 내가 바로 앞에 단 주석의 의미로 이해하기 바란다.

25 "하층 인물을 기용해서는 안 된다. 그들은 지나치게 엄격하고 까다롭다"라고 그는 말한다.

내가 앞에서 말한 정치적 덕성을 대신해 어디에서든 나타나는 것이다. 군주정체에서 명예는 사람들로 하여금 가장 뛰어난 행위를 하도록 이끌 수가 있다. 덕성과 마찬가지로 명예도 법의 힘과 결합해 통치 목표를 달성하도록 하는 것이다.

그래서 제대로 통제되는 군주정체에서는 모든 사람이 다 고만고만하게 선량한 국민이 되지만, 덕을 갖춘 사람을 찾아내기는 좀처럼 쉬운 일이 아닐 것이다. 덕을 갖춘 사람이 되려면 그런 사람이 돼야겠다는 의도를 가져야 하고, 자기 자신을 위해서보다는 국가 자체를 위해서 국가를 사랑해야 하기 때문이다.

7. 군주정체의 원리

앞에서 말한 것처럼 군주정체는 높은 신분과 지위, 그리고 세습 귀족계급을 전제로 한다. 명예의 성격이란 곧 편애와 특전을 요구하는 것이다. 따라서 명예는 그 자체로 자연히 이 정체에 놓이게 된다.

야심은 공화정체에서 유해하다. 그러나 군주정체에서는 바람직한 결과를 낳는다. 야심은 이 정체에 생명을 불어넣고, 위험하지 않다는 장점을 갖고 있다. 이 정체에서는 그것이 〔군주에 의해〕 끊임없이 억제될 수 있기 때문이다.

군주정체는 만물이 중심에서 멀어지게 하는 힘과, 그것을 중심으로 끌어당기는 중력이 있는 우주계 같다고 할 수 있다.

명예는 정치집단의 모든 부분을 움직인다. 그리고 그 작용으로 정치집단의 모든 부분을 결합한다. 그러다 보면 각 부분이 각자 자신의 개별적 이익을 향해 가고 있다고 믿음으로써 결국 공동 이익을 향해 나아가게 된다.

11. 이 모든 것에 관한 고찰

세 가지 정체의 원리는 다음과 같다. 즉 어떤 공화국에서 사람들에게 덕이 있다는 것이 아니라 덕이 있어야만 한다. 그리고 또 어떤 군주국가에서 사람들이 명예를 갖거나 어떤 전제국가에서 사람들이 두려움을 갖는다는 것이 아니라 명예나 두려움을 가져야 한다. 그런 것들이 없으면 그 정체는 완전하지 않을 것이기 때문이다.

4편

교육법은 정체 원리와
관련되어야 한다

1. 교육에 관한 법

교육에 관한 법은 우리가 처음으로 받는 법이다. 그런데 그것은 우리로 하여금 국민이 되도록 준비시키는 것이므로 각 가족은 그들 모두를 포함하는 대가족 차원에서 다스려져야 한다[아리스토텔레스와 플라톤도 같은 주장을 펼쳤다].

국민 전체가 하나의 원리를 가졌다면 그 구성 부분들, 즉 가족들도 그것을 갖게 될 것이다. 따라서 교육에 관한 법은 각 정체마다 서로 다를 것이다. 다시 말해 교육법은 군주정체에서는 명예를, 공화정체에서는 덕성을, 전제정체에서는 두려움을 그 목표로 삼는다.

2. 군주정체의 교육

군주정체에서 사람들이 주로 교육을 받는 곳은 결코 어린아이들을 가르치는 공립학교가 아니다. 세상에 나가는 순간 교육이 시작된다. 세상은 이른바 명예, 곧 어디서나 우리를 인도해야 할 그 보편적 스승이 가르치는 학교다.

여기서 우리는 항상 다음 세 가지를 듣게 된다. "덕성에는 어느 정도의 품위가, 풍속에는 어느 정도의 솔직함이, 행동에는 어느 정도의 예의가 있어야 한다." 여기서 보여주는 덕성이란 항상 다른 사람들에 대한 의무라기보다 자기 자신에 대한 의무에 가깝다. 그것은 우리로 하여금 우리와 같은 나라 사람들에게 다가가도록 하기보다는 오히려 그들과 구분 지어준다.

명예가 여기서 어떤 고귀한 것을 발견하게 되면 명예는 그것을 합법화하는 재판관이나 그것을 정당화하는 소피스트가 된다.

명예는 정사(情事)가 진실한 감정이나 정복이라는 생각과 결합되어 있을 때는 허용한다. 이것이 바로 군주정체에서 풍속이 공화정체에서만큼 순수하지 않은 진짜 이유다.

정치에서 교활함이 명예를 손상시키지 않는 것처럼, 명예 역시 책략이 정신의 위대함이나 사업의 위대함이라는 관념과 결부되어 있을 때는 허용한다.

명예가 지나친 찬사를 금하는 것은 입신출세 개념과는 상관없이 오직 그 자체가 비열하다는 감정과 결합되어 있는 경우다.

내가 앞에서도 말했듯이, 군주정체에서 풍속에 관해 교육할 때는 상당히 솔직해야 한다. 사람들은 교육하는 사람의 말에 진실이 담겨 있기를 원한다. 진실을 말하는 데 익숙해진 사람은 대담하고 자유로워 보이기 때문이다.

끝으로 군주정체에서 교육할 때는 예의를 갖춰 정중하게 행동해야 한다. 인간은 함께 살도록, 서로가 서로의 마음에 들도록 태어났다. 따라서 예의를 지키지 않는 사람은 함께 살아가는 모든 사람의 비위를 건드리고 결국에는 모두에게서 신뢰를 잃어 아무 일도 할 수 없게 될 것이다.

그러나 예의의 근본이 이처럼 늘 순수하기만 한 것은 아니다. 예의는 자기를 돋보이게 하려는 욕망에서 비롯된다. 우리가 예의 바르게 행동하는 것은 자존심 때문이다.

군주정체에서는 궁정에서 예의범절이 정착된다. 매우 위대한 한 인간은 다른 모든 인간이 작아 보이도록 만든다. 그러므로 다른 모든 사람에게 경의를 표해야 한다. 바로 여기서 예의가 생겨난다. 예의는 예의 바르게 행동하는 사람도, 그가 예의를 갖춰 대하는 사람도 기분 좋게 만든다. 예의는 그가 궁정 사람이라는 것을, 또는 그가 궁정 사람답다는 것을 보여주기 때문이다.

교육은 이 정체가 요구하는 모든 덕성과 자질을 갖춘 사람, 곧 신사라고 불리는 사람을 만들어낸다. 여기서 명예가 도처에서 개입해 모든 사고와 감각 방식 속으로 들어가고 원리를 인도한다.

이 기묘한 명예는 덕성도 원하는 대로만 만들고, 우리가 명령받는 것에 대한 규칙도 독자적으로 정한다. 우리 의무의 원천이 종교에 있든 정치에 있든, 아니면 도덕에 있든 상관없이 명예는 그것을 제멋대로 확대하거나 제한한다.

군주정체에서 법과 종교, 명예가 내리는 명령 가운데 군주의 뜻에 복종하라는 명령보다 큰 명령은 없다. 그러나 군주라 해도 우리 명예를 훼손하는 행위는 우리로 하여금 군주에게 봉사할 수 없도록 만들기 때문에 그 같은 행위를 우리에게 강제해서는 안 된다고 규정되어 있다. 명예가 귀족에게 명하는 것 가운데 전쟁을 할 때 군주를 모시라는 것보다 큰 것은 없다. 사실 귀족의 위험과 성공, 심지어는 불운까지도 위대함으로 이어지므로 그것은 고상한 일이다. 그러나 명예는 이 법을 강제하면서 그 심판자가 되고자 한다. 명예는 그것이 손상될 경우 전투를 그만두고 물러갈 것을 요구하거나 용인한다.

명예는 모든 직업을 귀천 없이 원하거나 거부할 수 있게 되기를 바라며, 이 같은 자유를 입신출세보다 우선시한다.

명예는 이렇게 최고 준칙들을 가지며, 교육은 이 준칙들에 부합해야 한다.[26] 그 주요한 것은 다음과 같다.

첫째, 우리 재산을 지키는 것은 허용되나 그것을 위해 생명을 버리는 일은 절대 있어서는 안 된다.

둘째, 일단 어떤 지위에 오르면 스스로를 그 지위보다 낮게 보이게 만드는 행위를 하면 안 되고, 남이 그런 행위를 하는 것을 묵인해서도 안 된다.

셋째, 명예가 금지하는 것을 법이 금지하지 않으면 명예가 금지하는 것은 더욱더 엄격히 금지되고, 명예가 요구하는 것을 법이 요구하지 않으면 명예가 요구하는 것은 더욱더 강하게 요구된다.

---

26 당연히 그렇게 되어야 하는 것이 아니라 있는 그대로의 것을 말한다. 명예란 일종의 편견으로, 종교는 때로 그것을 타파하려 하고 또 때로는 규제하려 한다.

3. 전제정체의 교육

군주정체에서 교육이 오로지 정신 수준을 높이려고만 애쓰는 것처럼 전제정체에서는 교육이 오로지 정신 수준을 낮추려고만 애쓴다. 전제정체에서는 교육이 노예적이어야 한다. 누구든 노예가 되지 않고는 폭군이 될 수 없기 때문에 노예 교육을 받으면 심지어 명령을 내릴 때도 좋다.

무조건적 복종은 복종하는 자의 무지를 전제로 한다. 그것은 명령을 내리는 자의 경우에도 마찬가지다. 그는 깊이 생각해볼 필요도, 의심해볼 필요도, 이치를 따져볼 필요도 없다. 그저 원하기만 하면 된다.

전제정체에서는 각 가정이 하나의 독립된 제국이다. 다른 사람들과 함께 사는 것이 주요한 목표인 교육은 이 정체에서 매우 제한적으로 이루어진다. 이 정체에서 안다는 것은 위험하고 경쟁은 해롭다. 덕성에 관해 말한다면, 아리스토텔레스는 노예들 고유의 덕성이 있다는 사실을 인정할 수가 없었으며[27] 그래서 전제정체에서 교육은 많은 제한을 받게 될 것이다.

따라서 전제정체에서는 교육을 시켜봤자 아무 소용이 없다.

4. 고대인과 지금 사람들의 교육이 낳는 효과의 차이

대부분의 고대 민족은 덕성을 원리로 내세우는 정체에서 살았다. 그리고 그들의 덕성이 이 정체에서 힘을 발휘하면 보잘것없는 우리 영

---

[27] 《정치학》 1권 3장.

혼에 놀라움을 안겨주는 일들(지금은 볼 수 없는)이 행해지곤 했다.

그들의 교육은 우리 교육에 비해 또 다른 이점을 가졌는데, 결코 사실에 어긋나는 법이 없었다는 것이다. 에파미논다스(기원전 4세기 테베의 장군이자 정치가)는 말년까지도 처음 교육을 받기 시작했을 때와 똑같이 말하고 듣고 보고 행동했다.

오늘날 우리는 부모의 교육과 스승의 교육, 사회의 교육 등 서로 다르거나 반대되는 세 가지 교육을 받는다. 사회의 교육은 우리가 부모의 교육이나 스승의 교육에 대해 갖는 모든 생각을 뒤엎는다. 그것은 우리 사이에 존재하는 종교적 의무와 사회적 의무의 대립에 어느 정도 기인하는데, 고대인은 거기에 대해 아는 것이 전혀 없었다.

5. 공화정체의 교육

공화정체에서는 교육이 갖는 힘을 전부 다 발휘할 필요가 있다. 전제국가에 대한 두려움은 위협과 징벌 사이에서 저절로 생겨난다. 군주국가가 중요시하는 명예는 정념으로 증대되기도 하지만, 그 반대로 정념을 불러일으키기도 한다. 그러나 정치적 덕성을 발휘한다는 것은 곧 자신을 포기하는 것이며, 자신을 포기한다는 것은 항상 매우 힘든 일이다.

우리는 이 덕성을 법과 조국에 대한 사랑으로 정의할 수 있다. 이 사랑은 자기 자신의 이익보다는 공공의 이익을 우선할 것을 끊임없이 요구함으로써 모든 개인의 덕성이 발휘되도록 한다.

이 사랑은 특히 민주정체와 관련된다. 민주정체에서만 정치가 각 국민에게 맡겨진다. 그래서 이 세상 모든 것이 다 그러하듯 정치도 그것을 사랑해야만 오랫동안 유지될 수 있다.

국왕이 군주정체를 사랑하지 않는다든가 전제군주가 전제정체를 사랑하지 않는다는 말은 단 한 번도 들어본 적이 없다.

그래서 공화정체에서는 모든 것이 이 사랑의 감정을 불러일으키느냐 못 불러일으키느냐에 좌우되며, 교육은 이 사랑의 감정을 고취하는 데 신경을 써야 한다. 아이들로 하여금 이 사랑의 감정을 품게 하는 한 가지 확실한 방법이 있는데, 부모들 자신이 이 사랑의 감정을 갖는 것이다.

정상적인 부모라면 자신의 지식을 자녀들에게 전달해줄 수 있으며, 자신의 정념은 더더욱 잘 물려줄 수 있다.

만약 그렇게 되지 않는다면, 그것은 부모의 가정에서 형성된 것이 가정 밖에서 받은 인상으로 파괴되기 때문이다. 젊은 세대가 타락하는 것이 아니다. 그들은 어른들이 이미 부패해 있을 때 갈피를 잡지 못한다.

6. 그리스인의 몇 가지 제도

민주정체 아래 사는 민족이 덕을 갖춘 사람으로 교육될 필요성을 절절히 느낀 고대 그리스 사람들은 덕성을 고취하려고 특이한 제도를 만들었다. 리쿠르고스 전기 가운데 그가 라케다이몬 사람들에게 만들어준 법을 보면 꼭 세바람브 사람들의 이야기(오스트레일리아 원주민을 소재로 한 도니 바렌스의 공상 소설)를 읽고 있는 듯한 기분이 든다. 크레타 법이 라케다이몬 법의 오리지널이다. 그리고 플라톤의 법은 그 법을 고친 것이다.

크레타와 라코니아는 이 법으로 통치되었다. 라케다이몬은 마케도니아인에게 끝까지 저항한 도시고, 크레타[28]는 로마인의 마지막 희생물이 되었다. 삼니움인(고대 이탈리아 남부 산악 지대에 살던 호전적 부족. 기원전 88년에 로마인에게 멸망했다)도 유사한 제도를 갖고 있었으며, 로마인에게 스물네 차례나 패배를 당했다.[29]

우리는 그리스 제도에서 보았던 이 놀라운 것들을 우리 시대의 타락과 부패에서[30] 다시 한 번 보았다. 어느 신사(紳士) 입법자가 국민을 교육했는데, 스파르타 사람들의 용맹함이 자연스럽게 느껴지듯 그들의 성실함도 자연스럽게 느껴진다.

윌리엄 펜(북미를 개척한 영국인. 필라델피아를 건설하고 퀘이커 교도를 이주시켰다(1682년))은 진짜 리쿠르고스 같은 사람이다. 리쿠르고스는 전쟁이 목표였고 펜은 평화가 목표였지만, 그들은 국민을 특이한 길로 인도하고 자유인들에게 영향력을 행사하며 편견을 깨고 정념을 이겨냈다는 점에서 다르지 않다.

또 다른 예로 파라과이를 들 수 있다. 교단[31]은 다른 사람들에게 명령을 내리는 데서 느끼는 기쁨을 삶의 유일한 행복으로 간주한다는 이유로 비난받았다. 그러나 사람들을 더욱더 행복하게 해주면서 지배하는 것이야말로 항상 좋은 일이다.[32]

---

28 크레타는 3년 동안 그 법과 자유를 지켰다. 티투스 리비우스의 《로마 건국사》 XCVIII, XCIX, C.와 플로루스의 《로물루스에서 아우구스투스까지의 로마사 요약》 참조.

29 플로루스, 《로마사》 1권 16장 참조.

30 키케로, 《로마의 타락》 참조.

31 예수회를 말한다.

32 파라과이 인디언은 어느 한 영주에게 속해 있지 않았고, 세금은 5분의 1만 냈으며, 스스

인류애와 결합된 종교 개념을 이 나라에서 처음으로 보여준 것은 이 교단으로서 영광된 일이다. 이들은 스페인 사람들이 남겨놓은 폐허를 복구하는 한편, 그때까지 인류가 입은 상처 가운데 가장 심각한 상처를 치료하기 시작했다.

이와 비슷한 제도를 만들려는 사람들은 플라톤의 《국가》에 등장하는 재산 공유제와 신 숭배, 풍속 유지를 위한 외국인과 자국민의 분리, 시민이 아니라 도시국가에 의한 무역 등을 확립할 것이다. 말하자면 그들은 우리에게 수공업을 주되 사치를 금하고, 우리에게 생필품을 주되 우리 욕망을 금하는 것이다.

그들은 화폐 유통도 금할 것이다. 화폐 효용이란 결국 자연이 정해놓은 경계 넘어서까지 재산을 불리게 하고, 아무 쓸모도 없는데 모아놓은 것을 아무 쓸모도 없이 간직하는 법을 가르쳐주고, 욕망을 한없이 증가시키고, 우리 정념을 자극하는 매우 제한된 방법을 제공하는 자연을 대체하고, 우리를 서로 타락시키는 것에 지나지 않는다.

7. 그런 독특한 제도는 어느 경우에 좋은가

위에서 말한 제도가 공화정체에는 어울릴 수 있다. 이 정체의 원리는 정치적 덕성이기 때문이다. 그러나 군주정체에서 사람들을 명예로 이끌어가거나 전제정체에서 두려움을 불러일으키려면 그렇게까지 애쓸 필요가 없다.

로를 지키기 위해 총을 소지했다.

그런 제도는 국민 전체를 교육하고 한 가족처럼 키울 수 있는 작은 나라(예컨대 그리스 도시들)에서만 시행할 수 있다.

미노스와 리쿠르고스, 플라톤 등의 법은 모든 시민이 서로에게 특별히 주의를 기울인다는 것을 전제로 한다. 그 수가 많은 국민의 혼란스러움과 태만함, 일의 엄청난 규모 속에서는 그런 것을 기대할 수 없다.

앞에서 말한 바와 같이 그런 제도에서는 화폐를 추방해야 한다. 그러나 규모가 큰 사회에서는 숫자와 다양성, 곤란함, 사업의 중요성, 매매 행위의 손쉬움, 교환의 느린 속도 등이 공통된 척도를 요구한다. 이 공통된 척도의 힘이 어디에나 미치도록 하거나 그 힘을 지키려면 사람들이 어디서나 힘을 부여하는 것을 가져야 한다.

5편

입법자가 제정하는 법은 반드시
정체 원리와 관련되어야 한다

1. 5편의 개념

우리는 교육에 관한 법이 각 정체의 원리와 관련을 맺어야 한다는 사실을 방금 보았다. 입법자가 사회 전체에 만들어주는 법도 그와 마찬가지다. 법과 이 원리의 관계는 정체를 움직이는 모든 원동력에 긴장감을 불어넣는다. 그리고 원리도 거기서 새로운 힘을 얻게 된다. 물리적 운동에서 작용에는 항상 반작용이 수반되는 것처럼. 나는 각 정체에서 이 관계를 검토하려 한다. 우선 덕성을 원리로 갖는 공화정체부터 시작해보자.

2. 정치적 국가의 덕성

공화국에서의 덕성은 매우 단순하다. 그것은 공화국에 대한 사랑이며, 또한 인식의 결과가 아닌 감정이다. 따라서 모든 인간은 이 감정을 가질 수 있다.

조국애는 풍속의 선량함으로 이어지고, 풍속의 선량함은 조국에 대한 사랑으로 이어진다. 우리는 개인의 정념이 충족되지 않을수록 보편적 정념에 더 깊이 빠져든다.

3. 민주정체에서 국가에 대한 사랑은 무엇인가

민주정체에서 공화국에 대한 사랑이란 곧 민주정체에 대한 사랑을 말한다. 민주정체에 대한 사랑은 곧 평등에 대한 사랑인 동시에 검소함에 대한 사랑이다. 이 정체에서는 각자가 똑같은 행복을 느끼고 똑같은 이익을 누려야 하므로 똑같은 즐거움을 맛보고 똑같은 희망을 품어야 한다.

민주정체에서 평등에 대한 사랑은 야심을 다른 시민들보다 조국에 더 많이 봉사한다는 오직 하나의 욕망과 오직 하나의 행복으로 한정한다. 시민들이 조국에 똑같이 봉사한다는 것은 불가능한 일이다. 그러나 모두가 평등하게는 봉사해야 한다. 사람은 태어나면서부터 조국에 큰 빚을 지게 되며, 그 빚을 다 갚기란 불가능하다. 비록 행복한 봉사나 우수한 재능을 가진 사람에 의해 평등 원칙이 깨진다 하더라도 차별은 평등 원칙에서 비롯된다.

검약에 대한 사랑은 소유욕을 자기 가족을 위한 필수품과 자기 조국을 위한 잉여분이 요구하는 주의력으로 제한한다. 부는 권력을 부여하지만, 시민은 자신을 위해 그 권력을 행사할 수 없다. 왜냐하면 그는 평등해지지 않을 것이기 때문이다.

그러므로 우수한 민주정체는 가정에서 검소함을 추구하도록 함으로써 아테네와 로마에서처럼 공공 지출로 이어지는 문을 개방했다. 개인들의 양식과 행복은 대체로 그들이 가진 재능과 자산의 범용(凡庸)에서 많이 얻어진다. 법이 수많은 범인(凡人)을 만들어낸 공화국이 현명한 사람들로 구성되어 있다면 현명하게 통치될 것이며, 행복한 사람들로 구성되어 있다면 아주 행복하게 통치될 것이다.

4. 평등과 검약에 대한 사랑은 어떻게 고취되는가

사람들이 이미 법으로 평등과 검약이 모두 확립된 사회에 살고 있을 때, 이 두 가지에 대한 사랑은 평등과 검약 그 자체에 의해 엄청나게 고양된다. 군주정체나 전제정체에서는 어느 누구도 평등을 바라지 않는다. 아니, 아예 그런 생각조차 하지 않는다. 이런 정체에서는 각자가 우월성을 지향한다. 지위가 가장 낮은 사람들도 오직 다른 사람들의 지배자가 되기 위해 자신이 처한 환경에서 벗어나려 한다.

검약에 대해서도 마찬가지다. 검약을 사랑하려면 그것을 누려야 한다. 검약을 사랑하려는 사람이 남의 사치를 부러워하거나 감탄해서는 안 될 일이다. 부자나 자기처럼 가난한 사람만 보는 자들은 빈곤의 한계를 사랑하거나 알지 못한 채 오직 자신의 빈곤만을 혐오한다.

따라서 공화국에서 사람들로 하여금 평등과 검약을 사랑하도록 하려면 법으로 이 두 가지를 확립해야 한다는 것이 진실에 가까운 규범이다.

5. 법은 민주정체에서 어떻게 평등을 수립하는가

리쿠르고스나 로물루스 같은 고대의 몇몇 입법자들은 토지를 균등하게 분배했다. 이런 일은 새로운 공화국이 수립될 때, 또는 오래된 법이나 정신이 너무 부패해서 가난한 자는 그런 해결책을 찾지 않을 수 없다고, 부유한 자는 그것을 받아들일 수밖에 없다고 믿게 될 때에만 행해졌다.

입법자가 이 같은 균분제를 시행할 때 만약 그것을 유지하기 위한 법을 제정하지 않는다면 그는 일시적 국가조직을 만든 데 지나지 않는다. 이렇게 되면 법이 보호하지 못하는 쪽으로 불평등이 침입할 테고, 공화정체는 무너지고 말 것이다.

그러므로 균분제를 유지하려면 여성의 지참금과 증여, 상속, 유언 등 모든 계약 방식을 정해놓아야만 한다. 왜냐하면 사람들로 하여금 자기 재산을 원하는 자에게 원하는 방법으로 주도록 허용할 경우 각 개인의 의사가 기초법 규정을 혼란에 빠트릴 것이기 때문이다.

솔론은 아테네에서 자식이 없을 경우에는 유언을 통해 자기가 원하는 사람에게 재산을 물려줘도 된다고 허용했는데[33] 그것은 유언자의 재산이 그의 집에 그대로 남아 있어야 한다고 정했던 고대법에 위배되었다.[34] 또 이 같은 조항은 그 자신이 정한 법과도 일치하지 않았다. 왜냐하면 그는 빚을 없앰으로써 평등을 추구하려 했기 때문이다.

상속이 두 사람에게 이루어지는 것을 금지한 법은 민주정체에는 좋

---

33 플루타르코스, 《솔론전》 21, 2.

34 플루타르코스, 《솔론전》 21, 2.

은 법이었다.[35] 이 법은 토지를 똑같이 나눠 각 시민에게 할당하는 것에 그 기원을 두었다. 또 한 사람에게 여러 몫이 주어지지 않도록 했다.

가장 가까운 친족이 여자 상속인과 결혼할 것을 명한 법도 이와 똑같은 기원에서 만들어졌다. 이 법은 그 같은 토지 분할 이후 유대인들에게도 주어졌다. 플라톤[36]도 이 같은 분할에 기초해 법을 만들었다. 그런데 그것은 원래 아테네의 법이었다.

아테네에는 어머니가 다른 자매와의 결혼은 허용하나 아버지가 다른 자매와의 결혼은 허용하지 않는[37] 법이 있었다. 이 관습은 공화국에 기원을 두고 있는데, 공화국 정신은 두 사람 분 토지를 같은 사람에게 주지 않는다. 즉 한 사람이 두 사람 분 상속을 받지 못하게 하는 것이다. 어떤 남자가 어머니가 다른 여자 형제와 결혼했을 경우 그는 유산을 한 사람 몫만, 즉 아버지 유산만 상속받을 수 있었다. 그러나 아버지가 다른 여자 형제와 결혼했을 경우 이 여형제의 아버지는 아들이 없을 때 딸에게 재산을 물려줄 수도 있었다. 그 결과 그녀와 결혼한 남동생이나 오빠는 두 사람 분 재산을 물려받을 수 있었다.

필론에 따르면, 아테네에서는 어머니가 다른 여자 형제와 결혼할 수 있으나 아버지가 다른 여자 형제와는 결혼할 수 없었다. 그 반대로

---

35 코린토스의 필롤라오스는 아테네에서 토지 분배의 수와 상속의 수가 항상 같도록 정했다. 아리스토텔레스, 《정치학》 2권 12장.

36 《국가》 8권.

37 이런 관습은 옛날부터 있었다. 그래서 아브라함도 사라에 관해 이렇게 말했다. "그녀는 나의 누이다. 그러나 우리 아버지의 딸이지 우리 어머니의 딸은 아니다."(《창세기》 20장 12절) 이러한 이유로 여러 민족이 이와 똑같은 법을 제정한 것이다. 코르넬리우스 네포스, 〈위대한 이방민족 장군들의 전기〉 서문, 4장.

스파르타에서는 아버지가 다른 여자 형제와 결혼할 수 있어도 어머니가 다른 여자 형제와는 결혼할 수 없었다고 한다. 필론이 한 말로 나를 반박하지 말기 바란다. 《지리》〔그리스 지리학자 스트라본이 쓴 책〕[38]에도 나와 있듯이, 스파르타에서는 여자가 남자 형제와 결혼할 경우 그녀 역시 남자 형제에게 주어지는 유산의 반을 결혼 지참금으로 받았기 때문이다. 이 두 번째 법이 첫 번째 법의 부정적 결과를 예방하려고 만들어진 것은 분명한 사실이다. 여자 형제의 가족이 보유한 재산이 남자 형제의 집으로 넘어가는 것을 막으려고 남자 형제의 재산 중 절반을 결혼 지참금으로 여자 형제에게 주었던 것이다.

세네카는 자기 여동생과 결혼한 실라누스에 관해, 아테네에서는 그런 일이 제한적으로 허용되었으나 알렉산드리아에서는 흔한 일이었다고 말했다.[39] 단 한 사람이 다스리는 정체에서는 재산 균분을 유지하는 것이 그다지 문제 되지 않았다.

민주정체에서는 이 같은 토지 균분을 유지하려고 아이가 여럿인 아버지는 그중 한 명을 골라 자기 몫의 토지를 물려주고[40] 다른 아이들은 자식이 없는 사람에게 양자로 주게 했는데, 이것은 좋은 법이었다. 이렇게 하면 국민 수가 항상 할당된 토지 수와 같아졌기 때문이다.

소아시아 고대 도시인 칼케돈의 팔레아스는 재산이 평등하지 않은 공화국에서 재산을 평등하게 만드는 방법을 상상해냈다.[41] 그는 부자는 가난한 사람에게 지참금을 주되 받지는 않으며, 가난한 사람은 딸

---

38 《지리》 10권.

39 세네카는 단지 근친상간 문제를 암시했을 뿐이다.

40 플라톤도 이런 법을 제정했다.(《법률》 3권)

을 시집보낼 때 돈을 받기만 하고 주지 않기를 원했다. 그러나 나는 이런 규정을 그대로 받아들인 공화국이 있다는 얘기를 아직까지 들어보지 못했다. 이 규정은 시민을 신분별로 나누는데, 그 차이가 너무나 두드러져서 그들이 이룩하려고 애쓰던 평등 자체를 혐오하게 되기 때문이다. 법이 지향하는 목표를 향해 너무 직접적으로 달려가는 것처럼 보이면 이따금 안 좋을 때도 있다.

사실 민주정체 정신은 실제적 평등이지만, 그 같은 평등을 이루기란 아주 어려운 일이어서 거기에 대해 지나치리만큼 엄격하게 구는 것이 언제나 적당하다고는 할 수 없다. 격차를 줄이거나 어느 선에서 멈추게 하는 호구조사 제도를 만드는 것으로 충분하다.[42] 그런 다음 부자에게는 세금을 무겁게, 가난한 사람에게는 가볍게 물려 불평등을 해소하는 특별법을 만드는 것이다. 오직 중간층 사람들만이 이런 종류의 균등책을 제시하거나 받아들일 수 있다. 큰 부자는 누가 자기들에게 권력과 명예를 안겨주지 않으면 그것을 일종의 모욕으로 간주하기 때문이다.

민주정체에서 모든 불평등은 민주정체의 본성과 평등 원리 자체에서 기인한다. 예를 들어 우리는 먹고살기 위해 계속 일을 해야 하는 사람이 공직을 맡고 너무 가난해지지는 않을까, 그 때문에 직무를 소홀히 하지는 않을까, 수공업자가 거만해지지는 않을까, 해방 노예 수가 너무 많아져 원래 시민보다 세력이 더 강해지지는 않을까 염려할 수도 있다.

---

41 아리스토텔레스, 《정치학》 2권 7장.

42 솔론은 네 계급을 정했다. 제1계급은 곡물과 과액(果液)을 팔아 수입 500미느 이상 올리는 자, 제2계급은 수입이 300미느 이상이고 말 한 필을 기르는 자, 제3계급은 수입이 200미느밖에 안 되는 자, 제4계급은 품을 팔아 하루하루 살아가는 자다. (플루타르코스, 《솔론전》 18, 1~2)

이럴 경우에는 시민 간 평등이 민주정체의 효용을 위해 폐지될 수도 있다.[43] 그러나 폐지되는 것은 외관상 평등일 뿐이다. 공직을 수행하다가 파산한 사람은 다른 시민보다 더 열악한 상태에 빠질 것이기 때문이다. 그리고 직무를 태만하게 하지 않을 수 없게 된 바로 그 사람은 다른 시민을 자기보다 더 열악한 상태에 빠트릴 것이기 때문이다. 그리하여 이런 식으로 계속될 것이다.

6. 민주정체에서 법은 어떻게 검약을 유지해야 하는가

훌륭한 민주정체에서는 토지가 똑같이 나눠지는 것만으로 충분하지 않다. 로마인처럼 각자에 대한 배당분이 적어야 한다. "신께서는 한 인간을 먹여 살리는 데는 아주 작은 땅으로도 충분하다고 생각하는 국민만을 마음에 들어 하신다"라고 큐리우스는 자기 병사들에게 말했다.[44]

재산이 똑같아지면 검약함이 유지되듯이 검약하면 재산도 똑같아진다. 이 둘은 서로 다르긴 하지만 어느 한쪽이 없으면 다른 한쪽도 존재하지 못할 만큼 밀접한 관계를 유지하고 있다. 말하자면 서로 인과관계를 맺고 있는 것이다. 만약 어느 한쪽이 민주정체에서 사라지면 다른 한쪽도 반드시 그 뒤를 따른다.

민주정체가 상업을 기반으로 하면 간혹 개인들이 엄청난 재산을 갖고 있어도 풍속이 문란해지지 않을 가능성이 매우 높다. 상업 정신이

---

43 솔론은 제4계급에 속하는 모든 자를 공직에서 제외했다.

44 병사들은 정복한 땅을 더 많이 나눠달라고 요구했다.(플루타르코스,《고대 국왕과 명장의 생애》)

검약과 절제, 중용, 노동, 지혜, 평화, 질서, 규율 등의 정신을 동반하기 때문이다. 그래서 그 정신이 존속되기만 한다면 축적된 부가 절대 나쁜 결과를 불러오지는 않는다. 그러나 부의 과잉이 이 상업 정신을 훼손하면 악이 발생한다.

상업 공화국에서 아버지가 유산을 상속할 때 모든 자녀에게 똑같은 몫을 나눠주도록 정한 법은 매우 훌륭한 법이다. 이 법 덕분에 자식들은 아버지가 아무리 어마어마한 부를 쌓았다 해도 분명 아버지보다는 부자가 못 될 테니 사치를 부리지 않고 아버지처럼 열심히 일할 수밖에 없게 된다. 나는 상업 공화국에 대해서만 이야기한다. 그 밖의 공화국에서는 입법자가 다른 많은 규칙을 만들 수 있기 때문이다.

그리스에는 두 종류의 공화국이 있었다. 하나는 군사 공화국으로 예컨대 스파르타가 있고, 다른 하나는 상업 공화국인데 아테네가 그 예다. 한 종류의 공화국에서는 시민이 아무 일도 하지 않기를 원했고, 또 한 종류의 공화국에서는 노동을 사랑하게 하려고 애썼다. 솔론은 무위죄(無爲罪)라는 것을 만들어 각 국민이 어떻게 살아가는지 그 방법을 보고하도록 했다. 사실 필요한 만큼만 써야 하는 훌륭한 민주정체에서는 각자가 그 필요한 것을 갖고 있어야 한다. 안 그러면 도대체 누구에게 그것을 받는단 말인가?

7. 민주정체 원리에 적합한 방법들

모든 민주정체에서 토지를 똑같이 나눠줄 수는 없다. 이런 조치가 실현 불가능한 데다 위험하며 국가 구조마저 흔들어놓을지도 모르는 상황이 있다. 늘 극단적 방법을 취해야만 하는 것은 아니다. 어떤 민주 정체에서 풍속을 유지해야 하는 이 토지 균분제가 그 나라에 맞지 않는다면 당연히 다른 방법에 의지해야 한다.

예를 들어 그 자체로 풍속의 척도가 될 만한 상설 단체, 즉 고령과 덕행, 위엄, 봉사 등의 미덕을 갖춰야만 들어갈 수 있는 원로원 같은 단체를 세운다 치자. 그러면 원로원 의원들은 국민의 눈에 신처럼 보여 여러 가지 감정을 불러일으킬 테고, 이 감정들은 모든 가정에 영향을 줄 것이다. 원로원은 특히 옛 제도를 보존하도록 애쓰면서 국민과 행정관이 그것을 버리지 않도록 힘써야 한다.

풍속에 관해 말하자면, 오래된 관습을 보존하면 얻는 이익이 많다. 부패한 국민이 사회를 만들거나 도시를 건설하거나 법을 제정하는 등 대단한 일을 한 적은 거의 없다. 반대로 소박하고 엄격한 풍속을 지키던 국민은 대부분 그런 일을 했다. 그래서 사람들에게 옛 격률을 상기시키면 그들은 보통 덕성을 되찾는다.

우리가 지금 말하고 있는 원로원 의원의 임기가 종신제여야 하는가, 아니면 임시적이어야 하는가에 대해서는 논란의 소지가 다분하다. 물론 그들이 로마[45]나 스파르타[46] 또는 아테네에서처럼 종신제여야 한다는 데는 의심의 여지가 없다. 그러나 아테네에서 원로원이라고 불렀던 것(3개월마다 의원이 바뀌는 단체였다)과, 구성원들이 종신제로 임명되

---

45 로마 집정관은 임기가 1년인 반면, 원로원 의원은 종신제였다.

46 크세노폰에 따르면, 리쿠르고스는 노인이 나태해지지 않도록 아무리 고령이라도 그들 중에서 원로원 의원을 선출하려 했다. 또 노인으로 하여금 청년의 용기를 심판하도록 하여 노인의 노령을 청년의 힘보다 더 존경할 만한 것으로 만들었다.(《스파르타 공화국》 10장)

어 죽을 때까지 모범을 보여야 하는 알레오파고스(일종의 재판소. 도시국가의 법과 풍속을 감시하는 일을 했다)를 혼동해서는 안 된다.

규범이 되고자, 말하자면 풍속의 수탁소가 되고자 만들어진 원로원은 종신제로 선출되어야 한다는 것이 일반적 격률이다. 그러나 정무를 다루려는 목적에서 만들어진 원로원은 의원이 바뀔 수도 있다.

아리스토텔레스는 "정신도 육체처럼 노쇠해간다"고 말했다. 그러나 이 같은 성찰은 단임제 집정관에게만 해당될 뿐 원로원 의원들의 모임에는 적용될 수 없다.

알레오파고스 말고 아테네에는 풍속의 수호자와 법의 수호자가 있었다.[47] 스파르타에서는 모든 노인이 감찰관이었다. 로마에서는 특별 관리 두 사람이 감찰을 담당했다. 원로원이 국민을 감독하듯 감찰관은 국민과 원로원에게서 눈을 떼지 말아야 한다. 그들은 법이 범죄를 단죄하듯 공화국 내에서 모든 타락한 것을 정상으로 회복시켜야 하고, 무성의를 비난하고 부주의를 심판하며 잘못을 교정해야 한다.

간통에 대한 고소가 공개적으로 이루어지도록 정한 로마법은 미풍양속을 유지하는 데 놀랄 만한 효과를 발휘했다. 이 법은 여자들을, 또 여자들을 감독해야 하는 사람들을 주눅 들게 만들었다.

청년이 노인에게 전적으로 복종하는 것만큼 미풍양속을 유지하기에 좋은 방법은 없다. 그러면 청년은 노인을 존경하므로, 노인은 스스로에 대해 경건한 마음을 가지므로 양쪽 다 감정을 억누르게 된다.

국민이 집정관에게 무조건 복종하는 것만큼 법에 큰 권위를 부여

---

[47] 알레오파고스 자신도 감찰을 받았다.

하는 것은 없다. 크세노폰은 이렇게 말한다. "리쿠르고스가 스파르타와 그 밖의 도시에 둔 차이는 특히 시민들로 하여금 그 법에 복종하도록 했다는 것이다. 국민은 집정관이 부르면 즉시 달려가야 한다. 그러나 아테네의 부자는 자기가 집정관에게 종속되어 있다고 생각하면 절망할 것이다."[48]

부권도 미풍양속을 유지하는 데 매우 유용하다. 우리는 공화정체가 다른 정체만큼 강력한 억제력을 갖지 못한다는 말을 이미 했다. 그러므로 법이 이 같은 결함을 보충하려고 애써야만 한다. 법은 부권을 통해 그렇게 해야 한다.

로마에서는 아버지가 자식을 죽이고 살릴 수 있는 권한을 가지고 있었다.[49] 스파르타에서는 아버지가 다른 사람의 자식에게도 벌을 줄 수 있는 권한을 갖고 있었다.

로마의 이 같은 부권은 공화정체와 더불어 끝났다. 군주정체에서는 그 정도 미풍양속이 필요하지 않으므로 각자가 행정관의 권한 아래서 살도록 요구된다. 청년이 부권에 복종하는 데 익숙하도록 만들었던 로마법은 미성년(자기 재산을 관리할 수 없는 나이) 기간을 길게 정했다. 우리가 이런 관습을 받아들인 것은 잘못일지도 모른다. 군주정체에서는 이렇게까지 강제할 필요가 없다.

공화정체에서 이뤄지는 바로 이 같은 종속은 로마에서 그랬던 것

---

48 《스파르타 공화국》 8장.

49 로마 역사를 살펴보면 이 권한을 공화국에 얼마나 유리하게 사용했는지 알 수 있다. 나는 지금 부패가 극심했던 시대에 대해서만 말하는 것이다. 아울루스 풀비우스가 카틸리나를 만나러 길을 떠나려 하자, 그의 아버지는 그를 불러들여 죽였다.(살루스티우스, 《카틸리나의 음모》 XXXIX) 다른 시민들도 똑같이 했다.(디온, 《로마사》 37권 36장)

처럼 아버지가 살아 있는 동안에는 자식들의 재산을 자기 마음대로 할 수 있게 되기를 요구할 수 있을지도 모른다. 그러나 그것은 군주정체의 정신이 아니다.

9. 법은 군주정체 원리와 어떻게 관계되는가

명예가 이 정체의 원리이므로 법은 명예와 관련되어야 한다. 법은 말하자면 명예의 아버지인 동시에 아들인 이 귀족 신분을 유지하도록 애써야 한다.

법은 군주의 권력과 국민의 무력(無力) 사이 중간 항이 되는 것이 아니라 이 둘을 맺어주는 끈이 되게끔 귀족 신분이 세습되게 만들어야 한다.

재산을 가족 내에서 유지하는 제도인 대습상속인 지정 제도는, 다른 정체에서 적당하지 않지만 이 정체에서는 매우 유용할 것이다. 친족의 재산 환수권은 낭비벽 심한 친족이 팔아넘긴 땅을 귀족의 집에 되돌려줄 것이다. 귀족의 토지는 귀족 자신과 마찬가지로 특권을 부여받는다. 군주의 위엄은 왕국의 위엄과 분리될 수 없다. 마찬가지로 귀족의 위엄도 봉토의 위엄과 분리될 수 없다.

대습상속인 지정 제도는 상업에 장애가 되고, 친족의 재산 환수권은 끝없는 소송으로 이어지게 마련이다. 그리고 왕국의 모든 매각 부동산은 최소 1년간은 주인이 없다.[50]

군주정체에서는 자식들 중 한 명에게 재산 대부분을 상속할 수 있

---

50 귀족의 재산 환수권을 행사하기 위한 유예기간은 1년과 1일이다.

다. 오직 군주 정체만이 이렇게 하도록 허용하기에 적당하다. 법은 신민들이 끊임없이 되살아나는 군주와 궁정의 욕구를 별 문제 없이 만족시킬 수 있도록 이 정체 구조에 맞는 모든 상업[51]을 장려해야 한다. 세금을 거두는 방법이 세금 자체보다 더 부담되지 않도록 법은 이 방법에 어느 정도 질서를 부여해야 한다. 과세 부담은 무엇보다 노동으로 이어진다. 또한 노동은 쇠약으로 이어지고, 쇠약은 나태로 이어진다.

10. 군주정체에서 집행권의 신속함

군주정체는 공화정체에 비해 큰 장점을 갖고 있다. 정무가 단 한 사람을 통해 이루어지므로 법 집행이 매우 신속하다는 점이다. 그러나 그 속도가 너무 빠르다 보면 퇴폐로 이어질 수도 있으므로 법 집행을 다소 완만하게 할 필요가 있다. 법은 각 정체의 성격을 만들어낼 뿐만 아니라 그 성격의 결과로 빚어질지도 모르는 폐해도 교정해야 한다.

법 처리를 담당하는 기구는 서두르지 않을 때만큼, 그리고 군주의 정무에 대해 숙고(국법을 잘 모르는 신하나 성급한 고문회에게는 기대하기 어려운)할 때만큼 잘 복종하는 경우는 없다. 군주가 무한한 용기와 충성으로 이루어진 그 공적에 대해 성급히 보상하려 했을 때, 만약 법관들이 그 느긋함과 호소, 간원으로 군주의 덕성에서 나오는 그 급속한 흐름을 가로막지 않았더라면, 세상에서 가장 아름다운 군주국[52]은 지금 과연 어떤 모습을 하고 있을까.

---

51 군주정체 구조는 상업을 국민에게만 허용한다.

52 프랑스. 다음 장에서 예로 든 것도 역시 프랑스다.

11. 군주정체의 우수성

군주정체는 전제정체에 비해 상당한 이점을 지니고 있다. 군주 밑에 이 정체와 결부된 몇 가지 신분이 있다는 것이 군주정체의 본질이므로 국가는 더 안정되고, 국가 구조는 더 견고해지며, 통치하는 사람들도 더 안전해진다.

키케로[53]는 로마에 호민관 제도를 도입한 것이야말로 이 공화국에는 일종의 구원이나 다름없었다고 믿는다. 그는 말한다. "사실 백성은 우두머리가 없을 때 무시무시한 힘을 발휘한다. 지도자는 정무가 자신을 중심으로 이루어진다는 것을 느끼고, 거기에 대해 생각한다. 그러나 백성은 일단 과격해지면 자기들이 어떤 위험에 몸을 맡겼는지를 전혀 알지 못한다."

이 같은 고찰은 백성이 호민관을 갖지 않는 전제정체와, 백성이 호민관을 갖는 군주정체에 적용될 수 있다. 지도자는 백성에게 버려질까 봐 두려워한다. 종속적 중간 권력은 백성이 너무 우세해지는 것을 원하지 않는다. 국가의 여러 신분이 완전히 부패하는 일은 상당히 드물다. 군주는 이 여러 신분과 관계를 맺는다. 따라서 선동적인 자는 국가를 전복할 뜻이 없고 그렇게 하기를 바라지도 않으므로, 군주를 몰아낼 수 없고 또 그렇게 하고 싶어 하지도 않는다.

이런 상황에서는 지혜와 권위를 갖춘 사람이 중재에 나선다. 사람들은 서로 타협하고 화해하고 행실을 고친다. 그리하여 법은 다시 효력을 발하고, 사람들은 법을 지키게 된다.

---

53 《법률》 3권 10편 23장.

그래서 우리의 전체 역사는 혁명 없는 내란으로 이루어져 있다. 반면 전제국가의 역사는 내란 없는 혁명으로 점철되어 있다.

리슐리외 추기경은 어쩌면 자기가 국가의 여러 신분을 지나치게 전락시켰다고 생각했을지도 모른다. 그러나 또 한편으로 그는 국가를 유지하고자 군주와 장관들의 덕성에 의지했다.[54] 그는 지나칠 정도로 많은 것을 그들에게 요구하지만, 사실 천사 말고는 그 정도 집중력과 통찰력, 단호함, 지식을 갖춘 사람이 없을 것이다. 그러니 앞으로 군주국이 멸망할 때까지 이런 국왕이나 장관들을 만날 수 있으리라는 기대는 안 하는 것이 좋으리라.

훌륭한 국가조직 아래 사는 국민이 규칙도 없고 지도자도 없이 숲속을 떠돌아다니는 국민보다 행복한 것처럼, 자기 나라의 기본법 밑에서 살아가는 군주는 자기 나라 국민의 마음이나 자기 마음을 통제할 수 없는 전제군주보다 행복하다.

13. 전제정체의 관념

루이지애나에 사는 야만인은 과일이 먹고 싶으면 나무 아래 부분을 베어 그것을 딴다.[55] 이것이 바로 전제정체다.

---

54 《정치적 유언》.

55 《교훈을 주는 편지》11 모음집, 315쪽.

19. 세 가지 정체의 원리가 미치는 새로운 결과

나는 내가 말한 세 가지 원리를 좀 더 적용해본 다음에 5편을 끝내려 한다.

문제점 1 법은 시민에게 공직을 맡으라고 강요해야 하는가? 공화정체에서는 그렇게 해야 하지만, 군주정체에서는 그렇게 하면 안 된다. 즉 전자에서 공직은 덕성의 증거이자 조국이 한 시민에게 맡기는 위탁물이라 할 수 있으며, 그는 오직 조국을 위해 살고 행동하고 생각해야 한다. 그러므로 그는 공직을 거절할 수 없다.[56] 후자에서 공직은 명예의 증거다. 그런데 명예란 매우 이상해서 시민은 자기가 원할 때가 아니면, 그리고 자기가 원하는 방법이 아니면 전혀 공직을 수락하려 하지 않는다.

고인이 된 사르디니아 왕[빅토르 아메데]은 나라의 고위직이나 관직을 거절하는 사람에게 벌을 내렸다. 그는 자신도 모르는 사이에 공화정체의 개념을 따르고 있었던 것이다. 그런데 그의 통치술은 공화제를 따르는 것이 자신의 뜻이 아니었음을 잘 보여준다.

문제점 2 어떤 시민이 군대에서 입대 전에 차지했던 지위보다 낮은 지위를 받아들이도록 강요받는 것이 과연 훌륭한 격률인가? 로마에서는 대장이었던 사람이 이듬해 부관이었던 사람의 지휘를 받아 근무하

---

56 플라톤은 《국가》 8권에서 공직을 거절하는 것이야말로 공화국이 부패하는 징조 가운데 하나라고 말하며, 《법률》 6권에서는 공직 거부에 대해 벌금형을 내려야 한다고 주장한다. 베네치아에서는 그런 자를 국외로 추방했다.

는 일이 자주 있었다. 공화정체에서는 항상 국가를 위해 자신과 자신의 반감을 지속적으로 희생할 것을 덕성이 요구했기 때문이다. 그러나 군주정체에서는 그것이 진실이건 거짓이건 명예가 훼손되는 일은 받아들여질 수가 없다.

명예와 관직, 위계가 모두 남용되는 전제정체에서는 아무렇지도 않게 군주를 하인으로, 하인을 군주로 만들어버린다.

문제점 3 한 사람이 문무 양직을 다 맡도록 하면 어떨까? 공화정체에서는 이렇게 하도록 해야 하고, 군주정체에서는 각기 다른 사람이 맡도록 해야 한다. 공화정체에서 군직을 특수한 지위로 만들어서 문관 지위와 분리하는 것은 매우 위험한 일이다. 그리고 군주정체에서 이 두 가지 관직을 한 사람에게 다 맡기는 것 역시 그에 못지않게 위험하다.

공화정체에서는 법과 조국을 수호해야 할 때만 무기를 든다. 시민이 일정한 기간 동안 군인이 되는 것이다. 그런데 두 직위가 구분되어 있을 경우 무기를 들고 자기가 국민이라고 믿는 사람은 곧 자신이 군인에 지나지 않는다고 느끼게 될 것이다.

군주정체에서 군인은 오직 무훈만을, 아니면 최소한 명예나 재산만을 목표로 삼을 뿐이다. 그런 사람들에게는 문관 직을 주지 않도록 조심해야 한다. 반대로 그들은 문관의 통제를 받아야 하며, 국민의 신뢰와 그것을 남용할 수 있는 권력을 동시에 갖지 못하도록 해야 한다.

공화정체가 군주정체 형태 밑에 감춰져 있는 나라[57]에서는 군인이

---

57 영국을 가리킨다.

라는 특수 직위를 얼마나 두려워하는가, 그리고 어떻게 군인이 여전히 국민으로, 때로는 관리로 남아 있는가를 보라. 그래야만 국민과 관리의 자격이 조국에 대한 일종의 담보가 되어 사람들이 결코 조국을 잊지 않는다.

공화국이 멸망한 뒤 로마인에 의해 이처럼 이루어진 문직과 무직의 구분은 자의적인 것이 아니었다. 그것은 로마 구조가 변화된 결과였다. 즉 군주정체의 성격에서 기인한 것이었다. 그리고 아우구스투스 이후의 여러 황제들은 군사정체를 완화하기 위해 아우구스투스[58] 통치에서 시작된 그것을 완성할 수밖에 없었다.[59]

문제점 4 전제국가에서는 신하가 군주에 의해 언제 어느 때라도 임명 또는 파면되어야 하므로 관직이 매매되면 안 된다. 반대로 군주국에서는 관직을 사고팔아도 된다. 사람들이 덕성을 위해서라면 안 하려고 할 일을 가업처럼 하도록 만들고, 또 개개인으로 하여금 자기 의무를 수행하게 하며, 국가의 사회 계급을 한층 더 영구적인 것으로 만들기 때문이다.

플라톤은 이 매관 제도를 인정할 수가 없었다.[60] 그는 말했다. "이것은 마치 배 안에서 돈을 얼마나 가졌느냐에 따라 어떤 사람은 키잡이로, 또 어떤 사람은 선원으로 만드는 것이나 마찬가지다. 이런 규칙이 인생의 다른 일에는 다 나쁜데 오직 국가 운영에만 좋다는 게 과연 가

---

58 아우구스투스는 원로원 의원과 지방 총독, 그리고 지사에게서 무기 휴대 권리를 박탈했다.
59 콘스탄티누스, 《조지므스》 2권.
60 《국가》 8권.

능할까?" 그러나 플라톤은 덕성에 기초를 둔 공화국에 대해 말하고, 우리는 군주정체에 관해 말한다. 그런데 국가의 공공 규정에 따라 관직을 매매할 수 없게 되어 있는데도 궁핍하고 탐욕스러운 조신들이 그것을 팔아넘기는 군주정체에서는 군주의 선택보다 오히려 우연에 의해 훌륭한 신민이 더 많이 탄생할 것이다. 요컨대 부(富)로 출세하는 방식은 근면함을 고무하고 유지하는데, 이런 종류의 정체는 이것을 가장 필요로 한다.[61]

문제점 5 정체의 원리가 덕성인 공화정체에는 감찰관이 필요하다. 단지 범죄뿐만 아니라 태만과 과실, 열의 없는 조국애, 위험한 예, 부패의 싹 등도 덕성을 파괴한다. 법을 침해하지는 않더라도 법망을 뚫는 것, 법을 파괴하지는 않더라도 약화시키는 것. 이 모든 것은 감찰관에 의해 교정되어야 한다.

우리는 알레오파고스 회의의 한 재판관이 내린 처벌에 경악하는데, 이 재판관은 매에 쫓겨서 자기 품속으로 뛰어든 참새를 죽여버렸다. 우리는 그가 자기 새의 눈을 파낸 한 어린아이를 죽게 했다는 사실에 놀란다.

그러나 이것은 범죄에 대한 처벌이 아니라 미풍양속에 기초한 공화국의 풍속 재판이라는 점에 주의해야 한다.

군주정체에서는 감찰관이 전혀 필요하지 않다. 군주정체는 명예의 토대 위에 서 있다. 그리고 명예의 본질은 나라 전체를 감찰관으로 삼

---

61 에스파냐의 태만 풍습에서는 모든 일자리를 준다.

는 것이다. 명예를 잃은 자는 명예를 갖지 않은 자의 비난까지도 감수해야 한다. 그런 나라에서는 감찰관이 바로 그들이 교정해야 할 자들에 의해 타락할지도 모른다.

6편

민법 및 형법의 단순성과 재판 형식, 형 결정과 관련한 여러 정체 원리의 귀결

1. 여러 정체에서 민법의 단순성

군주정체의 법은 전제정체의 법처럼 간단하지가 않다. 거기에는 재판소가 필요하다. 이 재판소는 판결을 내린다. 어제 판결한 것과 똑같이 오늘도 판결하도록, 그리고 시민의 재산과 생명이 국가 구조 자체처럼 안전하고 확실하도록 이 판결은 보존되고 습득되어야 한다.

군주정체에서 재판할 때는 생명과 재산뿐만 아니라 명예에 관련된 일도 판결해야 하므로 세심하고 꼼꼼하게 조사를 해야만 한다. 재판관은 자신에게 맡겨진 일이 중요할수록, 그리고 더 큰 이해관계가 걸린 판결일수록 더욱더 신중해진다. 그러므로 이런 국가의 법에서 개개의 경우를 늘려가고 이성 자체를 하나의 기술로 만드는 것처럼 보이는 그 많은 규칙과 제한, 외연(外延)을 발견한다 해도 놀랄 필요는 없다.

군주정체에서 정해져 있는 위계와 출생, 신분의 차이는 흔히 재산성격에도 차이를 야기하며, 이 국가의 구조와 관련되는 법은 그 같은 차이를 늘릴 수 있다. 그러므로 우리나라에서 재산은 남편이나 아내의 고유재산, 획득 재산 또는 취득 재산, 지참금, 그 밖의 재산, 아버지 측 재산, 어머니 측 재산, 여러 종류의 동산, 자유 상속재산, 대승 상속재산, 세습재산 또는 양도 재산, 귀족 소유지와 완전 사유지 또는 평민 보유지, 지대와 임금 등이 있다. 각종 재산은 특별 규정에 따른다. 그것을 처분하려면 이 특별 규정을 지켜야 하는데, 그 또한 간단하지 않다.

우리 정체에서 봉토는 세습적인 것이 되었다. 봉토 소유자가 군주에게 봉사할 수 있도록 귀족은 어느 정도 항구성을 가져야 했다. 그것은 많은 다양성을 낳지 않을 수 없었다. 예를 들어 형제간 영지를 나눠 가질 수 없었던 지방이 있었으나, 또 어떤 지방에서는 동생들이 더 넓은 영지에서 생활필수품을 얻기도 했다.

각 개인이 필연적으로 구분되는 정체에서는 특권이 있어야 한다. 그것이 단순성을 더한층 감소시키고 수많은 예외를 만들어낸다. 사회에, 그리고 특히 그 특권을 주는 사람에게 부담이 가장 덜 가는 특권 가운데 하나는 다른 재판소보다 어느 특정한 재판소에 소송을 제기하는 것이다. 그러나 어느 재판소에 소송을 제기해야 하는지 알아야 할 때 새로운 어려움이 생겨난다.

전제국가의 국민은 경우가 전혀 다르다. 그런 나라에서는 토지가 군주 소유이므로 토지 소유권에 관한 민법이 거의 존재하지 않는다. 주권자가 상속권을 가지므로 상속에 관한 민법도 없다. 몇몇 국가에서는 오직 주권자만 교역을 하므로 상업에 관한 법은 전혀 필요하지 않다. 그런 나라에서 노예 여성과 결혼할 경우 지참금과 여성 이익에 관한 민법도 아예 없다. 그리고 노예가 엄청나게 많기 때문에 자신만의 의지를 가진 사람이 거의 없고, 따라서 재판관 앞에서 자기 행동에 책임질 만

85

한 사람도 거의 없다. 도덕적 행위 대부분은 아버지와 남편, 주인의 의지에 지나지 않으므로 대개 그들에 의해 조정될 뿐 재판관에 의해 조정되는 일은 결코 없다.

그런 나라에서는 논쟁을 벌이고 재판을 할 기회가 완전히 박탈된다. 바로 이렇기 때문에 그런 나라에서 모든 소송인이 심한 학대를 받는 것이다. 즉 그들의 청원 가운데 부정이 있다면 숨길 수도 없고, 적당히 얼버무릴 수도 없고, 수많은 법으로 보호할 수도 없으므로 곧 폭로되고 만다.

2. 여러 정체에서 형법의 단순성

재판은 터키에서처럼 어디서나 행해져야 한다는 말을 끊임없이 듣는다. 그렇다면 이 세상에서 인간에게 가장 중요한 일은 아는 것이라는 사실을 분명히 이해하는 것은 모든 민족 중에서 가장 무지한 민족밖에 없다는 얘기인가?

자기 재산을 되찾기 위해, 또는 어떤 권리 침해에 대한 배상을 받기 위해 시민이 치러야 하는 고통과 관련해 재판 절차를 검토해보면, 당신은 틀림없이 너무 지나치다고 느낄 것이다. 신하의 재산과 생명, 명예에는 거의 관심 갖지 않는 터키에서는 모든 쟁송이 어떤 식으로든 서둘러 처리된다. 처리되기만 한다면 어떤 식으로 처리하건 상관없다. 총독은 먼저 무슨 일인지 알아보고 자기 마음 내키는 대로 소송인들의 발바닥을 몽둥이로 몇 차례 때린 다음 집으로 돌려보낸다(지금도 이 같은 처벌은 중동이나 라틴아메리카에서 행해지고 있다).

그러므로 이런 나라에서 소송 벽을 갖는다는 것은 매우 위험한 일이다. 소송 벽은 재판을 하고야 말겠다는 열렬한 욕구와 증오, 정신 활동, 끈질긴 추구를 필요로 한다.

그러나 중도 국가에서는 가장 비천한 시민의 목숨이라도 소중하게 여겨지므로 오랜 조사를 거친 뒤가 아니면 그의 명예와 재산을 빼앗을 수 없다. 그의 생명을 빼앗는 것은 조국 자체가 그를 고발할 때뿐이다. 그리고 그때조차 조국은 생명을 지킬 수 있는 모든 가능한 수단을 그에게 남겨준다(엘베시우스는 《『법의 정신』 주석》이라는 책에서, "이런 일이 정말 프랑스에서 일어난단 말인가?"라고 묻는다).

따라서 어떤 사람[62]이 자기를 더욱 절대화하려 할 때 그는 먼저 법을 단순화할 생각을 한다. 이런 나라에서는 아무도 전혀 염두에 두지 않는 신민의 자유보다는 특히 불편한 점들에 더 충격을 받는다.

공화국에서는 최소한 군주정체와 같은 정도의 재판 절차가 필요하다는 것을 우리는 알 수 있다. 이 두 정체에서 그런 절차들은 시민의 명예와 재산, 생명, 자유를 중요시할수록 늘어난다.

3. 어떤 정체에서, 어떤 경우 법조문에 따라 재판해야 하는가

정체가 공화제에 더 가까이 접근할수록 재판 방법도 더 고정되어간다. 그래서 민선 장관이 제멋대로 재판을 하는데도 그들을 지도할 법이 없었다는 것이 스파르타 공화국의 한 가지 결함이었다. 로마에서는 초

---

62 카이사르와 크롬웰, 그 밖의 많은 사람들.

기 집정관이 민선 장관처럼 재판했다. 그러다가 그 방법에 불편을 느껴 명문화된 법을 만들었다.

전제국가에는 법이 아예 없다. 재판관 자신이 통례(通例)다. 군주국 가에는 법이 있다. 그리고 재판관은 법이 명문화되어 있을 경우 그에 따르고, 아닐 경우에는 그 법의 정신을 탐구한다. 공화정체에서는 재판 관이 법조문에 따르는 것이 그 국가조직의 본질에 해당한다. 시민의 재 산과 명예 또는 생명이 문제가 될 경우 그에게 불리한 쪽으로 법을 해 석하는 일은 일어나지 않는다.

5. 주권자가 재판관이 될 수 있는 정체

마키아벨리는 피렌체가 자유를 잃어버린 것은 시민에게 저질러진 대역죄를 시민이 재판했던 로마와 달리 그들 전체가 나서서 재판하지 않았기 때문이라고 말한다.[63] 이를 위해 재판관 여덟 명이 정해져 있 었다. 그러나 마키아벨리는 "소수는 소수에 의해 부패한다"고 말한다. 나는 이 위대한 인물의 격률을 꼭 받아들이고 싶다. 하지만 그런 경우 에는 정치적 이익이, 이를테면 시민적 이익을 무시한다(왜냐하면 국민 스스로 자신들에 대해 저질러진 범죄를 재판한다는 것은 불편한 일이기 때문이 다). 그것을 교정하려면 법이 개인 안전을 위해 힘닿는 데까지 대비해 야 한다.

로마 입법자들은 이런 생각으로 두 가지 일을 했다. 즉 판결 전에

---

63 《리비우스의 로마사에 대한 논의》 1권 7장.

망명할 것[64]을 피고에게 허용했으며[65] 유죄 선고를 받은 자의 재산은 불가침한 것으로 정해 시민이 몰수할 수 없도록 했다.

국민은 형사재판 때 자신들의 권력을 남용할 수도 있는데, 솔론은 그것을 능숙하게 예방할 줄 알았다. 그는 최고법원으로 하여금 사건을 재심하도록 하고, 피고가 무죄판결을 받은 것이 부당하다고 생각될 때는 국민 앞에서 다시 고발하게 하며[66] 부당하게 유죄 선고를 받았다고 판단되면 형 집행을 정지하고 사건을 재심하게 했다.[67] 그것은 국민으로 하여금 그들이 가장 존경하는 재판관을 감찰하게 하고, 또 그들 자신까지도 감독하게 하는 훌륭한 법이었다.

이런 종류의 사건은 여유를 갖고 좀 천천히 다루는 것이 좋은데, 특히 피고가 감옥에 갇혀 있을 때는 국민이 침착하고 냉정하게 판결을 내릴 수 있도록 그렇게 하는 것이 좋다. 전제국가에서는 군주 자신이 재판을 할 수 있다. 그러나 군주국가에서는 그렇게 할 수가 없다. 국가 조직이 파괴되고, 종속적 중간 권력이 없어지며, 모든 재판 절차가 폐지될 것이기 때문이다.

루이 13세가 발레트 공작의 소송[68]에서 재판관이 되려고 고등법원 관리와 추밀 고문관 몇 명을 자기 집무실로 불러 체포 명령에 관해 의견을 개진하도록 했을 때, 벨리에브르 의장은 이렇게 말했다. "이 사건

---

64 키케로의 연설 〈Pro Coecina〉 끝 부분에 자세히 설명되어 있다.

65 데모스테네스에 따르면, 아테네 법이었던 것 같다. 소크라테스는 이 법을 이용하기를 거부했다.

66 데모스테네스, 《왕관에 관하여》.

67 필로스트라토스, 《소피스트들의 전기》.

68 드 라 발레트 공작에 대한 소송 보고서 참조.

에는 한 가지 이상한 점이 있습니다. 즉 군주가 신민들 중 한 명의 소송에 관해 의견을 진술하고 계시다는 것입니다. 국왕들은 원래 은사만을 내리실 뿐 유죄판결은 관리들이 내리도록 해왔습니다. 그런데 폐하께서는 폐하의 판결에 따라 한 시간 후면 사형당하게 되어 있는 심문대 위의 인물을 직접 보고 싶어 하십니다. 은사를 내리시는 폐하께서 체면이 있지, 그런 일을 하실 수는 없는 노릇입니다. 폐하의 모습을 보는 것만으로 교회의 성무 정지는 해제되었습니다. 어전에서 물러나는 자는 반드시 만족스러운 표정을 지어야 했습니다." 판결이 내려졌을 때 벨리에브르 의장은 의견서에서 다음과 같이 말했다. "프랑스 국왕이 재판관 자격으로 자신의 의견에 따라 귀족에게 사형선고를 내린 것은 전례가 없는, 나아가서는 과거부터 오늘까지의 모든 전례에 반하는 일이다."[69]

군주가 내린 판결은 끊임없이 이어지는 부정과 폐습의 원천이 될 수도 있다. 궁신들은 집요하게 그의 판결을 강요하려 할 것이다. 몇몇 로마 황제는 판결을 내리는 일에 열중했다. 그들만큼 그 불공정함으로 이 세상을 놀라게 한 치세는 없다.

타키투스는 말한다.[70] "클로디우스는 소송 재판권을 행사하는 동시에 법관 직무를 수행함으로써 모든 종류의 오직(汚職)이 저질러질 기회를 제공했다." 그래서 클로디우스의 뒤를 이어 왕위에 오른 네로는 인심을 얻으려고 이렇게 말했다. "나는 그 어떤 사건의 재판관도 되지 않게끔 애쓸 것이다. 그래야 원고와 피고가 재판소 안에서 해방 노예들의

---

69 이 판결은 나중에 취소되었다.
70 타키투스, 《연대기》 11편 5장.

편파적 권력에 희생되지 않기 때문이다."[71]

법은 군주의 눈이다. 군주는 눈 없이는 볼 수 없는 것을 눈을 통해 본다. 군주가 재판관 직무를 수행하려 하는가? 그는 자신을 위해서가 아니라 자기 뜻에 반대하는 유혹자들을 위해서 일하는 것이 된다.

9. 여러 정체에서 형벌의 준엄함

가혹한 형벌은 명예와 덕성이 그 원동력인 군주정체나 공화정체보다 공포가 그 원리인 전제정체에 더 적합하다.

중도 국가에서는 조국애와 수치심, 비난당하는 데 대한 두려움이 많은 범죄를 억제할 수 있는 동기가 된다. 악행에 대한 가장 무거운 벌은 유죄를 입증하는 것이다. 따라서 민법은 악행을 좀 더 쉽게 교정할 것이고, 그렇게 하는 데 많은 노력을 필요로 하지도 않을 것이다.

그런 나라에서 훌륭한 입법자는 죄를 벌하기보다 예방하는 일에 힘쓰게 된다. 또 그는 체형을 부과하기보다 양속이 뿌리내리도록 하는 일에 전념할 것이다.

중국 저술가들이 반복해 지적하는 바에 따르면[72] 그들의 제국에서는 체형이 증가할수록 혁명이 점점 더 가까워진다고 한다. 미풍양속이 사라지면서 체형이 증가하기 때문이다.

모든 유럽 국가나 거의 모든 유럽 국가의 경우, 자유에 접근하느냐 또는 멀어지느냐에 따라 형벌이 감소되거나 증대했다는 사실을 증명

---

71 타키투스,《연대기》13편 5장.
72 나는 이 점에 관한 한 중국이 군주국에 해당한다는 사실을 다음에 보여줄 것이다.

하는 것은 어려운 일이 아니다.

전제국가에서는 사람들이 너무 불행해 생명 잃는 것을 아쉬워하기보다 죽음을 두려워한다. 그래서 이런 나라에서는 체형이 더 엄격하게 이루어져야 한다. 그러나 중도 국가에서는 사람들이 죽음 자체를 두려워하기보다 생명 잃는 것을 두려워하기 때문에 그냥 생명을 빼앗는 체형만으로 충분하다.

극단적으로 행복한 사람과 극단적으로 불행한 사람은 똑같이 가혹해질 것이다. 수도사와 정복자가 그 증인들이다. 행복과 불행의 혼합, 그리고 중용만이 평온한 즐거움을 가져다주고 동정을 베푼다.

중도정체에서 훌륭한 입법자는 형벌을 만들어내는 데 모든 것을 이용할 수 있다. 스파르타에서 주요한 형벌 가운데 하나가 자기 아내를 남에게 빌려줄 수 없고, 남의 아내를 빌릴 수도 없으며, 처녀 말고는 그 어떤 여성도 집 안에 들일 수 없는 형벌이라는 것은 정말 놀랍지 않은가?

16. 죄와 형벌의 올바른 균형[73]

형벌들은 서로 조화를 이루는 것이 중요하다. 왜냐하면 작은 죄보다 큰 죄를 피하는 것이 중요하기 때문이다. 이렇게 하면 사회는 공격을 더 받지만 충격은 덜 받는다.

스스로를 콘스탄틴 듀카스라고 부르는 사기꾼이 콘스탄티노플에서 큰 반란을 일으켰다. 그는 체포되어 태형에 처해졌다. 그러나 그가

---

73 베카리아의 《범죄와 형벌론》에서 이 문제를 제기했다.

유력자들을 비난하고 나서자 중상모략자로서 화형에 처해졌다〔몽테스키외가 콘스탄티노플 총주교 니세포르(806~815년 재임)가 쓴《역사》에서 인용하는 일화〕. 대역죄와 중상모략죄에 이같이 형벌을 분배했다는 것은 기묘한 일이다. 이 사실은 영국 왕 찰스 2세〔1660~1685년 재위〕의 다음과 같은 말을 상기시킨다. 그는 지나가다가 한 사나이가 형틀에 묶여 있는 것을 보고는 그 까닭을 물었다. "폐하, 저놈이 폐하의 신하들에 대한 비방문을 썼기 때문입니다"라는 대답이 돌아왔다. 그러자 국왕은 말했다. "저런 바보 같으니라고. 어찌하여 나를 비방하는 중상문을 쓰지 않았을까? 그랬더라면 아무 처벌도 받지 않았을 텐데!"

모스크바에서는 절도와 살인에 대한 형량이 같은 까닭에 늘 살인사건이 벌어진다. 그곳에서는 죽은 사람은 말이 없다고 얘기한다.

형벌에 차이가 없을 때는 사면에 대한 기대에 차이를 두어야 한다. 영국에서 살인 사건이 전혀 일어나지 않는 것은, 도둑에게는 식민지로 보내질 희망이 있지만〔영국에서 이 같은 제도는 1863년까지 유지되었다. 프랑스에서 이 같은 사법 관행(제2제정 시대에 새로 생긴)은 1854년에서 1938년까지 지속되었다〕 살인자에게는 그 희망이 없기 때문이다.

사면장은 중도정체를 움직이는 주요한 동력이다. 군주가 가진 이 권한은 현명하게만 집행된다면 훌륭한 효과를 낳을 수 있다. 전제정체의 원리는 사면하지 않고 또 누구에게도 절대 사면받을 수 없는 것이므로 군주는 그런 이점을 박탈당한다.

17. 범죄자에 대한 고문 또는 심문

인간은 악한 존재이므로 법은 인간을 실제보다 더 나은 존재로 간주할 수밖에 없다. 그래서 두 증인의 증언만 있으면 모든 죄를 충분히 처벌할 수 있다. 법은 그 증인들이 마치 진실의 입을 빌려 말하기라도 한 듯 그들이 하는 말을 믿는다. 또 결혼 중에 임신한 아이는 적출자라고 판단한다. 법은 어머니가 마치 정숙함 그 자체라도 된다는 듯 신뢰한다. 그러나 범죄자에 대한 고문은 그처럼 명백한 경우에 해당되지 않는다. 오늘날 우리는 매우 문명화한 국민[74]이 고문을 폐지해도 아무 불편을 안 느꼈다는 사실을 알고 있다. 따라서 그것은 본래 필요하지 않은 것이다.

---

[74] 영국 국민.

7편

사치 금지법과 사치, 여성 지위와 관련한 세 가지 정체의 여러 원리가 낳은 결과

1. 사치

사치는 항상 재산의 불평등과 비례한다. 만일 어떤 국가에서 부가 공평하게 분배되어 있다면 사치는 전혀 존재하지 않을 것이다. 왜냐하면 사치란 타인의 노동에 의해 자신에게 주어지는 안락함에 기초를 두고 있기 때문이다.

부가 공평하게 분배되려면 법이 각자에게 육체적으로 필요한 것만을 주어야 한다. 그 이상을 가질 경우 누군가는 소비하고 또 다른 누군가는 획득함으로써 불평등이 자리 잡게 된다.

육체가 필요로 하는 것이 일정액과 같다고 가정하면, 오직 필요한 것만 가진 자의 사치는 0과 같다. 그 두 배를 가진 사람은 1에 해당하는 사치를 하게 된다. 이 사람보다 두 배 많은 재산을 가진 사람은 3에 해당하는 사치를 하게 되고, 다시 그 두 배를 가질 때는 7에 해당하는 사치를 하게 된다. 그리하여 그다음 개인의 재산이 항상 앞 사람의 두 배라고 가정할 때 사치는 0, 1, 3, 7, 15, 31, 63, 127이라는 급수로 두 배

더하기 1의 단위만큼 증가해간다.

플라톤의 국가에서는 사치가 정확히 계산될 수 있었을 것이다. 정액 지대 네 종류가 정해져 있었다. 첫째는 바로 빈곤이 끝나는 한계였다. 둘째는 첫째의 두 배, 셋째는 세 배, 넷째는 네 배였다. 첫 번째 정액 지대에서는 사치가 제로와 같고, 두 번째에서는 1과 같으며, 세 번째에서는 2와 같고, 네 번째에서는 3과 같았다. 그리고 그것은 산술적 비례에 따라 계속되었다.

사치는 또한 도시 크기, 특히 수도 크기에 비례한다. 따라서 그것은 국가의 부와 개인 재산의 불평등, 특정한 장소에 모여 있는 사람 수와의 복비(複比)다.

같이 있는 사람의 수가 많을수록 그들은 허영심이 많아지고, 마음속에서 하찮은 것으로 자신을 과시하고자 하는 욕망이 깨어나는 것을 느낀다. 많은 사람이 서로 모를 정도로 그 수가 많아지면 성공을 거두고 싶다는 바람이 더욱 커지면서 남의 눈에 띄고 싶다는 욕망도 배가한다. 사치가 그 같은 바람을 불러일으킨다. 그러나 남의 눈에 띄기를 원한 결과 모두가 평등해져서 사람들은 이미 구별되지 않는다. 모든 사람이 남의 눈에 띄기를 원하다 보면 모든 것이 똑같아지고, 결국 더는 남의 눈에 띄지 않게 될 것이다.

이러한 모든 것들에서 전반적인 불편이 생겨난다. 어떤 직업에서 탁월한 기량을 발휘하는 사람들은 그 기술에 자기가 원하는 가격을 붙인다. 그러면 재능이 가장 뒤떨어진 사람들도 그러한 예를 따른다. 그러므로 욕구와 그 충족 수단 사이에 더는 조화가 이루어지지 않는 것이다.

어떤 사람들은 수도에 그렇게 많은 사람을 모아놓으면 더는 서로 간에 일정한 거리를 두지 않기 때문에 거래가 감소할 것이라고 생각했다. 그러나 나는 그렇게 믿지 않는다. 사람들이 함께 모여 있으면 더 많은 욕구와 더 많은 욕망, 더 많은 상상력을 갖게 마련이다.

4. 군주정체의 사치 금지법

타키투스는 말하기를, "게르만 민족인 수이온족은 부에 대해 경의를 표했다. 그리하여 그들은 오직 한 사람의 통치를 받으며 살고 있다"고 했다(타키투스에 따르면, 수이온족은 선원과 상인들로 이뤄진 부족으로 지금의 스웨덴 남쪽에 살았다. 그들의 체제는 전제정체에 가까웠던 것으로 추정된다). 이 사실은 사치가 특히 군주정체에 적합하고, 군주정체에는 사치 금지법이 전혀 필요 없다는 것을 잘 의미한다.

군주정체는 그 기본 구조에 따라 부가 불평등하게 분배되어 있으므로 당연히 사치가 존재할 수밖에 없다. 만약 이 정체에서 부자가 돈을 많이 쓰지 않으면 가난한 자는 굶어 죽게 된다. 심지어 부자는 재산 불평등에 비례해서 소비하고, 우리가 이미 얘기했듯이 사치는 그 같은 비율로 늘어나야 한다. 개인들의 부가 늘어난 것은 일부 시민에게서 그들에게 필요한 물질을 빼앗았기 때문이다. 그러니 그것을 그들에게 되돌려줘야 한다.

엄격한 집정관과 법률가, 또 초기 관념에 젖어 있는 사람들로 구성된 아우구스투스 치하의 로마 원로원에서 풍속과 여성들의 사치를 교정하자는 제안이 나왔다. 그때 아우구스투스가 어떤 술책을 부려 이 원로원 의원들의 시대에 뒤떨어진 요구를 피했는가를 디온의 책[75]에서 읽어보는 것은 흥미로운 일이다. 아우구스투스는 공화정체를 해체하며 군주정체를 수립하고 있었다.

티베리우스 시대에 감찰관들은 지난날의 사치 금지법을 부활시킬 것을 원로원에서 제안했다. 혜안을 지녔던 이 군주는 다음과 같이 말하며 이 제안에 반대했다. "국가란 지금 이대로의 상태로는 존속할 수 없을 것이다. 로마는 어떻게 생존할 수 있을 것인가? 지방 주들은 어떻게 살아나갈 것인가? 단지 한 도시의 주민이었을 때 우리는 검소했었다. 그러나 오늘날 우리는 전 세계의 부를 소비하고 있다. 주인도, 노예도 우리를 위해 일하게 만들고 있다."[76] 사치 금지법이 더는 필요하지 않다는 것을 그는 잘 알고 있었다.

군주국가에서는 사치가 필요하다. 전제국가에서는 사치가 더욱 필요하다. 전자에서 사치란 사람들이 자유에 대해 갖고 있는 것을 사용하는 일이고, 후자에서는 자신의 예속 상태에 따르는 이점을 남용하는 일이다. 다른 노예들을 전제적으로 다스리고자 주인이 선발한 노예는 오늘의 행운을 내일도 유지할 수 있을지 분명하지 않으므로 자만심과 욕망, 그날그날의 쾌락을 충족시키는 일을 유일한 즐거움으로 삼는다.

이 모든 것은 하나의 견해로 귀결된다. 즉 공화국은 사치로, 군주국은 빈곤으로 멸망한다는 것이다.

---

75 디온 카시우스(이탈리아에 정착한 그리스 역사가(155~235년)로 《로마사》를 썼다)의 책 54편 16장.
76 타키투스, 《연대기》 III, 34.

6. 중국의 사치

몇몇 나라에서는 그 나라 고유의 이유가 사치 금지법 제정을 요구한다. 풍토의 영향으로 인구가 지나치게 증가할 수도 있고, 또 한편으로는 그 국민이 살아가게 하는 방법이 불확실해질 수도 있으므로, 그럴 때는 국민 전체가 토지를 경작하는 데 전념하도록 하는 것이 바람직하다. 그런 나라에서는 사치가 위험하므로 사치 금지법이 엄격하게 적용되어야 한다. 따라서 사치를 장려해야 할지 금지해야 할지 알려면 먼저 국민 수와 국민이 먹여 살리는 일의 용이함 사이의 관계를 알아야 한다.

영국에서는 토지가 토지를 경작하는 사람들과 옷을 공급하는 사람들을 먹여 살리는 데 필요한 것보다 훨씬 많은 양의 곡식을 생산한다. 그래서 그곳에서는 쓸모없는 기술이 있을 수 있고, 그 결과 사치가 있을 수 있다. 프랑스에서는 농민과 제조업에 고용된 사람들을 충분히 먹여 살릴 수 있는 밀이 산출된다. 더구나 외국과의 무역으로 쓸모없는 물품들을 내어주고 꼭 필요한 물품을 가져오므로 이 나라에서는 사치 같은 것을 두려워할 필요가 거의 없다.

반대로 중국에서는 여성들이 아이를 많이 낳아서 인구가 엄청나게 늘어나므로 토지를 아무리 열심히 경작해도 국민을 먹여 살리기가 쉽지 않다. 따라서 이 나라에서는 사치가 해악을 끼쳤으며, 어떤 공화국 못지않게 노동과 검약 정신이 요구되었다.[77] 그러니 필요한 기술에만 전념할 뿐 향락의 기술은 피해야 한다.

이것이 바로 중국 황제들이 내린 훌륭한 칙령의 정신이다. 당나라

---

[77] 그곳에서는 항상 사치가 금지되었다.

의 어떤 황제는 이렇게 말했다.[78] "우리 조상들은 다음 말을 격언으로 삼았다. 만약 밭을 갈지 않는 남자나 실을 뽑지 않는 여자가 있다면, 제국에서 누군가가 추위나 굶주림으로 고통을 받으리라는 것이다……." 그리고 이 원칙에 입각해 그는 수많은 불교 사원을 헐게 했다.

9. 여러 정체에서 여성의 지위

군주정체에서 여성은 거의 대부분 신중하게 행동하지 않는다. 고관의 부름을 받고 궁정으로 들어간 그녀들이 거기서 거의 유일하게 용인되는 자유정신에 젖어들기 때문이다. 각자는 자기의 입신출세를 위해서 여성적 매력과 열정을 이용한다. 그녀들의 섬약함은 자부심이 아니라 허영심을 허용할 뿐이므로 거기서는 사치가 항상 그녀들과 함께 유지된다.

전제국가에서는 결코 여자들이 사치를 받아들이지 않는다. 그러나 그녀들 자체가 바로 사치품이다. 극단적으로 그녀들은 노예일 수밖에 없다.

공화정체에서 여자는 법에 의해 자유지만, 풍속에 의해서는 종속되어 있다. 여기서 사치는 추방되고, 더불어 타락과 악덕도 추방된다.

남성들 사이에서조차 풍속의 순박함이 덕성의 일부가 되어야 한다고 정해놓은 종교의 지배 아래 살지 않았던 그리스 도시들에서는, 맹목적 악덕이 제멋대로 행해지고 사랑이란 오직 하나의 형태만을 가지며

---

78 뒤 알드 신부(1674~1743년)가 기술한 칙령에서《중국제국》2권 497쪽.

결혼 생활에서 우정이 사라지는[79] 그리스 도시들에서는 여자들이 매우 정숙하고 소박하고 순결해서 이 점에 관해 그 이상의 경찰 조직을 가진 민족은 일찍이 없을 정도였다.[80]

---

79 플루타르코스는 "참다운 사랑에서 여자는 아무런 몫도 갖고 있지 않다"라고 말했다.(《도 덕론집》 중에서 '사랑론') 그 시대의 다른 모든 사람도 이 같은 생각을 했다.

80 아테네에는 여자들의 행실을 감시하는 특별 관리가 있었다.

8편

세 가지 정체를 구성하는
원리의 부패

2. 민주정체 원리의 부패

민주정체 원리는 사람들이 평등 정신을 잃을 때뿐만 아니라 극도의 평등 정신을 가져서 각자 자기를 지배하라고 선출한 자와 평등해지려고 할 때도 부패한다(아리스토텔레스의 《정치학》 V, 4에도 이와 유사한 구절이 나온다). 그렇게 되면 국민은 자기들이 위임한 권력 자체도 견딜 수 없어 하며 모든 것을 직접 하려 한다.

공화국에는 이제 덕성이 존재할 수가 없다. 국민은 집정관 직무를 행하려 한다. 집정관들이 더는 존경받지 못한다. 원로원 심의는 이미 그 권위를 상실했다. 그러니까 사람들은 원로원 의원에게 경의를 표하지 않고, 따라서 노인에게도 경의를 표하지 않게 된다. 노인을 존경하지 않으면 어버이도 존경하지 않을 것이다. 그리고 스승도 더는 공경하지 않을 것이고, 주인에게도 복종하지 않을 것이다. 모두가 이 같은 방종 상태를 좋아하게 될 것이다. 명령의 구속은 복종의 그것과 마찬가지로 느슨해질 것이다. 여자들과 아이들, 노예들은 누구에게도 복종하지 않을 것이다. 이렇게 되면 풍속도, 질서에 대한 사랑도 더는 존재하지 않을 것이고, 마침내 덕성도 존재하지 않을 것이다.

크세노폰의《향연》을 보면, 국민이 평등을 남용한 공화국이 매우 소박하게 묘사되어 있다. 손님들은 한 사람 한 사람 돌아가면서 무엇 때문에 자기가 스스로에게 만족하고 있는지 이야기한다.

"나는 가난하기 때문에 만족하고 있다"고 카르미데스는 말한다. "부자였을 때는 중상모략자들의 비위를 맞추지 않으면 안 되었다. 내가 그들에게 해를 끼치기보다는 오히려 해를 입을지도 모른다는 것을 잘 알았기 때문이다. 공화국은 늘 내게 새로운 명목으로 돈을 내라고 요구해왔다. 외출을 할 수도 없었다. 그러나 가난해진 뒤로 나는 권위를 얻었다. 아무도 나를 위협하지 않는다. 오히려 내가 남을 위협한다. 벌써부터 부자들이 자리에서 일어나 내게 길을 양보한다. 나는 이제 무엇인가를 잃을 염려를 하지 않는다. 뭔가를 얻으리라는 기대만 할 뿐이다〔크세노폰의《향연》4장에서〕."

국민에게서 권력을 위탁받은 사람들이 그들 자신의 부패를 은닉하고자 국민을 부패시키려고 할 때 국민은 이 같은 불행에 빠진다〔아리스토텔레스의《정치학》V, 4에서〕. 그들은 국민이 자기들의 야심을 눈치채지 못하도록 오직 국민이 얼마나 위대한지에 대해서만 이야기한다. 국민이 자기들의 탐욕을 눈치채지 못하도록 국민의 탐욕을 끊임없이 부추긴다.

만약 투표가 돈으로 이뤄지는 것을 본다 해도 놀라서는 안 된다. 국민에게서 더 많은 것을 빼앗지 않고는 국민에게 많은 것을 줄 수가 없다. 그러나 국민에게서 더 많은 것을 빼앗으려면 국가를 전복시켜야 한다. 국민이 자신들의 자유에서 더 많은 이익을 끄집어내는 것처럼 보일

수록 그들은 자유를 잃어버리게 될 순간에 더 가까이 접근하게 될 것이다. 단 한 사람의 전제군주가 가질 수 있는 온갖 악덕을 가진 수많은 소전제군주들이 형성된다. 얼마 안 있어 나머지 자유가 견딜 수 없게 느껴진다. 단 한 명의 전제군주가 나타난다. 그러면 국민은 모든 것을, 심지어는 그들이 부패하여 얻은 이익마저 잃게 될 것이다(플라톤의《공화국》 VIII, 563e~564a.와 아리스토텔레스의《정치학》V, 4에서).

그러므로 민주정체는 두 가지 극단을, 즉 귀족정체나 1인 통치 정체로 이어지게 될 불평등 정신과 그것을 1인 전제정체로 인도할(1인 전제정체는 결국 정복으로 귀결되므로) 극단적 평등 정신을 피해야 한다.

그리스 공화국들을 부패시킨 사람들이 항상 참주였던 것은 아니다. 그들은 무술보다 웅변술에 더 큰 애착이 있었기 때문이다. 그 밖에도 모든 그리스인의 가슴속에는 공화정체를 전복시킨 자들에 대한 누그러뜨릴 수 없는 증오심이 자리 잡고 있었다. 그 결과 무정부 상태는 참주정체로 바뀌는 대신 소멸 상태에 빠지게 되었다(아리스토텔레스의《정치학》V, 4에서).

그러나 참주정체로 전환한 수많은 소(小)과두제 속에 있던 시라쿠사는, 사서(史書)에는 거의 기록되어 있지 않은 원로원을 가졌던 시라쿠사는 웬만한 부패는 일으킬 수가 없는 불행을 여러 차례 겪었다(시라쿠사는 귀족정체와 군주정체, 그리고 마지막으로 466년에는 민주정체를 연속적으로 겪었다. 412년에 아테네에 승리를 거두고 나서 한 군사 전제군주가 정권을 잡았고, 그 뒤에 다시 티몰레온이 민주주의를 회복시켰다).

항상 방종이나 억압 속에 있었고, 또한 그 자유와 예속의 작용을 받았으며, 늘 이 두 가지를 폭풍우같이 받아들였고, 그토록 대외적 힘이 있음에도 언제나 매우 작은 외세에 의해서도 혁명이 일어나게 되어 있던 이 도시에는 어마어마하게 많은 국민이 있었으나, 이들에게는 참주를 갖느냐, 아니면 스스로 참주가 되느냐 하는 두 가지 선택밖에 없었다.

6. 군주정체 원리의 부패

국민이 원로원과 집정관, 재판관에게서 그들의 기능을 빼앗을 때 민주정체가 멸망하는 것처럼 군주정체는 단체나 도시들의 특권을 조금씩 빼앗을 때 부패한다. 전자는 만인의 전제정체에 이르고, 후자는 단 한 사람의 전제정체에 이른다.

군주정체는 군주가 모든 것을 오직 자기 자신에게만 집중시켜 국가를 자신의 수도로, 수도를 자신의 궁정으로, 궁정을 오직 자신에게로 끌어당길 때 멸망한다〔앙리 4세에서 루이 14세에 이르는 프랑스 군주정체가 폈던 중앙집권화 정책에 대한 비판이 분명하다〕.

끝으로 군주정체는 군주가 자신의 권위와 신분, 그리고 국민에 대한 사랑을 등한시할 때, 그리고 전제군주가 자신이 위험한 상황에 처했다고 믿어야 하듯 군주는 자기가 안전하다고 판단해야 한다는 것을 느끼지 못할 때 멸망한다.

15. 세 가지 원리를 보전하는 데 가장 효과적인 방법

여러분은 다음 네 개 장(章)을 읽어보기까지는 내가 무슨 말을 하려고 하는지 이해하지 못할 것이다.

16. 공화정체의 특성

공화국이 작은 영토밖에 갖지 못하는 것은 그 본질에 속한다. 안 그러면 공화국은 거의 존속할 수 없을 것이다. 큰 공화국에는 많은 재산이 존재하고, 그 결과 정신에는 절도(節度)라는 것이 거의 존재하지 않는다.

큰 공화국에서는 공공복지가 무수한 고려에 희생된다. 그것은 여러 예외에 종속된다. 그리고 예상치 못한 일에 좌우된다. 작은 공화국에서는 공공복지가 더 잘 느껴지고, 더 잘 알려지고, 시민에게 더 가까이 있다.

라케다이몬이 그토록 오래갈 수 있었던 것은 수많은 전쟁을 치른 뒤에도 본래 영토가 항상 그대로 유지되었기 때문이다. 라케다이몬의 유일한 목표는 자유였고, 이 자유의 유일한 이점은 영광이었다(《역사의 연구》(1934~1954년)에서 토인비는 스파르타가 영토를 넓힐 수 있었는데도 그렇게 하지 않았다는 사실을 보여준다).

자신들에게 주어진 법과 영토에 만족하는 것이 그리스 공화국들의 정신이었다. 아테네는 야심을 품고 라케다이몬에 그것을 주었다. 그러나 노예를 지배한다기보다 자유 시민을 통솔하기 위해서였다. 동맹을 깨뜨리기보다는 동맹의 우두머리가 되기 위해서였다. 영토 확장에 더 관심이 많은 군주정체가 발흥하자 모든 것이 붕괴되었다.

특수한 상황이 아닌 한[81] 공화정체가 아닌 다른 정체가 오직 한 도시 안에서 존속하기란 쉬운 일이 아니다. 그런 작은 나라의 군주는 자

---

81 소군주가 큰 두 나라가 서로에게 갖는 질투심을 이용해 이들 두 나라 사이에서 존속할 수도 있다. 그러나 그것은 매우 아슬아슬하다.

연히 국민을 억누르려고 할 것이다. 왜냐하면 그는 강한 권력이 있으면서도 그것을 누리거나 그것이 존중받게 만들 수단을 갖지 못했기 때문이다. 따라서 그는 자기 나라 국민을 엄청나게 억누를 것이다.

2부

9편

법과 방어력의 관계

1. 공화국의 안전 대비책

공화국이 작으면 외세에 의해 파괴된다. 그리고 크면 내부적 결함에 의해 멸망한다. 이 이중의 결함은 민주정체와 귀족정체 모두에(그것들이 좋든 나쁘든) 해를 끼친다.

그러므로 만약 공화정체의 대내적 장점과 군주정체의 대외적 세력을 모두 갖는 국가조직의 한 방식을 상상해내지 않았더라면 결국 영원히 1인 통치의 정체 아래서 살아야 했을 것이다. 내가 지금 말하는 것은 연방 형태의 공화정체다.

이 정체 형태는 하나의 협정으로서, 많은 정치단체가 이 협정을 통해 그들이 형성하고자 하는 좀 더 큰 국가의 시민이 되는 데 동의한다. 이것은 사회들의 사회라고 할 수 있는데, 이 사회들은 이 사회를 새로운 사회로 만들며, 이 새로운 사회는 새롭게 연합해 확대될 수 있다.

그리스인 집단으로 하여금 그토록 오랫동안 번영하게 한 것도 바로 이런 연합체였다. 로마인은 그것으로 세계를 공격했고, 전 세계는 오직

111

그것만으로 로마인을 막아냈다. 그리고 로마가 최고로 번성했을 때 야만인들은 도나우 강과 라인 강 건너편의 연합, 즉 공포가 만들어낸 연합으로 로마에 저항할 수 있었다.

유럽에서 네덜란드[1]와 독일, 스위스 연방이 영구적 공화국으로 간주되는 것은 바로 그 때문이다.

도시 연합은 지금보다 옛날에 더 필요했다. 지금도 그렇지만 옛날에도 정복당한 도시국가는 집행권과 입법권뿐만 아니라 사람들이 소유하고 있는 모든 것[2]을 잃어버렸다.

외부 세력에 저항할 수 있는 이런 종류의 공화국은 내부가 부패하지 않고 그 위대함 가운데 유지될 수 있다. 왜냐하면 이 사회 형태가 모든 결함을 예방하기 때문이다.

가맹국 중 어느 한 나라에서 반란이 일어날 경우 다른 가맹국이 진압할 수 있다. 어떤 악폐가 어디선가 생기더라도 건전한 부분에 의해 교정된다. 이런 국가는 한쪽이 멸망하더라도 다른 쪽은 멸망하지 않을 수 있다. 동맹은 해체될 수 있지만, 가맹국은 여전히 독립국으로 남아 있을 수 있는 것이다.

2. 연방 조직은 같은 성격의 국가, 특히 공화국으로 구성되어야 한다

가나안 사람들이 멸망한 이유는 소군주국들이 서로 동맹을 맺지도 않고, 함께 힘을 모아 방어하지도 않았기 때문이다.

---

1 네덜란드는 서로 다른 50여 개 공화국으로 이뤄져 있다.(제니슨의 《네덜란드 합중국》)
2 시민의 자유와 재산, 여자들, 사원, 심지어 묘지까지.

독일연방공화국은 자유도시와 군주에게 복종하는 소국으로 이루어져 있다[신성로마제국이 그 예라고 할 수 있다]. 경험으로 볼 때 그것은 네덜란드나 스위스 연방 등보다 더 불완전하다.

군주정체 정신은 전쟁과 영토 확장이며, 공화정체 정신은 평화와 절제다. 이 두 종류의 정체는 오직 부득이한 경우에만 한 연방공화국 안에 있을 수 있다.

그리하여 로마사에서 우리는 베이에스 사람들이 국왕을 선출하자 토스카나 지방의 모든 소공화국이 그들을 버렸다는 사실을 알게 된다[에트루리아 연맹의 강력한 도시였던 베이에스는 기원전 5세기에 오랫동안 로마에게 저항했으나, 결국은 동맹국들이 탈퇴하면서 항복하게 된다]. 그리스는 마케도니아 왕이 암픽티오니아, 곧 인보(隣保)동맹에서 한 자리를 얻자 모든 것을 잃었다.

여러 군주와 자유도시로 이뤄진 독일연방공화국이 존속하는 것은 어떻게 보면 연방 관리이고 또 어떻게 보면 군주인 한 명의 우두머리를 두었기 때문이다.

6. 국가의 방어력 일반

어떤 나라가 방위를 할 만한 상태가 되려면, 적국이 이 나라를 공격할 수 있는 속도와 이 나라가 그 공격을 헛수고로 만들기 위해 발휘할 수 있는 신속함이 균형을 이룰 정도로 국토가 넓어야 한다. 즉 공격하는 쪽이 우선 어디서든지 나타날 수 있으므로 방어하는 쪽도 역시 어디서나 나타날 수 있어야 한다. 따라서 국토 크기는 인간이 한 장소에서 다른 장소로 옮겨갈 수 있도록 자연이 그들에게 준 속도에 상응하게 중간 정도여야 한다.

프랑스와 스페인이야말로 이처럼 요구되는 크기를 갖췄다. 각 군은 서로 연락이 아주 잘돼 가고 싶어 하는 곳으로 갈 수 있다. 군대는 그곳에 집결해 한쪽 국경에서 다른 쪽 국경으로 신속히 이동한다.

프랑스에서는 매우 다행스럽게도 수도가 각 국경의 약한 데 맞춰 거기에 더 가까이 위치해 있다. 그러므로 군주는 수도에 머물며 자국의 각 부분을 (그것이 외적에 더 많이 노출될수록 더 잘) 관찰할 수 있다.

그러나 페르시아처럼 광활한 나라가 공격당할 경우, 여기저기 흩어져 있는 부대가 집결하려면 몇 달이 걸린다. 국경에 배치된 군대가 패배하면 퇴각이 금방 이뤄지지 않기 때문에 사방으로 흩어질 것이 분명하다. 승리를 거둔 적군은 아무 저항도 받지 않고 거침없이 진격해 수도를 포위하고, 지방 총독들은 그때야 겨우 지원군을 보내라는 연락을 받게 된다. 혁명이 가까워졌다고 판단한 사람들은 복종하지 않음으로써 혁명을 앞당긴다. 왜냐하면 언제 어느 때 처벌받을지 몰라서 충성했던 사람들이 처벌을 안 받겠다 싶으면 더는 충성하지 않기 때문이다. 그들은 자신의 개인적 이익에 따라 움직이므로 결국 제국은 붕괴되고 수도는 점령당한다.

군주의 진짜 힘은 쉽게 정복하는 데서 나오는 것이 아니라, 오히려 그가 좀처럼 공격당하지 않는다는 데서 나온다. 그리고 감히 말한다면, 그의 지위가 좀처럼 흔들리지 않는다는 데서 나온다. 그러나 국가가 확장되면 외적은 이 국가를 어떻게 다시 공격할 수 있을지 그 방법을 알게 된다.

따라서 군주는 자신의 힘을 증대시키기 위해 현명함을 갖춰야 하는 것처럼 그 힘을 억제하기 위한 신중함 역시 갖춰야 한다. 약소(弱小)에 따르는 불편을 없애는 동시에 강대(強大)에 따르는 불편에도 항상 주의를 기울여야 한다.

7. 성찰

오랫동안 나라를 다스린 어느 위대한 군주〔루이 14세를 말한다〕의 적들은 이 군주가 세계 군주국을 이룩할 계획을 세우고 실현하려 했다 해서 여러 차례 비난했는데, 이 같은 비난은 이성보다 두려움에서 비롯되었다. 만약 그 계획이 성공을 거두었다면 유럽은, 그 군주의 오래된 신하들은, 그 자신은, 그리고 그의 가족은 엄청난 파멸을 맞았을 것이다. 진짜 이익이 무엇인지 알고 있는 하늘은 그 군주에게 승리보다 패배로 더 큰 도움을 주었다. 그를 유럽 유일의 왕으로 만드는 대신 모든 왕 중에서 가장 강력한 왕으로 만듦으로써 더 우대했던 것이다.

10편

법과 공격력의 관계

2. 전쟁

국가의 생명은 인간의 생명과 같다. 인간은 자연적 방위(정당방위를 말한다)의 경우에는 사람을 죽일 권리가 있으며, 국가도 자기 보존을 위해 전쟁을 할 권리가 있다.

자연적 방위의 경우 나는 죽일 권리를 갖는다. 왜냐하면 나를 공격하는 자의 생명이 그의 것이듯 내 생명은 내 것이기 때문이다. 마찬가지로 국가도 전쟁을 한다. 국가 보존도 다른 모든 보존과 마찬가지로 정당하기 때문이다.

시민들 사이에서는 자연적 방위 권리를 행사하기 위해 꼭 공격해야 하는 것은 아니다. 시민은 공격하는 대신 재판소에 가서 제소만 하면 된다. 따라서 그들은 이 방위권을 단지 법이 구원해주기를 기다리다가는 죽을 수도 있는 절체절명의 순간에만 행사할 수 있다. 그러나 사회들 간에는 자연적 방위권이 이따금 공격을 필요로 하는데, 국민이 그이상의 평화는 다른 민족이 자신들을 멸망시키게 만들고 그 순간 공격

116

밖에는 그것을 막을 수단이 없다는 사실을 알게 되는 경우가 그렇다.

따라서 전쟁 권리는 필요성과 속박에서 비롯된다. 군주의 양심이나 그의 고문 회의를 좌지우지하는 사람들이 정의를 지키지 않는다면 모든 일은 끝난 셈이다. 따라서 영광과 예의, 실리 같은 자의적 원칙에 근거한다면 이 땅에 유혈이 낭자할 것이다.

특히 군주의 영광 따위를 주장해서는 안 된다. 군주의 영광은 곧 그의 오만함을 의미할 수도 있다. 그것은 정념이지 정당한 권리가 아니다.

군주의 힘에 대한 평판이 그 나라의 힘을 증대시킬 수 있다는 것은 사실이다. 그러나 그가 정의롭다는 평판도 그 힘을 증대시킬 것이다.

3. 정복권

정복권은 교전권(交戰權)에서 파생하며 그 결과다. 그러므로 정복권은 교전권 정신을 따라야 한다.

정복자가 정복당한 국민에게 갖는 권리는 다음 네 가지 법을 따른다.

첫째는 자연법인데, 만물이 종(種)을 보존하게 한다. 둘째는 자연적 진리의 법으로서, 남이 자기에게 해주었으면 하는 것을 자기가 남에게 해주라는 것이다. 셋째는 정치사회를 형성하는 법으로서, 자연은 정치사회의 지속 기간을 제한하지 않는다. 넷째는 사물 자체에서 유래하는 법이다.

정복이란 곧 획득이다. 획득 정신은 유지와 이용 정신을 수반하지, 파괴 정신을 수반하지 않는다.

다른 나라를 정복한 나라는 피정복국을 다음 네 가지 방법 중 한 가지로 다룬다. 피정복국 법률로 계속 그 나라를 통치하되 정치 통치권과 시민 통치권만 행사하든가, 피정복국에 새로운 정치 통치권과 시민 통치권을 부여하든가, 사회를 파괴해 다른 사회에 분산시키든가, 모든 시민을 죽이든가 하는 것이다.

첫 번째 방법은 오늘날 우리가 따르고 있는 만민법과 일치하고, 네 번째 방법은 로마인의 만민법에 좀 더 가깝다.[3]

오늘날 공법학자들은 고대사를 근거로 엄격한 경우에서 벗어남으로써 큰 오류에 빠졌다. 그들은 정복자에게 살육 권리가 있다고 자기들 멋대로 추정했다. 이 같은 추정을 근거로 그들은 원리와 그 무시무시한 결론을 끌어냈으며, 정복자들 자신이 조금만 감각이 있어도 결코 취하지 않았을 규범들을 만들었다. 정복이 완료되면 정복자는 이미 자연적 방위나 자기 보존의 경우가 아니므로 남을 죽일 권리를 갖지 못한다는 것은 명백한 사실이다.

사회는 인간을 가리키는 것이 아니라 인간의 결합을 가리킨다. 그러므로 시민은 죽을지 몰라도 인간은 살아남을 수 있다.

정치가들(공법학자를 가리킨다)은 정복의 죽일 권리에서 노예로 만들 권리를 끌어냈지만, 이 귀결 역시 원칙만큼이나 근거가 없다.

사람이 피정복자를 노예로 만들 권리를 갖는 것은 그 같은 노예 상태가 정복 유지에 필요할 때뿐이다. 정복의 목적은 유지다. 노예 상태는 결코 정복의 목표가 아니다. 그러나 그것이 유지를 달성하는 데 필요한 수단일 수는 있다.

---

3   로마인은 그 정복한 땅에서 모든 것을 근절하지는 않았다.

나는 여기서 막연한 얘기를 하고 있는 것이 아니다. 로마제국을 정복한 우리 조상들은 이렇게 행동했다. 그들은 화염과 전투, 격렬함, 전승의 오만함 가운데 만든 법을 완화했다. 그들의 법은 가혹했는데, 그들은 그것을 공평하게 만들었다. 부르고뉴인과 고트인, 롬바르디아인은 로마인이 피정복 민족이기를 항상 바랐다. 유리크〔466년에 즉위한 고트왕〕와 공드보〔부르고뉴 왕〕, 로테르〔롬바르디아 왕〕의 법은 야만인과 로마인을 동포 시민으로 만들었다.

샤를마뉴는 작센인을 길들이고자 그들에게서 자유인의 지위와 재산권을 빼앗았으며, 온후한 루이 왕은 그들을 해방시켰다.

4. 피정복 민족이 얻는 몇 가지 이익

정치가들은 정복 권리에서 그런 치명적 결론을 끌어내는 대신, 이 권리가 때때로 피정복 민족에게 가져다줄 수도 있는 이익에 관해 말하는 편이 더 나을지도 모른다. 만약 우리 만민법이 정확히 준수되고, 또 그것이 지구 전역에 확립되어 있다면 그들도 그 이익을 더 잘 느낄 것이다.

정복당한 국가는 대개 그 제도가 힘을 발휘하지 못한다. 대신 부패가 시작되고, 법이 더는 집행되지 않으며, 정부는 압제적으로 변한다. 정복이 파괴적이지 않은 이상, 과연 누가 그런 국가가 전쟁을 이겨 정복에서 약간의 이익을 얻을 수 있다는 사실을 의심할 수 있겠는가? 이미 스스로는 개혁할 수 없는 상태까지 되어버린 정부가 다른 나라에 병합된다 해서 또 무엇을 잃어버리겠는가?

우리는 징세 청부인에게 짓눌리던 국가가 합법적 군주와는 달리 약속도 하지 않고 요구도 하지 않는 정복자에 의해 무거운 짐을 덜게 되는 것을 보았다. 정복자가 굳이 나서지 않아도 악폐가 고쳐지곤 했다.

정복자는 자기가 저지른 악행의 일부를 시정해야 할 책임이 있다. 나는 정복자의 권리를 다음과 같이 정의한다. 즉 그것은 필요하고 합법적이지만 불행한 권리로서, 인간 본성에 대해 빚을 갚고자 항상 막대한 채무를 치를 여지를 남겨놓는다.

5. 시라쿠사 왕 제론

내가 보기에 역사상 가장 훌륭한 강화조약은 제론이 카르타고 사람들과 체결한 조약이다. 그는 그들에게 자기 자식을 제물로 바치는 관습을 폐지하라고 요구했다.[4] 실로 감탄스런 일이다! 30만이나 되는 카르타고 사람들에게 승리를 거둔 뒤 그는 오직 그들에게만 유익한 조건을 제시했던 것이다. 아니, 그보다 그는 인류를 위해서 조약을 맺었다고 말해야 할 것 같다.

박트리아 사람들은 자신들의 나이 든 아버지를 큰 개에게 먹이로 주었다. 알렉산더는 그들이 이렇게 하지 못하도록 금지했다.[5] 그것은 그가 미신에 대해 거둔 승리였다.

---

4 장 바르베이락의 《집록》 참조.

5 스트라본, 2권.

6. 정복하는 공화국

최근 스위스 토겐부르크 주(州)에서 그랬던 것처럼 연방정체에서 한 연방국이 다른 연방국을 정복한다는 것은 이 정체의 본질에 어긋난다. 그러나 작은 공화국과 작은 군주국이 연합한 혼합연방공화국에서는 그런 일이 충격을 덜 준다.

민주적 공화국이 민주주의 영역에 들어갈 수 없는 도시들을 정복하는 것 역시 사물의 본질에 어긋난다. 로마인이 처음에 그러했듯 피정복 민족은 주권이 부여하는 여러 가지 특권을 누릴 수 있어야 한다. 정복은 민주정체를 확립하는 데 필요한 시민의 숫자로 국한되어야 한다.

만약 민주국가가 어떤 국민을 신민으로 지배하려고 정복한다면 이 국가의 자유는 위험에 노출될 것이다. 왜냐하면 이 민주국가는 정복된 나라에 파견해야 할 집정관에게 지나치게 큰 권력을 맡길 것이기 때문이다.

만약 한니발이 로마를 점령했다면 카르타고 공화국은 어떤 위험에 빠졌을까? 패전 후 자신의 도시(카르타고)에서 그토록 많은 혁신을 일으킨 그 사람[6]이 승리를 거둔 뒤에는 과연 무슨 일을 했을까?

안논(카르타고의 장군이다)이 시기심에만 사로잡혀 말했더라면 한니발에게 원군을 보내지 말라고 원로원을 설득할 수 없었을 것이다. 안논의 당파는 한니발을 로마인에게 넘겨주려고 했다(안논은 카토가 카이사르를 갈리아 사람들에게 넘기려 했던 것처럼 한니발을 로마 사람들에게 넘기려고 했다). 당시만 해도 그들은 로마 사람들을 두려워하지 않았다. 그래서 한니발을 무서워했다.

---

6 그는 일개 파당의 우두머리였다.

한니발이 성공을 거두리라는 생각은 하려야 할 수가 없었다고 사람들은 말한다. 지구 전역에 퍼져 있던 카르타고 사람들이 이탈리아에서 일어난 일을 몰랐을까? 그들은 한니발의 성공을 모르지 않았으며, 한니발에게 원군을 보내려고 하지 않았다.

트레비와 트라시메누스, 그리고 칸네의 전쟁 후에 안논은 한층 더 단호해졌다. 늘어난 것은 그의 불신이 아니라 두려움이었던 것이다.

7. 같은 주제의 연속

민주국가에 의해 이뤄지는 정복에는 또 다른 불편이 있다. 피정복국가는 그런 나라의 통치를 항상 지긋지긋하게 여긴다. 그 정체는 가상의 군주정체다. 그러나 사실 그 같은 정체는 모든 시대와 모든 나라의 경험이 보여주듯 군주정체보다 더 가혹하다. 그래서 정복당한 국민은 비참한 상태에 놓인다. 그들은 공화정체의 이익도, 군주정체의 이익도 누리지 못한다.

내가 민중적 국가에 관해서 한 말은 귀족정체에도 적용될 수 있다.

8. 같은 주제의 연속

따라서 어떤 공화국이 어떤 국민을 지배할 때는 훌륭한 정치법과 훌륭한 민법을 주어 사물의 본성 때문에 생기는 불편을 없애도록 노력해야 한다.

이탈리아의 한 공화국은 수많은 섬사람들을 지배했다. 그러나 그들과 관련한 이 공화국의 정치법이나 민법은 결함이 있었다. 앞으로는 총독의 확신에 따라 그들에게 체형을 과하는 일이 있어서는 안 될 것이라고 정해놓은 저 대사령(大赦令)을 사람들은 기억하고 있다. 국민이 이런저런 특권을 청원하는 일은 자주 있었다. 그 경우 주권자는 모든 국민에게 공통된 권리만 허용한다.

9. 주변을 정복하는 군주정체

군주정체가 주변의 몇몇 지방을 정복해 그 경계를 넓혔을 때는 그 지방을 매우 조심스럽게 다뤄야 한다.

오랫동안 정복에 힘을 쏟아온 군주정체에서는 그것의 옛 영토에 속한 지방들이 대개는 심하게 억압당한다. 이 지방들은 새로운 악폐와 낡은 악폐로 고통을 받는다. 그리고 흔히 드넓은 수도가 모든 것을 삼켜버리기 때문에 이 지방들의 인구가 줄어든다. 국경에 머무르며 작전을 펼쳐야 하는 군대에 식량을 보급하는 일은 더욱더 불안정해질 것이다.

바로 이것이 다른 나라를 정복한 군주국의 필연적 상태다. 수도의 어마어마한 사치, 거기서 멀리 떨어져 있는 여러 지방의 궁핍, 변경 지대의 풍요. 이것은 꼭 우리 지구랑 비슷하다. 즉 중심에 불이 있고, 표면에는 초목이 있으며, 이 둘 사이에는 황량하고 차디찬 불모의 땅이 있다.

11. 정복당한 민족의 풍속

이런 정복에서는 정복당한 국민의 법을 그대로 인정해주는 것으로는 충분하지가 않다. 어쩌면 그들의 풍속을 그대로 남겨두는 것이 더 필요할지도 모른다. 왜냐하면 사람들은 항상 자신들의 법보다는 풍속을 더 잘 알고, 더 사랑하고, 더 잘 지키기 때문이다.

12. 키루스 왕의 법

키루스 왕[페르시아제국을 세운 왕]이 리디아인으로 하여금 천한 직업이나 수치스러운 직업만 갖게 한 법은 훌륭한 것 같지 않다. 그는 가장 위급한 것부터 고려했다. 즉 리디아인의 반란에만 관심을 쏟았을 뿐 침략당할지도 모른다는 생각은 하지 않았다. 그러나 곧 침략이 시작되었다. 페르시아 민족과 리디아 민족은 합쳐져서 양쪽 다 부패했다.

13. 칼 12세

오직 자신의 힘만을 사용했던 이 군주는 오랜 전쟁(그의 왕국은 이 오랜 전쟁을 감당할 수 없었다)을 통해서만 실현될 수 있는 계획을 세움으로써 결정적으로 몰락했다.

그가 전복하고자 했던 것은 무너져가는 국가가 아니라 탄생하고 있는 제국이었다. 러시아인은 그가 자기들과 벌이는 전쟁을 학교처럼 이용했다. 패배할 때마다 승리를 향해 접근해간 것이다. 그 결과 밖에서는 패배했지만 안에서는 자신을 지키는 법을 배웠다.

칼 12세는 폴란드를 황야로 만들어 헤매며 자기가 세계의 지배자라고 믿었다. 그동안(스웨덴은 이곳까지 연장되어 있는 듯했다) 그의 주적(主

敵)은 방어 태세를 갖추고 그를 압박했으며, 발트 해에 진을 치고 리보니아를 파괴하거나 점령했다. 스웨덴은 마치 물줄기가 바뀌면서 수원에서 물이 안 나오는 강과도 같았다.

칼 12세를 파멸시킨 것은 결코 폴타바〔우크라이나의 도시. 칼 12세는 1705년 이곳에서 결정적으로 패배했다〕가 아니었다. 그는 설사 여기서 패하지 않았다 해도 또 다른 곳에서 패했을 것이다. 운명에 따른 우연한 사건들은 쉽게 회복될 수 있다. 그렇지만 사물의 본질에서 끊임없이 생겨나는 사건들에 대비하는 것이 과연 가능한 일일까? 그러나 자연이나 운명이 그 자신만큼 그를 강하게 거스르지는 않았다.

페르시아인들이 그리스를 침략했지만 변변한 승리를 거두지 못했고, 스파르타 왕 아게실라오스 2세가 여러 도시를 정복하고 1만 명이 퇴각한 것을 볼 때, 그리스 사람들이 전투 방법과 무기 종류에서 우위에 서 있었던 것은 분명하다. 그리고 페르시아 사람들이 너무 거만해서 스스로의 잘못을 고칠 수 없었다는 것은 잘 알려진 사실이다.

그들은 그리스를 분열로 약화시킬 수 없게 되었다. 그리스는 그때 우두머리 한 사람 밑에 결집되어 있었는데, 그리스 사람들이 노예 상태라는 것을 그들에게 감추는 데는 그들의 철천지원수들을 멸망시키고 아시아를 정복할 수 있다는 희망을 안겨주는 것만큼 좋은 방법이 없었다. 세계에서 가장 근면하고 종교 원리에 따라 토지를 경작하는 국민이 가꿔 뭐든지 풍성하고 비옥한 제국은 적에게 거기서 살아가는 데 필요한 모든 편의를 제공했다.

또한 계획은 현명했을 뿐만 아니라 현명하게 실행되기까지 했다. 알렉산더는 원래 신속하게 행동하고 불같은 열정을 발휘하는 인물이었는데도 이성에 이끌렸다.

14. 알렉산더

그는 이웃 야만인에게서 마케도니아를 방어하는 한편 그리스인을 제압한 뒤에야 정복에 나섰다. 그는 오직 자기가 세운 계획을 실행하기 위해서만 그리스인을 제압했다. 또 그는 스파르타 사람들의 시기심이 효과를 발휘하지 못하게 만들었다.

그는 여러 해안 지방을 공격했다. 이때 그는 지상군이 그의 함대에서 절대 떨어지지 않도록 해안을 따라 진격시켰다. 그는 많은 수에 대항하고자 실로 놀랄 만한 훈련 방법을 사용했다. 군량이 모자라는 일은 결코 없었다. 사실 승리가 그에게 모든 것을 주기는 했지만, 그 역시 승리를 얻고자 최선을 다했다.

그는 작전 초기에는, 즉 까딱 잘못했다가는 결정적으로 패배할 수도 있는 시기에는 뭐가 되었든 절대 우연에 맡기지 않았다. 그는 출정 전에 트리발 사람들과 일리리아 사람들을 공격했는데, 나중에 카이사르가 갈리아 사람들과 벌였던 전쟁을 생각나게 한다.[7] 그리스에 돌아왔을 때[8] 그는 자기 뜻과는 달리 테베를 점령하고 파괴했다. 그는 이 도시 부근에서 야영하며 테베 사람들이 강화를 청해오기를 기다렸다. 그러나 테베 사람들은 자신들의 파멸을 재촉했다. 페르시아 해군과의 전투에서 대담함을 발휘한 것은 그의 부하인 파르메니온이었고, 절도 있

---

7 아리안,《알렉산더 원정기》1권.

8 같은 책.

게 행동한 것은 오히려 알렉산더였다.[9] 페르시아인으로 하여금 해안에서 멀리 떠나도록 하여 어쩔 수 없이 해군(페르시아 해군 전력은 우월했다)을 스스로 포기하도록 만드는 것이 그의 작전이었다. 그는 다리우스가 다른 세계에서 많은 군대를 모으느라 이집트 수비를 소홀히 하자 이 나라를 점령했다.

알렉산더는 그라니쿠스(소아시아의 작은 강으로, 알렉산더가 다리우스를 무찌른 곳이다)를 도강해 그리스 식민지의 지배자가 되었고, 이수스(소아시아의 옛 도시로, 역시 알렉산더가 다리우스를 무찌른 곳이다) 전쟁을 치르고 티르와 이집트를 얻었다. 그리고 아르벨라 전투를 치름으로써 전 세계를 정복했다.

이수스 전투 후에 그는 다리우스가 도망치도록 내버려둔 채 점령지를 공고히 하고 통제하는 일에만 몰두했다. 그는 그리스인을 주인으로 대우하고 페르시아인을 노예로 취급하자고 주장하는 사람들의 의견에 반대했다.[10] 그는 두 국민을 결합시키고 정복 민족과 피정복 민족의 차별을 없애야겠다는 생각만 했다. 정복 이후에 그는 정복하는 데 필요했던 모든 편견을 버렸다. 그는 페르시아 사람들로 하여금 그리스 풍속을 따르게 하면서도, 또 한편으로는 그들이 가슴 아파하지 않도록 자기는 그들의 풍속을 따랐다. 그래서 그는 다리우스의 아내와 어머니를 매우 정중하게 대했으며, 크나큰 절제심을 발휘했다.

정복을 공고히 하려 할 때 결혼을 통한 두 민족의 결합보다 좋은 방법은 없다. 알렉산더는 그가 정복한 민족의 여성들 가운데 몇 사람을

---

9 같은 책.

10 이것은 아리스토텔레스의 충고다.(플루타르코스의 《도덕론집》)

아내로 맞아들였으며, 신하들도 그렇게 하기를 바랐다. 그래서 다른 마케도니아 사람들도 이 예를 따랐다. 프랑크족과 부르고뉴족은 이런 식의 결혼을 허용했다.[11] 서고트 사람들은 스페인에서 그것을 금지했다가[12] 나중에는 허용했다. 롬바르디아 사람들은 그것을 허용했을 뿐만 아니라 장려하기까지 했다.[13] 마케도니아를 약화시키려 했을 때 로마인은 마케도니아 각 지방에 사는 민족들이 서로 결혼해서 결합하지 못하도록 정했다.

두 민족을 결합하려고 애썼던 알렉산더는 페르시아 안에 많은 그리스 식민지를 만들려는 생각을 했다. 그는 수많은 도시를 건설했다. 그리고 이 새로운 제국의 모든 부분을 완벽하게 결합시킨 덕분에, 그가 죽고 나서 그리스는 무시무시한 내란의 소요와 혼란 속에서 자멸했지만 페르시아는 단 한 지방도 반란을 일으키지 않았다.

그가 정복당한 민족으로 하여금 간직하도록 내버려둔 것은 그들의 풍습뿐만이 아니었다. 그는 그들의 민법도, 심지어 그들의 왕과 총독도 바꾸지 않고 그대로 두었다. 또한 군대 수뇌에는 마케도니아 사람을 임명했지만[14] 정부의 높은 자리에는 그 나라 사람을 앉혔다. 개별적인 불충의 위험이 일반적인 반란의 위험보다 낫다고 생각했기 때문이다. 그는 오래전부터 이어져온 전통과 여러 민족의 긍지나 허영심이 만들어낸 기념물을 모두 존중했다. 그는 자신에게 복종한 모든 국민의 제단에 제

---

11 부르고뉴 법 12편 5조 참조.

12 서고트 법. 지위 차이보다 민족 차이를 더 중요시하던 고대법을 폐지했다.

13 롬바르디아 법 참조.

14 아리안의 《알렉산더 원정기》 참조.

물을 바치는 일도 꺼려하지 않았다. 그는 오직 각 국민의 개별적 군주가 되고 각 도시의 최고 시민이 되려고 정복에 정복을 거듭했던 것처럼 보일 정도다. 로마인은 모든 것을 파괴하고자 모든 것을 정복했지만, 그는 모든 것을 보존하고자 모든 것을 정복하려 했던 것이다.

그리고 어떤 나라를 돌아다니건 그는 항상 그 나라를 더 번영시키고 그 나라의 힘을 더 키우기 위해서 무엇을 할지, 어떤 계획을 세울지를 먼저 생각했다. 그의 손은 사적 지출에 닫혀 있었으나 공적 지출에는 열려 있었다. 그는 자신의 집안을 다스릴 때는 일개 마케도니아 사람이었다. 그러나 병사들이 진 빚을 갚아주고, 자신의 정복을 그리스 사람들에게 알리고, 병사들 한 사람 한 사람을 성공시킬 때는 알렉산더였다.

그는 두 가지 악행을 저질렀다. 페르세폴리스를 불태우고 클리투스를 죽인 일이다. 그러나 그는 이 일들을 후회함으로써 더욱 유명해졌다.

이제 그를 카이사르와 비교해보자. 카이사르가 아시아 왕들을 모방하려 하자 로마 사람들은 그가 순전한 허영 때문에 그러는 것이라며 절망스러워했다. 그러나 알렉산더가 아시아 왕들을 모방하려 했을 때 그는 정복 계획의 범위 내에서 그렇게 했다.

15. 정복을 보전하는 새로운 방법

군주가 대국을 정복할 경우 전제정체를 완화하는 동시에 정복을 유지할 수 있는 한 가지 놀라운 방법이 있다. 바로 중국의 정복자들이 사용한 방법이다.

정복당한 국민을 실망시키지 않고, 정복자를 오만하게 만들지 않고, 정체가 군국적으로 변하는 것을 막고, 두 민족이 자신들의 의무를 저버리지 않도록 하기 위해, 지금 중국을 지배하고 있는 타타르 왕조는 두 민족이 서로에 대한 질투심 때문에 의무에 얽매이도록 하려고 각 지방 군대를 중국 사람 반, 타타르 사람 반으로 구성했다. 재판소도 중국 사람 반, 타타르 사람 반으로 되어 있다.

　　그것은 여러 가지로 바람직한 결과를 낳았다. 먼저 두 민족은 서로를 견제한다. 두 번째로 문무(文武)의 권한을 보유하고 있으므로 한쪽이 다른 쪽에 의해 멸망하지 않는다. 세 번째로 정복한 국민이 약해지거나 멸망하지 않고 어느 곳으로든지 퍼져나갈 수 있다. 즉 정복한 국민은 내전이나 외적과의 전쟁에 견딜 수 있게 되는 것이다. 정복자들이 대부분 멸망한 것은 바로 이 이치에 맞는 제도를 받아들이지 않아서다.

11편

국가조직과의 관계에서
정치적 자유를 형성하는 법

1. 일반적 개념

나는 국가조직과의 관계에서 정치적 자유를 형성하는 법과, 시민과의 관계에서 그것을 형성하는 법을 구별한다.

3. 자유란 무엇인가

민주정체에서는 국민이 자기들이 원하는 일을 하고 있는 듯 보인다. 그러나 정치적 자유란 결코 자기가 원하는 일을 하는 것이 아니다. 국가, 즉 법이 존재하는 사회에서 자유란 원하는 일을 행할 수 있고 원하지 않는 일을 억지로 하지 않는 데 있다.

자유란 법이 허용하는 일은 무엇이든 할 수 있는 권리다. 그래서 만약 어떤 시민이 법으로 금하는 일을 한다면 더는 자유를 누리지 못하게 될 것이다. 다른 시민도 역시 그렇게 할 수 있기 때문이다.

그 본성으로 볼 때 민주정체와 귀족정체는 결코 자유스러운 국가가 아니다. 정치적 자유는 중도정체에서만 찾아볼 수 있다. 그러나 그것이 중도정체에 항상 존재한다는 뜻은 아니다. 정치적 자유는 오직 권력이 남용되지 않을 때만 존재한다. 그러나 경험에 따르면 권력을 쥔 자는 예외 없이 권력을 남용한다. 권력 남용은 한계에 도달할 때까지 계속된다. 그러나 그 누가 알겠는가? 덕성조차 한계를 필요로 한다는 사실을 말이다.

5. 다양한 국가의 목적

모든 국가는 일반적으로 자신을 유지한다는 똑같은 목표를 갖지만, 또 그 고유의 목표도 갖고 있다. 로마의 목적은 영토 확장이었고, 스파르타의 목적은 전쟁이었다. 유대 법의 목적은 종교였고, 마르세유의 목적은 상업이었다. 중국 법의 목적은 공공의 안녕이었으며, 로도스 사람들의 목적은 항해였다. 자연적 자유는 야만인이 정한 규약의 목적이며, 군주의 쾌락은 전제국가의 목적이고, 군주의 영광과 국가의 영광은 군주국가의 목적이다. 각 개인의 독립은 폴란드 법의 목적이었으나, 그에 따른 결과는 모든 사람의 억압이었다.

또한 이 세상에는 정치적 자유를 국가조직의 직접적 목적으로 삼는 국민도 있다. 우리는 지금부터 그 국민이 정치적 자유의 기초로 삼는 원리에 대해 검토하기로 한다.

6. 영국의 국가조직

각 국가에는 세 종류의 권력이 있다. 입법권, 만민법에 속하는 것들의 집행권, 그리고 민법에 속하는 것들의 집행권이다.

첫 번째 권력을 통해 군주나 행정관은 일시적이거나 항구적인 법률을 제정하고, 또 이미 정해진 법률을 수정하거나 폐지한다. 두 번째 권력을 통해 그는 평화를 이룩하거나 전쟁을 하고, 대사(大使)를 교환하고, 안전을 보장하고, 침략을 예방한다. 세 번째 권력을 통해 그는 죄를 처벌하고, 개인들의 분쟁을 심판한다. 우리는 세 번째 것을 재판권이라 부르고, 다른 하나는 그냥 국가 집행권이라 부른다.

한 시민의 정치적 자유란 각자가 자신의 안전에 대해 갖는 의견에서 유래하는 정신적 평온을 의미한다. 그리고 이 자유를 가지려면 한 시민이 다른 시민을 두려워하지 않을 수 있는 정체여야 한다.

동일한 인간이나 동일한 행정관 단체의 수중에 입법권과 집행권이 결합되어 있을 때는 자유가 존재하지 않는다. 왜냐하면 같은 군주나 같은 상원이 전제적 법률을 만들어 전제적으로 집행할 우려가 있기 때문이다.

재판권이 입법권과 집행권에서 분리되어 있지 않을 때도 자유는 존재하지 않는다. 만약 재판권이 입법권에 결합되어 있다면 시민의 생명과 자유에 대한 권력은 자의적일 것이다. 왜냐하면 재판관이 곧 입법자일 것이기 때문이다. 만약 재판권이 집행권에 결합되어 있다면 재판관은 압제자의 힘을 갖게 될 것이다.

또한 동일한 인간이, 아니면 귀족이나 국민이나 주요한 인물들의 동일한 단체가 이 세 가지 권력을, 즉 법률을 제정하는 권력과 공공의 결정을 실행하는 권력, 범죄나 개인들의 분쟁을 심판하는 권력을 행사한다면 모두 망치고 말 것이다.

재판권이 상설인 상원에 부여되어서는 안 되고, 해마다 일정한 시기에 법률이 정하는 방법에 따라 필요한 기간 동안만 법원 역할을 하는 시민단체에서 선출된 사람들을 통해 행사되어야 한다.[15]

이렇게 하면 사람들이 몹시 두려워하는 재판권은 특정한 신분이나 특정한 직업이 독점하지 않기 때문에 요컨대 눈에 보이지 않아 실재하지 않게 된다. 사람들의 눈앞에 계속 재판관이 있을 일은 없다. 그래서 사람들은 재판관 직은 무서워해도 재판관은 무서워하지 않게 된다.

큰 재판에서 범죄인은 법을 잘 이용해 스스로 재판관을 선출해야 한다. 아니면 적어도 많은 재판관을 기피할 수 있어서 남은 재판관들이 그가 선택한 사람으로 간주될 수 있어야 한다(재판관 기피 제도는 18세기부터 영국 법에 존재했다. 프랑스에는 이 제도가 20세기 초에야 도입되었다).

다른 두 가지 권력은 어떤 개인에게도 행사되지 않으므로 오히려 상설 기구나 행정관에게 주어질 수 있다. 왜냐하면 한쪽은 국가의 일반적 의사이고, 다른 쪽은 그 일반적 의사의 실행에 지나지 않기 때문이다.

재판소는 고정되면 안 되지만, 판결은 그것이 법의 명문(明文)이라고 해도 될 정도로 고정적이어야 한다. 만약 그것이 한 재판관의 개인적 견해라고 가정한다면 사람들은 자기가 맺는 계약 내용이 무엇인지도 모른 채 사회생활을 하는 것이나 다름없는 상황에 놓이게 된다.

그리고 재판관은 피고와 같은 신분이거나 동등한 위치에 있는 사람

---

15 아테네의 경우가 이렇다.

이어야 하는데, 그것은 피고가 혹시 자기를 해치려는 사람들의 마수에 걸려든 것이 아닌가 생각하지 않도록 하기 위해서다.

자유국가에서는 자유스러운 영혼을 가졌다고 간주되는 모든 인간이 스스로에 의해 통치되어야 하므로 집단을 이룬 국민이 입법권을 소유해야 할 것이다(몽테스키외는 여기서 처음으로 대의 체제를 언급한다). 그러나 그것이 큰 나라에서는 아예 불가능하고 작은 나라에서도 상당한 불편을 일으키므로 국민은 스스로 할 수 없는 일을 대표자를 통해서 해야만 한다.

사람들은 자기 도시가 필요로 하는 것을 다른 도시가 필요로 하는 것보다 훨씬 더 잘 알고 있다. 그리고 이웃에 사는 사람들의 능력을 다른 곳에 사는 사람들의 능력보다 더 잘 판단한다. 그러므로 입법기관의 구성원은 국민 집단에서 일반적으로 선출하면 안 되고 각 주요 장소에서 주민이 자신들을 대표하는 사람을 선출해야 한다.

네덜란드처럼 대의원이 국민 집단을 대표할 경우 그들은 자기들을 뽑아준 사람들에게 보고할 의무가 있지만, 영국처럼 선거구를 통해 선출되었을 경우에는 사정이 다르다는 시드니(1617~1683년. 영국의 공화주의자 귀족이며 하원 의원이었고, 크롬웰의 반대자였다가 다시 복위한 왕에게 반대했다. 음모에 가담한 것으로 잘못 알려져 사형선고를 받았다)의 말은 전적으로 옳다.

모든 시민은 각자 자신의 선거구에서 대표를 선출하기 위한 투표권을 가져야 한다. 그러나 거기서 자기 자신의 의사를 전혀 갖고 있지 않다고 여겨질 만큼 지위가 낮은 사람은 제외된다(18세기 영국에서는 세금을 내는 사람들만 투표할 수 있었다. 이 같은 상황은 19세기까지 지속되었다).

국민은 자신들의 대표자를 선출할 때만 정치에 참여해야 하는데,

국민은 이 일을 아주 잘할 수 있다. 왜냐하면 인간이 어느 정도의 능력을 가졌는지를 정확히 아는 사람은 거의 없지만, 일반적으로 자기가 선택하는 사람이 다른 대부분의 사람보다 더 높은 식견을 갖추고 있는지 없는지는 알 수 있기 때문이다.

국가에는 항상 출생과 재산 또는 명예로 따져보아 뛰어난 사람들이 있다. 만약 그들이 국민 속으로 흡수되거나 다른 사람들과 마찬가지로 한 표밖에 갖지 못한다면, 모두가 똑같이 누리는 자유가 그들에게는 노예제가 될 것이고, 그들은 그 자유를 지키는 데 아무 관심도 보이지 않게 될 것이다. 왜냐하면 대부분의 의결이 그들의 바람과는 반대로 이뤄질 것이기 때문이다. 따라서 그들이 입법에 참여하는 비율은 그들이 나라 안에서 갖는 다른 이점들과 비례해야 한다. 이 일은 국민이 그들이 하려고 하는 일을 저지할 권리를 갖는 것처럼 그들도 국민이 하려고 하는 일을 저지할 권리를 갖는 단체를 구성함으로써 실현될 것이다.

이렇게 해서 입법권은 귀족 단체와 국민을 대표하기 위해 선출된 단체에 맡겨지는데, 이들 두 단체는 각각 따로 모여서 회의하고 심의하며, 서로 다른 견해와 이해관계를 갖게 될 것이다.

집행권은 군주의 수중에 있어야 한다. 왜냐하면 통치의 이 부분은 거의 항상 순간적 행동을 필요로 해서 여러 사람보다는 한 사람에 의해 더 잘 처리되기 때문이다. 그것은 입법권에 속하는 일이 흔히 한 사람보다는 많은 사람에 의해 더 잘 처리되는 것과는 반대다.

만약 군주가 존재하지 않고 집행권이 입법부에서 선출된 많은 사람에게 맡겨진다면 더는 자유가 없을 것이다. 두 가지 권력이 결합될 것이고, 같은 사람이 언제든 이 두 가지 권력에 참여할 수 있기 때문이다.

입법부가 오랫동안 회의를 열지 않는다면, 자유는 존재하지 않을 것이다. 다음 두 가지 일 중 어느 하나가 발생할 것이기 때문이다. 즉 입법부 의결이 없어 나라가 무정부 상태에 빠지거나, 아니면 의결이 집행권에 의해 이루어져 집행권이 절대화할 것이다.

입법부가 항상 모여 있을 필요는 없다. 그렇게 하면 대표자들이 불편하고, 또 집행권이 이 일에만 몰두해 집행할 생각은 전혀 하지 않고 오로지 자기 특권과 집행권을 지켜내는 일에만 관심을 가질 것이기 때문이다.

만약 입법부가 계속해 모여 있을 경우 기껏해야 죽은 의원 자리에 새로운 의원을 보충하는 일밖에 하지 못할 수도 있다. 그리고 이 경우에 입법부가 일단 부패하면 이 병을 고칠 수단이 없어진다.

만일 집행권이 입법부가 하려고 하는 일을 저지할 권리를 갖지 않을 경우, 입법부는 전제적이 될 것이다. 왜냐하면 입법부는 상상할 수 있는 모든 권리를 다 갖게 될 것이고, 그렇게 되면 다른 권력을 억압할 것이기 때문이다.

그러나 반대로 입법권이 집행권을 저지하는 기능을 가져서는 안 된다. 왜냐하면 집행은 그 본질상 한계를 가지므로 제한해봤자 아무 소용이 없기 때문이다. 그 밖에도 집행권은 항상 일시적인 것들에 대해 행사된다. 따라서 로마 호민관들의 권력은 입법뿐만 아니라 집행까지도 저지했다는 점에서 결함이 있었다. 그래서 많은 피해가 야기되었다.

한편 자유국가에서 입법권은 집행권을 저지하는 기능을 가져서는 안 되지만, 그것이 만들어낸 법이 어떤 방법으로 집행되고 있는지를 심의할 권리를 갖고 있으며 또 이 같은 권리를 가져야만 한다.

하지만 어떤 심의에서든 입법부는 집행자의 일신을, 따라서 그의 행위를 재판하는 권리를 가져서는 안 된다. 집행자의 일신은 신성해야 한다. 왜냐하면 그는 입법부가 국가에서 전제적으로 되지 않기 위해 필요한 존재여서, 그가 고발당하거나 재판받는 바로 그 순간부터 더는 자유가 존재하지 않을 것이기 때문이다.

몇몇 고대 공화국에서는 시민이 재판관인 동시에 고발자이기도 했던 폐단이 있었다. 앞에서 말한 것처럼 집행권은 저지하는 권리를 갖고 입법에 참여해야 한다. 그렇게 안 할 경우 집행권은 얼마 못 가 갖고 있던 특권을 빼앗기고 말 것이다. 그러나 만약 입법권이 집행에 참여한다면 집행권 역시 파멸하고 말 것이다.

만약 군주가 법을 만들 수 있는 권리를 갖고 입법에 참여한다면, 더는 자유가 존재하지 않을 것이다. 그러나 군주는 자신을 지키기 위해 입법에 참여해야 하고, 저지의 권리를 갖고 참여해야 한다.

로마에서 정체가 바뀐 것은 집행권의 일부를 가졌던 원로원과 그 나머지를 가졌던 호민관이 시민처럼 저지하는 권한을 갖지 않았기 때문이다.

따라서 우리가 말하는 정체의 기본 구조는 다음과 같다. 입법부는 두 부분으로 구성되어 있는데, 이 두 부분은 서로를 저지할 수 있는 기능을 발휘해 상대를 속박한다. 그것은 둘 다 집행권에 의해 묶이고, 집행권 자체도 입법권에 의해 묶인다.

이 세 가지 권력은 정지나 부동 상태를 구성하게 된다. 그러나 이 권력들은 사물의 필연적 운동에 의해 진행되어야만 하므로 일치 협력해 움직일 수밖에 없을 것이다.

집행권은 저지하는 기능을 통해서만 입법권에 참여하기 때문에 정무 토론에는 참여할 수가 없다. 집행권은 제안조차 할 필요가 없다. 왜냐하면 그것은 언제든지 의결에 반대할 수 있어서 행하지 않았으면 하는 제안에 대한 결정은 거부할 수 있기 때문이다.

고대 몇몇 공화국에서는 시민이 집단으로 정무를 논했는데, 그럴 경우에는 집행권이 정무를 제안하고 시민과 함께 논하는 것이 자연스러운 일이었다. 만일 이렇게 하지 않았더라면 의결할 때마다 이상한 혼란이 일어났을 것이다.

만약 집행권이 동의가 아닌 다른 방법으로 조세 징수에 관한 결정을 내린다면 더는 자유가 존재하지 않을 것이다. 그럴 경우 집행권이 입법의 가장 중요한 지점에서 입법권이 될 것이기 때문이다.

만약 입법권이 1년마다가 아니라 항구적으로 조세 징수에 관한 결정을 내린다면 그 스스로 자유를 잃을지도 모른다. 왜냐하면 집행권은 더는 입법권에 종속되지 않을 것이기 때문이다. 그리고 그런 권리를 항구적으로 보유하면 그 권리가 자신에서 유래하는지, 아니면 타인에게서 유래하는지 하는 것은 그다지 문제가 되지 않는다. 만약 입법권이 집행권에 맡겨야 할 육군과 해군에 관한 결정을 1년마다가 아니라 항구적으로 내린다고 해도 마찬가지다.

집행하는 자가 국민을 억압하지 못하도록 하려면 그에게 맡겨진 군대가 마리우스[기원전 157~86년. 로마의 장군이자 정치인으로, 술라의 적수였다] 시대까지의 로마가 그랬던 것처럼 국민으로 구성되어야 하고 국민과 같은 정신을 가져야 한다. 그러려면 오직 두 가지 방법밖에 없다. 먼저 군대에 들어가는 사람이 다른 시민에 대한 자신의 행동을 책임질 만한 재산을 갖고 로마에서처럼 딱 1년 동안만 입대하는 것이다. 그것이 아니라 그 나라의 가장 천한 계층에 속하는 상비군이 있다면, 입법권은 원할 때 즉시 상비군을 해체할 수 있어야 하며 병사는 시민과 함께 살아야 하고 격리된 주둔지나 병사(兵舍) 또는 요새가 있으면 안 된다.

군대는 일단 조직되면 즉시 입법권이 아닌 집행권에 속해야 한다. 사물의 본질상 군대 임무는 심의보다 행동이기 때문이다.

우유부단함보다 용기를, 신중함보다 행동을, 충고보다 힘을 더 중요하게 생각하는 것이 인간의 사고방식이다. 군대는 항상 원로원을 경멸하고 장교들을 존경할 것이다. 군대는 우유부단하다고, 그렇기 때문에 자기들에게 명령을 내릴 자격이 없다고 간주되는 사람들로 이루어진 단체가 내린 명령 따위는 결코 따르지 않을 것이다. 그러므로 군대가 오직 입법부에만 종속된다면 정체는 곧 군사적인 것이 된다. 그런데 만약 반대 경우가 생긴다면 그것은 어떤 특이한 상황의 결과다.

만일 군대가 입법부의 지배를 받는 경우, 어떤 특수한 상황에 따라 정체가 군사적으로 되지 않는다 하더라도 또 다른 불편이 따를 것이다. 즉 군대가 정부를 망치든가, 정부가 군대를 약화시키든가 둘 중 하나다.

그리고 이 같은 약화는 분명 치명적 원인을 갖는데, 그것은 정체의 약화 자체에서 비롯된다.

모든 인간사에 종말이 있듯 우리가 말하는 국가도 결국은 자유를 잃고 종말을 맞게 될 것이다. 로마도, 스파르타도, 카르타고도 종국에는 망했다. 국가는 입법권이 집행권보다 더 부패할 때 멸망하고 말 것이다.

영국인이 현재 이 같은 자유를 누리고 있는지 그렇지 못한지를 검토하는 것은 내가 할 일이 아니다. 내가 할 수 있는 말은 자유가 그들의 법으로 확립되어 있다는 것뿐이다. 더는 알려고 애쓰지 않겠다.

해링턴〔1611~1677년. 영국의 공화파 정치사상가. 크롬웰의 적이었다가 다시 찰스 2세의 적이 된 그는 1656년에 《오세아나 공화국》이라는 책을 펴냈는데, 오세아나가 그 당시 유행에 따른 유토피아라고 보았다〕도 《오세아나 공화국》에서, 한 국가의 조직이 도달할 수 있는 자유의 최고점이 무엇인가를 검토했다. 그러나 우리는 그가 자유를 등한시하고 나서야 그것을 탐구한 것이라고, 비잔티움 언덕을 눈앞에 보고서야 칼케돈을 세웠다〔헤로도토스의 《역사》 IV, 144에 나오는 문장. 이 문장에는 보스포루스 해협의 아시아 쪽 해안에 도시를 건설하기로 한 그리스 칼케돈 식민지 건설자들의 어리석음이 언급된다〕고 말할 수 있다.

12편

시민과의 관계에서 정치적 자유를 형성하는 법

1. 개념

국가조직은 자유로운데 시민은 전혀 자유롭지 않을 수 있다. 반면 시민은 자유롭지만 국가조직은 안 그럴 수도 있다. 이런 경우 국가조직은 법률상 자유지만 실제로 그렇지 않을 것이고, 시민은 실제로 자유롭지만 법률상으로 그렇지 않을 것이다.

국가조직과의 관계에서 자유를 형성하는 것은 오직 법 규정, 특히 기본법 규정뿐이다. 그러나 시민과의 관계에서는 풍속과 생활양식, 관례 등이 자유를 탄생시킬 수 있다. 그리고 민법이 그것을 조장할 수도 있는데, 여기에 대해 12편에서 설명할 것이다.

게다가 대부분의 국가에서는 자유가 그 국가의 헌법이 요구하는 이상으로 제약과 충격을 받고 약화되므로, 각 헌법에서 각국이 저마다 인정할 수 있는 자유 원리를 조장하거나 방해할 수 있는 개개의 법에 대해 논하는 것이 좋다.

2. 시민의 자유

철학적 자유는 자기 의지의 발휘에, 또는 최소한 자기 의지를 발휘한다는 의견에 있다. 반면에 정치적 자유는 안전에, 또는 자기 안전에 대해 갖는 의견에 있다. 공적이거나 사적인 고발 이상으로 이 안전을 위협하는 것은 없다. 그러므로 시민의 자유는 주로 형법의 양호함에 달려 있다.

형법은 하루아침에 완성된 것이 아니다. 사람들이 자유를 가장 열렬히 추구했던 곳이라고 해서 항상 자유가 발견된 것은 아니었다. 쿠모에서는 고발자의 친족이 증인이 될 수 있었다고 아리스토텔레스는 말한다.[16]

로마 왕들의 치하에서는 법률이 매우 불완전했으므로, 세르비우스 툴리우스는 장인인 국왕을 암살했다는 이유로 고발된 앙쿠스 마르키우스의 자식들에게도 유죄를 선고했다. 프랑크족의 초기 왕들 치하에서는 클로타르[497년 즉위. 메로빙거 왕조 최고의 전성기를 이루었다]가 청문하지 않고는 피고가 유죄 선고를 받지 않도록 법을 제정했다[560년].

형사재판에서 취할 수 있는 가장 확실한 관례에 관해 몇몇 나라에서 얻었고 다른 나라에서 얻게 될 지식은 세상에 존재하는 그 무엇보다 더 인류의 관심을 끈다. 이런 지식을 실천에 옮김으로써만 자유는 확립될 수 있다. 이 점에서 가능한 최고의 법을 갖게 될 국가에서는 재판을 받고 내일 당장 교수형에 처해질 사람조차 터키 총독보다는 자유로울 것이다.

---

16 《정치학》 2권 8장.

한 명뿐인 증인의 진술을 믿고 사람을 사형에 처하는 법은 자유에 치명적이다. 이성을 가진 사람이라면 증인 두 명을 요구한다. 한 증인은 긍정하고 또 다른 증인이 부정하면 피고로서는 가부가 같아지기 때문이다. 그래서 이 문제를 해결할 수 있는 제3의 증인이 필요해지는 것이다.

4. 자유는 형벌의 성질과 그 비율에 의해 조장된다

형법이 범죄의 고유한 성격에서 하나하나의 형벌을 끌어낼 경우에는 자유가 승리한다. 모든 자의(恣意)는 중단된다. 형벌은 입법자의 변덕이 아니라 사물의 본질에서 생겨난다. 사람에게 폭력을 휘두르는 것은 결코 인간이 아니다.

범죄에는 네 종류가 있다. 첫 번째는 종교를 해치는 죄, 두 번째는 풍속을 해치는 죄, 세 번째는 평온을 해치는 죄, 네 번째는 시민 안전을 해치는 죄다. 과해지는 형벌은 이 네 가지 범죄의 본성에서 파생되어야 한다.

국가의 평온이나 안전을 해치는 일에서는 비밀스런 행위도 인간의 재판 관할에 속한다. 그러나 신을 모독하는 일에서는 공공연한 행위가 없는 경우 범죄 사실도 없다. 여기서는 모든 일이 인간과 신 사이에서 이뤄지며, 신은 복수의 정도와 때를 알고 있다. 만일 법관이 일을 혼동해서 숨겨진 독성(瀆聖)까지 찾는다면 필요하지도 않은 종류의 행위까지 수사하게 된다. 또 그는 소심한 양심을 가진 자들과 대담한 양심을 가진 자들이 시민을 적극적으로 공격하도록 부추김으로써 시민의 자유를 파괴하게 된다.

악은 신에게 복수해야 한다는 생각에서 유래한다. 그러나 신은 숭배해야지, 절대 신에게 복수하려고 해서는 안 된다.

프로방스의 한 역사가(부주렐 신부)는 우리에게 한 가지 사실을 말하는데, 신에게 복수한다는 이 생각이 허약한 정신의 소유자들에게 어떤 영향을 미치는가를 제대로 묘사하고 있다. 어느 유대인이 성모를 모독했다는 이유로 고발되어 살가죽을 벗기는 형을 선고받았다. 그러자 복면을 하고 단도를 손에 쥔 기사들이 자기들 손으로 성모의 명예에 대한 복수를 한다며 처형대로 뛰어 올라가 사형집행인을 쫓아버렸다.

두 번째는 풍속을 해치는 죄다. 공적이거나 개별적인 절제를, 다시 말해 감각 사용 및 육체 결합과 결부된 쾌락을 누릴 방법에 관한 규율을 위반하는 것이다. 이들 죄에 대한 형벌도 사물의 본질에서 이끌어내야 한다. 사회가 풍속의 순결함에 부여하는 이점 박탈, 벌금, 치욕, 근신(勤愼) 강제, 공공연한 모욕, 도시와 사회에서 추방, 그리고 경범죄 재판권에 속한 모든 형벌이면 양성(兩性)의 뻔뻔스러운 행위를 충분히 벌할 수 있다. 사실 이런 일들은 악의에서 비롯되기보다 자기 자신을 잊거나 가볍게 여겨서 일어난다. 여기서는 오직 풍속에 관계되는 죄가 문제되며, 네 번째 범죄에 해당하는 유괴나 성폭행처럼 공공 안전을 해치는 죄는 문제 되지 않는다.

세 번째 범죄는 시민의 평온을 해치는 죄를 말한다. 투옥과 국외 추방, 징계, 그리고 정신이 불안한 자들을 회복시켜 기존 질서로 돌려보내는 형벌이 그것이다.

나는 평온을 해치는 죄를 단순한 공공질서 침해를 포함하는 것으로 한정한다. 왜냐하면 평온을 깨트리는 동시에 안전을 위협하는 것은 네 번째 범죄에 해당되기 때문이다.

5. 특히 절제와 신중을 필요로 하는 탄핵

마술이나 이단을 기소할 때 매우 신중해야 한다는 것은 중요한 원칙이다. 이 두 가지 범죄에 대한 기소는 만일 입법자가 그것을 제한할 줄 모른다면 자유를 크게 침해하고 무한한 폭정의 원천이 될 수 있다. 왜냐하면 직접적으로 시민의 행동에 영향을 끼치는 것이 아니라 사람들이 그 시민의 성격에 관해 품고 있는 관념에 영향을 끼치기 때문이다. 따라서 시민의 무지에 비례해 위험한 것이 될 수도 있다.

마누엘 콤네노스 황제[1143~1180년 비잔틴의 황제] 치하에서 '항의자'는 황제에 대해 음모를 꾸미고 그를 위해 사람들이 앞을 보지 못하게 만드는 비법을 썼다는 이유로 고발당했다. 이 황제의 전기[17]에는, 읽으면 악마 군단이 나타난다고 전해지는 솔로몬의 책을 읽는 아론을 불시에 습격하는 대목이 나온다. 사람들은 마술이 지옥을 무장시키는 힘이 있다고 생각하고, 또 마술사라고 불리는 자가 이 세상에서 사회를 어지럽히고 전복하는 데 가장 적합한 인간이라고 간주해 그들을 엄벌에 처하려는 것이다.

마술에 종교를 파괴하는 힘을 부여할 때 분노는 증대한다. 콘스탄티노플 역사에 따르면, 어떤 사제가 한 남자의 마술 때문에 기적이 소

---

17 니세타스의 《마누엘 콤네노스의 삶》 liv, IV.

멸되었다는 계시를 받았다는 이유로 그 남자와 그의 아들이 사형선고를 받았다.

필리프 르 롱〔1317~1322년 재위. 필리프 4세 르 벨의 둘째 아들〕치하에서는 유대인이 페스트 환자들을 시켜 우물에 독을 넣었다는 죄로 고발되어 프랑스에서 쫓겨나기도 했다. 이 어처구니없는 고발은 모든 고발이 공중(公衆)의 증오에 기초를 둔 게 아닐까 하는 의문을 품게 만든다.

나는 절대 이단을 처벌하면 안 된다고 말하는 것이 아니다. 다만 이단을 처벌하는 일에 매우 신중을 기해야 한다는 말이다.

6. 자연에 반하는 죄

이 죄의 본질은 숨겨지는 것이므로 입법자는 어린이의 진술에 의거해 이 죄를 처벌할 때가 자주 있었다. 프로코피오스는 다음과 같이 말했다.[18] "유스티니아누스 황제는 이 죄를 처벌하고자 한 가지 법을 공포했다. 그는 이 법이 공포된 후뿐만 아니라 공포되기 전에도 이 죄를 범한 자를 수색하게 했다. 증인 한 명(때로는 어린이가 증인이었고, 또 때로는 노예가 증인이기도 했다)의 진술로 충분했는데, 특히 부자와 녹파(綠派)〔콘스탄티노플 사람들은 녹파와 청파로 갈려 있었다〕에 속하는 자들에 대해서는 더욱 그러했다."

우리 사이에서 세 가지 범죄, 즉 마술과 이단, 자연에 반하는 죄(첫째에 대해서는 그것이 존재하지 않는다는 것을, 둘째에 대해서는 무한한 구별과 해

---

18 《비밀 이야기》 XIX, II.

석 및 제한을 할 수 있다는 것을, 셋째에 대해서는 거의 대부분 애매하다는 것을 입증할 수 있을 텐데도)가 전부 다 화형을 당했다는 것은 기묘한 일이다.

만약 시민이 다른 어떤 습관을 통해(예를 들면 젊은이가 모두 벌거벗은 채 체조를 한 그리스에서처럼, 가정교육이 행해지지 않는 우리 경우처럼, 또는 누군가는 많은 아내를 거느리며 그들을 업신여기는 데 반해 또 다른 누군가는 아예 아내를 가질 수 없는 아시아에서처럼) 조장되지 않는 한 자연에 위배되는 죄는 결코 사회에서 크게 증가할 수 없으리라는 것이 내 생각이다.

11. 사상

마르시아스(시라쿠스의 지배자였던 폭군 디오니시우스(기원전 405~367년 재위)의 장교)라는 사람이 디오니시우스를 죽이는 꿈을 꾸었다(플루타르코스의 《디오니시우스의 삶》X에 나오는 일화). 디오니시우스는 "그가 낮에 그런 생각을 하지 않았다면 밤에 그런 꿈을 꿀 리가 없다"며 그를 죽이라고 명령했다. 이것은 무시무시한 폭정이다. 설사 그가 그런 생각을 했더라도 그 생각을 아직 실행에 옮기지는 않았기 때문이다. 법은 오직 외적 행위만을 처벌할 수 있다.

19. 공화정체에서 자유의 행사가 어떻게 정지되는가

자유를 가장 존중하는 나라에서는 모든 사람의 자유를 지켜주고자 어느 한 사람의 자유를 침해하는 법이 있다. 영국의 특별체포장이 바로 그렇다. 그것은 시민 6,000명이 투표해 정하기만 하면 한 개인을 벌할

수 있도록 규정한 아테네 법〔몽테스키외는 여기서 도편추방제를 언급하고 있다〕
과 관계가 있다. 또 그것은 로마에서 개별 시민을 처벌하려고 만들어져
예외법〔어떤 개인에게만 관계된 예외적인 법〕이라고 일컬어진 법과도 관계가
있다. 그런 법은 큰 시민 회의에서만 제정되었다. 그러나 키케로는 시
민들이 어떤 방법으로 만들었든 그 법은 폐기되어야 한다고 주장한다.
왜냐하면 법의 힘이란 그것이 모든 사람에게 판결을 내릴 때만 생겨나
기 때문이다. 그러나 고백하건대 이 세상에서 가장 자유로운 국민의 관
습은 나로 하여금 마치 신의 조각상들을 숨기듯 잠시 자유에 베일을
씌워놓아야 하는 경우가 있다고 믿게 만든다.

13편

조세 징수와 공공 수입의 규모가
자유와 맺는 관계

1. 국가 수입

국가 수입이란 각 시민이 국가의 안전을 보장하거나 자신의 안전을 쾌적하게 누리고자 제공하는 재산의 일부다.

이 수입을 정확히 정하려면 국가의 필요와 시민의 필요를 똑같이 고려해야 한다. 국가의 상상적 필요를 충족시키려고 국민에게서 현실적 필요를 빼앗아서는 안 된다(1715년에 세수는 1억 6,600만 리브르였던 반면, 공공 부채는 9,800만 리브르이고 지출은 2억 리브르에 달했다).

상상적 필요란 어떤 특별한 계획이 갖는 매혹과 허망한 영광에 대한 병적 갈망, 색다른 것에 대한 정신의 무력함 등 통치하는 사람들의 정념과 약점이 요구하는 것을 말한다. 흔히 군주 밑에서 정무를 주재하는 불안정한 정신의 소유자들은 자신들의 야비한 영혼이 요구하는 것이 곧 국가의 필요라고 생각했다.

신민에게서 무엇을 거둬들이고 그들에게 무엇을 남겨줄지를 결정하려면 더 지혜롭고 신중하게 생각해야 한다.

공공 수입은 국민이 얼마나 제공할 수 있느냐가 아니라 국민이 얼마나 제공해야 하는지에 따라 그 규모를 정해야 한다. 만약 국민이 얼마나 제공할 수 있느냐에 따라 정한다면, 최소한 국민이 그것을 항상 제공할 수 있어야 한다.

2. 조세가 많은 것은 그 자체로 좋다는 것이야말로 얼마나 잘못된 추리인가

어떤 군주국에서는 조세가 면제되는 작은 지방인데도 조세 때문에 허리가 휠 지경인 다른 지방과 다를 바 없이 가난한 것을 볼 수 있었다. 가장 큰 원인은 주변을 둘러싼 큰 나라에게서 갖가지 방법으로 방해받는 바람에 공업이나 수공업, 제조공업을 가질 수 없다는 점이다. 작은 지방을 둘러싼 큰 나라는 공업과 수공업, 제조공업을 가진다. 큰 나라는 공업과 제조공업, 수공업에서 나오는 모든 이익을 얻게 해주는 규칙을 만든다. 따라서 작은 나라는 아무리 조세를 적게 내도 결국은 가난해질 수밖에 없다.

그리고 작은 나라들은 가난하므로 국민을 근면하게 만들려면 세금을 무겁게 매겨야 한다는 결론이 내려졌다. 그러나 사실은 세금을 지나치게 많이 거둬서는 안 된다고 결론짓는 편이 더 나았으리라. 아무 일도 안 하고 살고자 그런 지방에 모여드는 것은 주변의 가난한 자들이기 때문이다. 그들은 이미 과중한 노동에 지친 나머지 모든 행복을 나태에서 구한다.

한 나라의 부는 모든 사람의 마음속에 야심을 심어주는 효과가 있지만, 빈곤은 그들의 마음속에 절망을 안겨주는 효과를 낳는다. 야심은 노동으로 자극받고, 절망은 나태를 통해 위안을 받는다. 자연은 인간에 대해 공정하다. 또 인간의 노고에 대해 보상한다. 더 큰 노동에는 더 큰 보상을 주어 인간으로 하여금 근면해지게 만든다. 그렇지만 만일 어떤 자의적 권력이 자연의 보상을 빼앗는다면, 사람들은 또다시 노동에 싫증을 느끼고 무위를 유일한 선으로 간주할 것이다.

7. 농노제가 없는 나라의 조세

아테네에서는 시민을 네 계급으로 나누었다. 즉 액체 상태 과일이나 말린 과일 500포대를 얻는 사람은 나라에 1달란트를 바쳤다. 300포대를 얻는 자는 반 달란트를 지불해야 했으며, 200포대를 얻는 사람은 10므나, 즉 1달란트의 6분의 1을 지불하고, 제4계급 사람들은 아무것도 지불하지 않았다. 이 과세가 비례에 의한 것은 아니었지만 그래도 공정했다. 즉 재산의 비례가 아니라 필요의 비례에 따른 것이었다.

토지에 과세할 때는 납세 장부를 만들어 토지의 여러 등급을 기록한다. 그러나 그 차이를 알기란 매우 어려운 일이며, 그 차이를 구별하는 데 관심을 안 보이는 사람을 발견하기란 더더욱 어려운 일이다. 따라서 두 가지 불공평이 존재하는데, 인간의 불공평함과 사물의 불공평함이다. 그러나 일반적으로 과세가 과중하지 않고 국민이 필요로 하는 것을 넉넉히 남겨준다면, 이런 개별적 불공평은 그다지 신경 쓸 게 못 된다. 반대로 국민에게 먹고살기에도 빠듯한 정도만 겨우 남겨준다면, 비록 아주 적은 불공평이라도 엄청난 결과를 초래한다.

상품에 대한 과세는 국민이 부담을 가장 덜 느낀다. 왜냐하면 상품에 대해서는 세금 납부를 명시적으로 요구하지 않기 때문이다. 이 세금은 매우 교묘하게 과세되므로 국민은 자기가 납부하고 있다는 사실조차 잘 모른다. 그러려면 상품을 파는 자가 이 세금을 내는 것이 정말 중요하다. 상인은 자기가 자기를 위해 세금을 내는 것이 아니라는 사실을 잘 알고 있다. 그리고 실질적으로 세금을 내는 구매자는 그것을 가격과 혼동한다. 몇몇 저술가에 따르면, 네로는 노예 매매 때 부과하던 25분의 1세를 폐지했다고 한다. 그러나 그는 단지 사는 사람이 아니라 파는 사람이 그 세금을 내도록 명령한 것에 지나지 않는다. 그의 명령은 조세를 그대로 내버려두었는데도 꼭 폐지한 것처럼 보였다.

8. 어떻게 착각이 유지되도록 하는가

물건을 사는 사람의 머릿속에서 물건 값과 세금이 혼동되게 하려면 상품과 세금 사이에 어떤 비율이 있어 가격이 낮은 상품에 너무 많은 세금을 매기는 일이 없도록 해야 한다. 조세가 상품 가격의 17배 이상이나 되는 나라가 있는데(가벨(gabelle)이라고 하는 프랑스의 염세(鹽稅)가 이런 경우였다) 이 경우 군주는 자신의 신민에게서 환영을 빼앗은 셈이다. 신민은 자기들이 합리적이지 못한 방법으로 인도되고 있다는 사실을 알게 된다.

따라서 군주가 물건 값에 비례하지 않는 세금을 징수하려면, 군주가 직접 그 물건을 팔아야 하고 국민이 다른 곳에서는 그것을 살 수 없어야 한다. 안 그러면 수많은 문제가 생겨난다(여기서 몽테스키외는 프랑스에서 왕가 상점들이 소금 판매를 독점한 것을 비난하고 있다).

그럴 경우 부정행위를 하면 이득이 꽤 많이 남으므로 이성이 요구하는 자연적 형벌, 즉 상품 몰수만으로는 그 같은 행위를 막아낼 수 없다. 그 상품이 정상적인 것이라면 값이 매우 쌀 테니 더더욱 그렇다. 따라서 보통이 넘는 형벌, 중범죄에 내리는 형벌에 맞먹을 만큼 과한 형벌을 내리지 않으면 안 된다. 형벌과 형벌의 모든 비례는 사라진다. 그래서 결코 악인으로 간주할 수 없는 사람들이 흉악범으로 처벌받는다. 이는 중도정체 정신에 크게 어긋나는 일이다.

15. 자유 남용

이처럼 자유가 제공하는 큰 이익은 자유 남용이라는 결과를 초래했다. 즉 중도정체가 훌륭한 성과를 거두자 사람들이 그 같은 절도를 버리고 말았다. 많은 세금을 거두게 되자 더욱더 많이 거두려고 했다. 사람들은 자유의 손이 그것을 선물해주었다는 사실을 망각한 채 모든 것을 거부하는 예속 상태를 지향했다.

그 결과 자유는 과도한 조세로 이어졌다. 그러나 이 과도한 조세의 결과는 예속 상태로 이어졌고, 예속 상태는 다시 조세 감소로 이어졌다.

동방 군주들이 포고령을 내리는 것은 오직 해마다 그 제국에 속한 어느 지방의 조세를 면제해주기 위해서다.[19] 그들의 의사 표명은 곧 은혜를 베푸는 것이다. 그러나 유럽(프랑스)에서는 군주의 포고가 항상 자신

---

19 중국 황제들의 관행이다.

들의 필요에 관해서만 이야기할 뿐 우리 신민의 필요에 대해서는 결코 이야기하지 않기 때문에 사람들은 그것을 읽기도 전부터 괴로워한다.

20. 징세 청부인

징세 청부인이라는 영리적 직업이 그 재산 때문에 존경받는다면, 만사는 끝이다. 전제국가에서는 그렇게 되는 것이 좋을 수도 있는데, 흔히 그들이 하는 일은 지방 총독 자신이 수행하는 직무의 일부이기 때문이다. 그러나 공화국에서는 그것이 좋지 않다. 이와 비슷한 상황이 로마 공화국을 멸망시켰다. 군주정체에도 역시 좋지 않다. 이 정체의 정신에 그보다 더 위배되는 것은 없다. 다른 모든 신분의 사람들이 혐오감에 사로잡히기 때문이다. 거기서 명예는 명예가 받는 경의를 상실하고, 두각을 나타내는 완만하고도 자연적인 여러 방법은 사람의 마음을 더는 움직일 수 없으며, 정체 원리는 타격을 받게 된다.

과거에도 파렴치한 방법으로 치부하는 것을 자주 볼 수 있었다. 그런데 그것은 50년 전쟁(루이 14세 시대를 가리킨다)이 남긴 재앙 가운데 하나였다. 그러나 당시에는 그런 재산이 하찮은 것으로 간주되었다. 그런데 지금은 거기에 찬탄하고 있다.

각각의 직업에는 각각의 몫이 있다. 세금을 거두는 사람의 몫은 부이며, 그 부에 대한 보수는 부 자체다. 영광과 명예는 그것 말고는 참다운 선을 알지도, 보지도, 느끼지도 못하는 귀족을 위한 것이다. 존경과 경의는 항상 일에 쫓기며 밤낮없이 제국의 행복을 위해 일하는 대신이나 행정관을 위한 것이다.

3부

14편

법과 풍토성의 관계

1. 일반 개념

만일 정신적 특성과 마음의 열정이 여러 풍토에서 뚜렷한 차이를 보이는 것이 사실이라면, 법률도 그 정념이나 성격의 차이와 관련을 맺어야 한다.

2. 인간은 서로 다른 풍토에서 어떻게 달라지는가

추운 풍토에 사는 사람들은 체력이 더 강하다. 심장 활동과 섬유 말단의 반작용이 더 잘 이뤄지고, 체액은 균형을 더 잘 유지하며, 혈액은 심장을 향해 더 힘차게 흐르고, 그에 힘입어 심장은 더 큰 힘을 갖게 된다. 더 커진 이 힘은 많은 효과를 낳는다. 예컨대 자신감이 더 커진다. 즉 더 큰 용기를 갖게 된다. 그리고 우월성을 더 잘 인식하게 된다. 즉 복수에 대한 욕구가 줄어든다. 마지막으로 자신이 안전하다는 생각이 더 강해진다. 즉 더 솔직해지고, 의심과 정략과 계략은 줄어든다.

북방 민족의 섬유가 갖는 힘은 음식물에서 가장 조악한 즙까지 끌어낼 수 있게 한다. 그리고 여기서 두 가지 결과가 생긴다. 첫째, 유미(乳糜)나 림프액의 부분들은 표면이 넓어서 섬유에 더 잘 고정되고 섬유를 기르는 데 적당하다. 둘째, 그런 부분들은 조잡하여 신경액에 어느 정도의 섬세함을 부여하는 데 그다지 적당하지 않다. 따라서 이들 민족은 체격이 당당하지만 민첩성은 떨어진다.

신경은 모든 방향에서 우리 피부 조직에 도달함으로써 각각을 신경 다발로 만든다. 정상적으로라면 신경 전체가 움직이는 것이 아니라 그것의 아주 작은 부분이 움직인다. 더운 지방에서는 피부 조직이 이완되므로 신경 끝 부분이 열려 가장 미약한 대상의 가장 미소한 작용에도 쉽게 반응한다. 추운 지방에서는 피부 조직이 응축되어 유두가 수축된다. 작은 신경총(神經叢)도 마비되어 있다. 감각은 극도로 강하고 신경 전체를 움직일 때 말고는 결코 뇌까지 전해지지 않는다. 그러나 상상력과 취미, 감성, 활기는 무수히 많은 작은 감각에 의존한다.

추운 지방 사람들은 쾌락에 대한 감수성을 거의 갖지 않을 것이다. 따뜻한 지방에서는 이 감수성이 풍부해지고, 더운 지방에서는 매우 풍부해질 것이다. 위도로 풍토를 구분하듯 감수성 정도에 따라서 구분할 수도 있다. 나는 이탈리아와 영국에서 오페라를 본 적이 있다. 같은 작품에 같은 배우였다. 그런데 같은 음악이 두 국민에게 준 효과는 매우 달랐다. 영국인은 너무 조용한 반면 이탈리아인은 극도로 열광해 믿기 힘들 정도였다.

고통에 관해서도 마찬가지일 것이다. 고통은 우리 몸의 어떤 섬유가 찢어지면서 발생한다. 자연의 창조주는 신체 기능이 이상해질수록

160

고통이 더욱더 심해지도록 만들었다. 그런데 북방 민족의 거대한 몸과 거칠고 큰 섬유가 더운 지방 민족의 섬세한 섬유보다 신체 기능 이상을 덜 일으킨다는 것은 분명한 사실이다. 따라서 북방에서는 영혼이 고통에 덜 민감하다. 모스크바 사람에게 감각을 주려면 그의 가죽을 벗겨야 할 것이다.

더운 지방 사람들의 영혼은 그들의 감각기관이 이처럼 섬세하므로 특히 양성의 결합과 관련되는 모든 것에 극도로 감동받는다. 모든 것은 이 목표를 향한다.

북방 풍토에서는 사랑의 외관이 뚜렷이 느껴질 정도의 힘을 거의 갖지 못한다. 그러나 따뜻한 풍토에서 무수히 많은 세세한 감정을 동반하는 사랑은 얼핏 보면 사랑 그 자체인 듯하지만 아직은 사랑이 아닌 것들로 유쾌해진다. 그보다 더 더운 풍토에서는 사랑 그 자체를 위해 사랑을 좋아한다. 사랑은 행복의 유일한 원천이다. 사랑은 생명이다.

남쪽 지방에서는 섬세하고 취약하지만 민감한 육체가 후궁에서 끊임없이 생기고 진정되는 사랑에, 또는 여성들이 후궁에서보다는 더 독립적으로 살 수 있지만 대신 끝없는 분쟁에 시달리게 될 사랑에 몸을 맡긴다. 북쪽 지방에서는 건강하고 매우 튼튼하지만 둔중한 육체가 사냥과 여행, 전쟁, 술 등 정신을 움직일 수 있는 모든 것에서 쾌락을 찾아낸다. 북방 풍토에서는 악덕이 거의 없는 반면 상당한 미덕을 지니고 성실성과 솔직성으로 충만한 민족들을 볼 수 있다. 남쪽 지방에 가까이 가보라. 당신은 스스로가 도덕 자체에서 멀어진다고 믿게 될 것이다. 즉 좀 더 격렬한 정념이 범죄를 증가시킨다.

풍토의 더위는 몸이 완전히 무기력해질 정도로 심해질 수 있다. 그럴 때는 정신 자체도 쇠약해진다. 더는 호기심도 안 느껴지고, 고매한 행동도 안 하게 되고, 관대한 감정도 가질 수가 없다. 기질은 완전히 수동적으로 변할 것이다. 이 상황에서는 게으름이 곧 행복이다. 대부분의 형벌도 영혼의 작용보다는 더 쉽게 참을 수 있고, 예속도 스스로를 인도하는 데 필요한 정신력보다는 참기 쉽다.

5. 나쁜 입법자는 풍토의 결점을 조장한 사람, 좋은 입법자는 이에 저항한 사람

인도인은 휴식과 무(無)가 만물의 기초이고 만물이 다다르는 종말이라고 믿는다. 따라서 그들은 완전한 무위가 가장 완전한 상태이자 그들이 품고 있는 욕망의 목표라고 생각한다. 그들은 지고의 존재에 부동(不動)이라는 별명을 붙인다. 샴 사람들은 지고의 행복이란 인간에게 활기를 불어넣고 몸을 움직이도록 하는 일을 강요당하지 않는 데 있다고 믿는다.[1]

끔찍한 더위가 사람을 무기력에 빠트리고 쇠약하게 만드는 그런 지방에서는 휴식이 너무 감미롭고 운동은 너무 고통스러우므로 이런 형이상학 체계도 자연스러워 보인다. 그리고 인도의 입법자 부처가 인간을 완전히 수동적 상태에 놓았을 때 그는 곧 자기가 느낀 대로 행했다. 그러나 풍토의 나태에서 생겨난 그의 교리는 그 자체도 나태를 조장했으므로 수많은 해악을 불러왔다.

---

1   라 루베르, 《샴 왕국 여행기》.

인간을 언젠가는 도달할 평온 상태가 아니라 그들이 삶의 의무를 완수할 수 있는 적당한 행동 속에서 고찰하고 그들의 종교와 철학, 법을 완전히 실용적인 것으로 만든 중국의 입법자들(이들은 예를 들어 공자(기원전 551~479년)처럼 철학자인 동시에 입법자다. 이들의 실용 철학은 국가에서 지켜야 할 질서에 관심을 갖는다)은 훨씬 합리적이었다. 신체적 원인이 사람을 휴식으로 이끌수록 도덕적 원인은 사람을 휴식에서 멀어지게 한다.

8. 중국의 좋은 풍습

중국 여행기[2]를 보면, 황제가 해마다 하는 '땅 열기'[3]가 나온다. 황제는 이 엄숙한 공식적 의식을 통해 백성을 경작으로 이끌고자 했다.[4] 그리고 황제는 해마다 어떤 농부가 가장 탁월한 성적을 올렸는지 알아내어 8급 관리로 삼는다.

고대 페르시아에서는 '코렘-루즈'라고 불리는 그달의 8일째 되는 날에 국왕이 호사스러운 생활을 그만두고 농부들과 함께 식사를 했다.[5] 이것은 농업을 장려하는 데 매우 좋은 제도였다.

---

2 뒤 알드 신부,《중국제국》.

3 많은 인도 왕들도 똑같이 한다.(라 루베르,《샴 왕국 여행기》)

4 제3왕조 3대 황제 벤티는 스스로 토지를 경작하고, 궁전에서는 왕후 및 후궁들로 하여금 비단을 짜게 했다.(《중국제국》)

5 하이드,《페르시아인의 종교》.

10. 여러 민족의 절제에 관한 법

더운 지방에서는 혈액 수분이 땀으로 많이 발산된다.[6] 그래서 비슷한 액체로 보충되어야 한다. 그러므로 이런 지방에서는 물이 중요한 쓰임새를 갖는다.

추운 지방에서는 혈액 수분이 땀으로 증발하는 일이 거의 없어 매우 풍부하게 남아 있다. 따라서 이런 지방에서는 알코올음료를 마셔도 혈액이 응고되지 않는다. 인체는 체액으로 가득 차 있다. 그러므로 피를 움직이는 독한 술이 적당할 수 있다. 따라서 음주를 금한 마호메트의 법은 아라비아 풍토 법이다. 그래서 마호메트 이전에도 물은 아라비아 사람들이 모두 마시는 음료였다. 카르타고 사람들에게 음주를 금한 법 역시 풍토 법이었다. 사실 이 두 지방의 풍토는 거의 같다.

그런 법이 추운 지방에서는 좋지 않을 텐데, 그런 곳에서는 풍토가 개인의 음주벽과는 전혀 다른 국민의 음주를 강요하고 있는 듯 보인다. 음주벽은 풍토의 추위와 습기에 비례해 지구 전역에 자리 잡았다. 적도에서 북극으로 이동해보라. 음주벽이 위도에 따라 증가하는 것을 보게 될 것이다. 같은 적도에서 반대편 극으로 이동해보라. 음주벽이 이쪽 편에서 북쪽으로 향했을 때처럼 이번에는 남쪽으로 내려가는 것을 볼 수 있으리라.[7]

더운 나라에서는 섬유가 이완하면서 많은 체액이 발산된다. 그러나

---

6   라호르에서 카슈미르까지 여행한 베르니에는 이렇게 쓴다. "내 몸뚱이는 꼭 체 같다. 1파인트의 물을 마시자마자 순식간에 사지에서 손끝까지 이슬처럼 배출되어버렸다. 나는 하루에 물 10파인트를 마시고, 그렇게 해도 내게는 조금도 해롭지 않다.(베르니에,《여행기》)

7   남쪽에 더 가까운 호텐토트족과, 칠레 끝에 사는 민족에게서 볼 수 있다.

고형(固形) 부분은 덜 발산된다. 섬유는 거의 활동하지 않고 탄성이 별로 없으므로 그다지 소모되지 않는다. 약간의 자양액만 있으면 섬유를 회복시킬 수 있다. 그러므로 거기서는 사람들이 음식을 아주 조금밖에 섭취하지 않는다.

여러 가지 생활양식을 만들어낸 것은 상이한 풍토의 서로 다른 욕구다. 그리고 이 여러 가지 생활양식이 여러 종류의 법률을 만들어냈다. 사람들이 서로 많이 소통하는 국민에게는 그에 적합한 법률이 필요하며, 전혀 소통하지 않는 국민에게는 또 다른 법률이 필요하다.

15편

시민적 노예제 법과 풍토성의 관계

1. 시민적 노예제

　노예제란 엄격히 말해 어떤 사람이 다른 사람의 생명과 재산의 절대적 지배자가 될 만큼 그 사람을 자기 소유물로 하는 권리를 설정하는 일이라고 할 수 있다. 노예제는 본질적으로 좋지 않다. 주인에게도, 노예에게도 유익하지 않다. 노예에게 유익하지 않다는 것은 그가 덕성에 의해서는 어떤 일도 할 수 없기 때문이다. 또 주인에게 유익하지 않다는 것은 그가 노예와 함께 있다 보면 온갖 악습에 물들어 자신도 모르는 사이에 모든 정신적 덕성을 발휘하지 않는 일에 익숙해져서 거만하고, 성급하고, 냉혹하고, 툭하면 화내고, 음탕하고, 잔인해지기 때문이다.

　전제국가에서는 사람들이 이미 정치적 노예제 아래 있으므로 사적 노예제도 다른 곳에서보다는 참을 만하다. 이 나라에서는 각자 먹을 게 있고 목숨을 부지하는 데 어느 정도 만족해야 한다. 따라서 노예도 신민에 비해 그다지 힘든 처지는 아니다.

그러나 인간 본성을 꺾거나 그 가치를 떨어뜨리지 않는 것이 절대적으로 중요한 군주정체에서는 결코 노예가 있어서는 안 된다. 모든 사람이 평등한 민주정체나, 정체의 본질이 허용하는 한 모든 사람이 평등을 누리도록 하기 위해 법률이 노력을 기울여야 하는 귀족정체에서 노예의 존재는 국가조직의 정신에 위배된다. 노예는 오직 시민이 결코 가져서는 안 될 권세와 사치를 주는 데 도움을 줄 뿐이다.

3. 노예제 권리의 다른 기원

로페스 드 가마(스페인 역사가로, 《서인도 전사》의 저자)는 다음과 같이 말한다.[8] "에스파냐 사람들은 산타마르타(콜롬비아 북부 카리브 해안의 항구도시) 부근에서 주민들이 게와 달팽이, 매미, 메뚜기 등의 식량을 담던 바구니를 발견했다. 정복자들은 피정복자들이 그런 것들을 먹는 것이 범죄라고 단정 지었다." 저자는 이 사실을 근거로 (피정복자들이 담배를 피우고 에스파냐식으로 수염을 기르지 않았다는 것 외에) 아메리카 원주민을 에스파냐인의 노예로 삼는 권리가 만들어졌다는 사실을 고백하고 있다.

지식은 사람을 온화하게 만든다. 이성은 사람을 인류애로 이끈다. 인류애를 포기하도록 만드는 것은 오직 편견뿐이다.

---

8 암스테르담에서 발행했던 문예 신문인 〈영국문고〉 13권 2부 3항, 425~426쪽.

4. 노예제 권리의 또 다른 기원

종교는 좀 더 쉽게 포교하고자 신자에게 비신자를 노예로 삼을 수 있는 권리를 준다고 나는 말하고 싶다.

바로 그 같은 사고방식이 아메리카의 파괴자가 범죄를 저지르도록 조장했으며[9] 또한 그토록 많은 민족을 노예로 만드는 권리의 근거가 되었다. 왜냐하면 전적으로 강도인 동시에 기독교도이기를 원했던 이 강도들은 매우 독실한 신자였기 때문이다.

루이 13세는 자기가 다스리는 식민지의 흑인을 노예로 삼는 법을 마음 아프게 생각했다. 그러나 이 법이야말로 그들을 개종시키는 가장 확실한 수단이라는 설명을 들은 뒤에는 거기에 동의했다.[10]

5. 흑인 노예제

유럽 민족은 아메리카 민족을 전멸해버렸으므로 그 광활한 땅을 개척하기 위해 아프리카 민족을 노예로 삼아야만 했다〔특히 프랑스의 생말로와 낭트, 라로셸, 보르도 같은 도시를 부유하게 만든 삼각무역에 대한 비유다〕. 노예로 하여금 사탕수수를 재배하도록 하지 않으면 설탕 값은 엄청 비싸질 것이다〔보르도에는 설탕 정제 공장이 1745년에 열여섯 곳, 1790년에 스물여섯 곳이나 있었다〕.

문제가 되는 것은 머리끝부터 발끝까지의 흑인이다. 그들의 코는 너무 납작해서 그들을 동정하기란 거의 불가능할 정도다. 극히 현명한

---

9   솔리스의 《멕시코 정복사》 및 가르실라소 데 라베가의 《페루 정복사》 참조.
10   라바 신부, 《아메리카 제도 여행기》 t. IV.

존재인 신이 영혼을, 특히 선량한 영혼을 새까만 육체에 깃들게 했다는 생각 따위는 도저히 할 수가 없다.

피부색이 인류의 본질을 구성하며, 환관들인 아시아 민족이 우리와 좀 더 확실하게 맺는 관계에서 흑인을 항상 배제한다고 생각하는 것은 지극히 자연스러운 일이다.

피부색은 머리털 색깔로 판단하는데, 이 머리털 색깔은 세계에서도 가장 뛰어난 철학자인 이집트인 사이에서 대단히 중요한 뜻을 지녀서 그들은 머리털이 붉은 인간이 눈에 띄면 닥치는 대로 죽였다[기원전 1세기경 시칠리아의 철학자인 디오도리우스의 책에 인용된 내용이다. 디오도리우스에 따르면, 이집트 사람들은 오시리스 신을 죽인 세트 신(악의 근원)이 갈색 머리라서 머리털이 갈색인 사람들을 증오했다고 한다. 디오도리우스는 아주 옛날에는 머리칼이 갈색인 사람을 제물로 바쳤을 것이라고 주장한다].

흑인이 문명국에서 몹시 소중하게 여기는 금 목걸이보다 유리 목걸이를 더 소중하게 여긴다는 사실이야말로 그들에게 상식이 없다는 증거다. 그들을 인간이라고 상상하는 것은 불가능한 일이다. 왜냐하면 만일 우리가 그들을 인간이라고 생각한다면 사람들은 우리를 기독교도가 아니라고 의심하기 시작할 것이기 때문이다[스위프트식 유머로 배리(背理)에서의 교리라 부른다].

소심한 사람들[몽테스키외의 이런 반어법은 굳이 몽테뉴까지 거슬러 올라가지 않더라도 뒤 테르트르(《프랑스 사람들이 사는 서인도제도의 역사》)나 샤를브와(《에스파놀 섬의 역사》), 프로마죠 신부(《양심사건 사전》)의 책들을 생각나게 한다]은 아프리카인에게 자행되고 있는 부당한 행동을 지나치게 과장한다. 만일 그들의 주장이 사실이라면, 아무 쓸모도 없는 협정을 그토록 많이 맺고 있는 유럽 군주들의 머릿속에 자비와 연민에 따른 일반협정을 만들어야 겠다는 생각이 떠오르지 않았을 리 없다.

6. 노예제 권리의 참된 기원

모든 전제정체에서 사람들은 매우 쉽게 자신을 판다. 이 정체에서는 정치적 예속이 시민적 자유를 없앤다고 말할 수 있다.

아킴(16세기 초 수마트라 북서부에 세워진 회교국으로, 17세기 초 최고 전성기를 맞았다)에서는 모든 사람이 자신을 팔려고 애쓴다. 몇몇 대(大)제후는 노예가 1,000명이 넘었는데[11] 이 노예들은 큰 상인으로서 역시 많은 노예를 거느렸고, 또 이 노예들도 많은 노예를 부렸다. 사람들은 그들을 상속하고 그들에게 장사를 시킨다. 이런 나라에서는 자유로운 인간이 정부에게 너무 약하기 때문에 전제적으로 통치하는 자들의 노예가 되려고 애쓴다.

바로 이것이 몇몇 나라에서 볼 수 있는 지극히 적절한 노예제 권리의 정당하고도 이성에 맞는 기원이다. 이 권리는 반드시 적정한 수준에서 행사되어야 한다. 왜냐하면 이 권리는 자유로운 인간이 자기 이익을 위해 자유롭게 주인을 선택하는 데 근거를 두고 있으며, 바로 이 사실이 두 당사자 간 합의를 이루기 때문이다.

---

11 귀욤 당피에르, 《새로운 세계여행기》.

7. 노예제 권리의 또 다른 참된 기원

여기 노예제 권리의 또 다른 기원이, 심지어는 인간들 사이에 존재하는 저 잔인한 노예제의 기원이 있다(전제정체의 경우에 대한 설명이 6편에 나와 있다).

더위가 몸을 무기력하게 만들고 의욕을 완전히 잃게 하므로 사람들이 징벌에 대한 두려움 때문이 아니면 고통스러운 의무를 완수하려 하지 않는 지방이 있다. 따라서 여기서는 노예제가 이성에 덜 어긋난다. 그리고 여기서는 노예가 주인에게 비겁한 것처럼 주인도 군주에게 비겁하므로 시민 노예제는 다시 정치적 노예제를 수반한다.

아리스토텔레스는 타고난 노예의 존재를 증명하려 하고 있으나[12] 그의 설명은 결코 아무것도 증명하지 않는다.

그러나 사람은 누구나 평등하게 태어났으므로 노예제가 어떤 나라에서는 자연적 이유에 근거를 두고 있다 하더라도 원칙적으로는 자연에 어긋난다. 그리고 그런 나라를, 다행히도 그런 제도가 이미 폐지된 유럽처럼(이 단어의 본래 의미에서 본 노예제는 유럽에서 17세기에 폐지되었는데, 무엇보다 동물이 마차나 수레를 끄는 것의 효율성을 높이기 위한 어깨걸이가 발명되면서부터 그렇게 되었다) 자연적 이유로 그것을 거부하는 나라와 분명하게 구별하지 않으면 안 된다.

플루타르코스는 《누마전(傳)》(누마 폼필리우스(기원전 715~672년 재위)는 로마의 전설적인 왕으로, 요정 에게리아의 충고에 따라 평화롭게 왕국을 다스렸다고 전해진다)에서, 사투르누스 시대(신화적 황금시대)에는 주인도 노예도 없었

---

12 《정치학》1권 1장.

다고 말한다. 우리 풍토에서는 기독교가 이 시대를 다시 불러왔다.

8. 우리 사이에서는 노예제가 불필요하다

따라서 자연적 노예제는 지상의 일부 특정 국가에 한정되어야 한다. 내가 볼 때 다른 모든 나라에서는 사회가 필요로 하는 노동이 아무리 가혹하다 할지라도 모두 자유인의 손으로 할 수 있다.

내가 이런 생각을 하게 된 이유는, 기독교가 유럽에서 시민적 노예제를 폐지하기 전까지는 광산 노동이 너무 가혹해서 노예나 죄수들만 할 수 있는 일로 여겨졌기 때문이다. 그러나 오늘날에는 그런 일을 하는 사람들이 행복하게 살고 있다는 사실을 우리는 알고 있다.[13] 사람들은 작은 특권을 부여해 이 직업을 장려했다. 노동 증가와 수익 증가를 결부시킨 것이다. 이렇게 함으로써 그들로 하여금 그들이 놓일 수 있는 그 어떤 상황보다 더 자기들의 처지를 사랑하게 만들었다.

---

13 이 점에 대해서는 독일의 저지대인 하르츠 광산과 헝가리의 광산에서 행해지는 것으로 알 수 있다.

16편

가내 노예제 법과
풍토성의 관계

1. 가내 노예제

노예제가 가족을 위해 만들어지긴 했지만, 노예는 그 가족의 일원이 될 수 없다. 그러므로 나는 그들의 노예제를 몇몇 나라의 여성 노예제와 구별하고, 후자를 가내 노예제라고 부르려 한다.

2. 남방 여러 나라에서는 양성 간 자연적 불평등이 존재한다

더운 풍토에서는 여자의 결혼 적령기를 여덟 살이나 아홉 살, 열 살로 본다.[14] 여자들은 스무 살이면 벌써 늙는다. 그래서 그녀들에게는 결코 이성이 아름다움과 함께하지 않는다. 아름다움이 지배권을 요구하면 이성은 그것을 거부하게 한다. 이성이 지배권을 얻을 시기에 이르

---

[14] 아라비아나 인도 등 더운 나라의 여자들은 여덟 살이면 결혼 적령기가 되고, 그다음 해에는 아이를 낳는다. 따라서 그곳에서는 유년기와 결혼이 늘 함께 진행된다.(프리도의《마호메트전》) 알제리 왕국에서는 아홉 살이나 열 살, 열한 살에 출산하는 여자들을 흔히 볼 수 있다.(로지에 드 타시의《알제리 왕국사》)

면 더는 아름답지 않다. 그들이 청춘일 때도 아름다움이 그들에게 주지 않았던 지배권을 그들이 늙었을 때 이성이 줄 수는 없으므로 여자들은 종속되지 않을 수 없다. 따라서 종교가 반대하지만 않는다면 남자가 아내를 버리고 다른 여자를 맞아들여 일부다처제가 도입되리라는 것은 누구든 할 수 있는 생각이다.

온대 지방에서는 여자의 매력이 더 잘 보존되어 결혼 적령기가 다소 늦어지고 더 나이 든 뒤에 아이를 낳으므로 남편과 거의 비슷하게 늙어간다. 그리고 그녀들이 결혼할 때가 되면 더 많은 이성과 지식을 가지므로(더 오래 살았기 때문이기는 하지만) 자연히 양성 간에 일종의 평등이 이뤄지고, 그 결과 일부일처제가 도입되게 마련이다.

추운 지방에 사는 남자들은 반드시 독한 술을 자주 마셔줘야 하기 때문에 무절제해진다.

남자들을 힘과 이성으로 구분 지은 자연은 남자의 권력에 오직 이 힘과 이성의 한계만을 부여했다. 자연은 여자에게 매력을 주었지만, 그들의 지배력이 이 매력과 더불어 끝나기를 바랐다. 그러나 더운 지방에서는 그 매력이 초기에만 존재할 뿐 그들이 살아가는 내내 발휘되지는 않는다.

그래서 아내를 한 사람밖에 인정하지 않는 법은 아시아 풍토의 체격보다 유럽 풍토의 체격에 더 적합하다. 바로 이런 이유로 이슬람교가 아시아에서는 뿌리내리기가 상당히 쉬웠지만 유럽에서는 무척 어려웠고, 기독교가 유럽에서는 자리를 잡았는데 아시아에서는 배척당했으며, 중국에서는 이슬람교도가 그처럼 크게 증가했는데 기독교도는 거의 늘지 않았다. 인간 이성은 항상 원하는 것을 다 하고 바라는 것을 다 사용하는 이 최고의 원인에 종속되어 있다.

발렌티니아누스[로마 황제(364~375년)]는 그만의 특별한 이유에서 제국에 일부다처제를 허용했다. 우리 풍토에 반하는 그 법은 테오도시우스와 아르카디우스, 호노리우스에 의해 폐지되었다.

3. 다처제는 부양비에 크게 의존한다

일부다처제가 일단 확립된 나라에서는 아내의 숫자가 남편의 재력에 따라 크게 차이 난다고 하지만, 국가에 일부다처제가 자리 잡도록 하는 것이 재력이라고는 말할 수 없다. 즉 빈곤도 그와 같은 효과를 낳을 수 있는데, 여기에 대해서는 야만인들 얘기를 할 때 말하겠다.

다처제란 강대한 국민에게 사치 그 자체라기보다는 엄청난 사치 기회에 가깝다. 열대 풍토에서는 필요한 게 적다. 처자를 부양하는 데도 돈이 덜 든다. 따라서 아내를 더 여럿 거느릴 수 있다.

4. 다처제의 여러 가지 사정

유럽 여러 지역에서 계산한 바에 따르면, 여자보다 남자가 더 많다.[15] 이에 반해 아시아 및 아프리카의 보고서에 따르면, 남자보다 여자가 훨씬 더 많이 태어난다. 따라서 유럽의 일처제 법과, 아시아 및 아프리카의 다처제 법은 풍토와 어느 정도 관련이 있는 것이다.

---

15 아르뷔트노에 따르면, 영국은 여자보다 남자가 더 많다고 한다. 하지만 그렇다고 해서 다른 모든 풍토에서도 역시 그러리라고 결론짓는 것은 잘못이다.

아시아의 추운 풍토에서는 유럽처럼 여자보다 남자가 더 많이 태어난다. 라마교 승려들에 따르면, 이 점이 그들 나라에서 한 여자가 남편을 여러 명 갖도록 허용하는 법의 근거다.[16]

그러나 다처제나 다부제 법을 제정해야 할 만큼 크게 불균형한 나라가 많은 것 같지는 않다. 이것은 단지 다처제나 다부제가 어떤 나라에서는 다른 나라에서보다 자연에 덜 위배된다는 사실을 의미할 뿐이다.

6. 다처제 그 자체

다처제를 일반적으로 고찰해볼 때 그 제도는 인류에게도, 양성 중 어느 한 성(性)에게도 전혀 도움이 되지 못한다. 그리고 그것을 남용하는 자에게도, 그것으로 피해를 입는 자에게도 유익하지 못하다. 또한 다처제는 아이들에게도 역시 유익하지 못하다. 이 제도의 가장 큰 폐단 중 하나는 아버지와 어머니가 그들의 자식에게도 똑같은 애정을 가질 수 없다는 점이다. 한 어머니가 두 아이를 사랑하듯 한 아버지가 스무 아이를 사랑할 수는 없을 테니 말이다.

여자가 여러 남편을 둘 경우 상황은 더 악화된다. 왜냐하면 그때 부성애는 아버지 또는 다른 아버지들이 몇몇 아이가 자기 자식이라고 믿을 수 있다는 그 같은 의견에만 기인하기 때문이다.

---

16 뒤 알드, 《중국제국》 4권 4항.

7. 다처제에서 대우의 평등

마호메트는 아내 넷을 인정하되 아내들 간에는 음식과 의복, 부부 간 성적 권리 등 모든 것이 평등해지기를 바랐다. 이 법은 몰디브 제도에도 있는데, 여기서는 아내를 세 명 가질 수 있다.[17]

모세의 법은 누군가가 자기 아들을 여자 노예와 결혼시킨 뒤에 그 아들이 다시 자유인 여성과 결혼했을 경우 첫 아내에게서 의복과 음식, 부부간 성적 권리 중 단 한 가지도 빼앗으면 안 된다고 규정한다.[18] 새로운 아내에게 많이 주는 것은 괜찮지만 첫 아내에게 더 적게 주어서는 안 된다는 것이다.

8. 여자와 남자의 분리

향락적이고 부유한 남자들이 아내를 꽤 여럿 갖는 것은 일부다처제의 한 결과다. 그런 아내들이 남자와 별거하고 칩거하는 것은 당연히 그 수가 많다는 데서 비롯된다. 집안 질서도 그렇게 요구한다. 즉 빚 갚을 능력이 없는 채무자는 채권자들의 추적을 피하려고 애쓰는 법이다.

물질적인 것이 엄청난 힘을 갖고 있어서 도덕은 거의 아무것도 할 수 없는 풍토가 있다. 남자를 여자와 함께 놓아두어보라. 유혹은 곧 타락으로 이어질 것이고, 공격은 성공할 것이며, 저항은 이뤄지지 않을 것이다. 그런 나라에서는 계율이 아니라 빗장이 필요하다.

---

17 프랑수아 피라르, 《여행기》 12부.
18 〈출애굽기〉 21장 10~11절.

어떤 중국 고전에서는[19] 외딴 방에 여자와 단둘이 있으면서도 그녀를 범하지 않는 것을 비범한 덕성으로 보고 있다.

9. 가정과 국정의 관계

공화정체에서는 시민의 조건이 한정되고, 평등하고, 적절하고, 절제되어 있다. 여기서는 모든 것이 공적(公的) 자유의 향기를 풍기고, 여자에 대한 지배권이 충분히 행사될 수 없을 것이다. 그리고 풍토가 이런 지배권을 요구했을 때는 1인이 통치하는 정체가 가장 적당했다. 바로 이것이 동양에서 민중적 정체 수립이 항상 어려웠던 이유 가운데 하나다.

반대로 여성 노예제는 뭐든지 남용하기를 좋아하는 전제정체 원리에 딱 들어맞는다. 그래서 아시아에서는 모든 시대에 가내 노예제와 전제정체가 나란히 발을 맞춰 걸었다.

평온함이 요구되고 극단적 종속이 평화라고 불리는 정체에서는 여자들을 가둬두어야 한다. 여자들이 음모를 꾸며 남편을 죽일지도 모르기 때문이다. 신민의 행동을 관찰할 시간이 없는 정부는 그 행동이 나타나고 느껴진다는 단 한 가지 이유만으로 그것을 수상쩍게 생각한다.

---

19 누군가 떨어뜨린 보석을 아무도 없는 곳에서 발견하거나, 외딴 방에서 아름다운 여성을 만나거나, 구해주지 않으면 지금 당장 죽게 될 적의 목소리를 듣는 것은 훌륭한 시금석이다.(뒤 알드 신부,《중국제국》3권 151쪽)

15. 협의이혼과 일방적 이혼

협의이혼(divorce)은 서로 잘 맞지 않을 때 상호 합의로 이뤄지는 데 반해, 일방적 이혼은 상대방의 의사와 이익과는 무관하게 당사자의 의사에 따라, 그리고 그의 이익을 위해 이뤄진다는 차이가 있다.

때로는 여자도 필요하면 일방적 이혼을 한다. 법이 가혹해서 그 권리를 남자에게만 주고 여자에게는 주지 않기 때문에 여자가 그렇게 하는 것은 매우 힘든 일이다. 남편은 한 집안의 가장이다. 그에게는 아내를 가두거나 그녀로 하여금 자기 의무를 수행하도록 할 수 있는 수많은 수단이 있다.

따라서 그의 손에 달려 있는 일방적 이혼은 그가 가진 권력을 다시 남용하는 데 지나지 않는다. 그러나 일방적 이혼을 하는 여자는 잘 안 듣는 치료제를 복용하는 것에 불과하다. 즉 첫 결혼에서 매력을 대부분 잃고 나서 다시 두 번째 남편을 찾아야 한다는 것이 그녀로서는 큰 불행이기 때문이다. 나이 들어서도 남편이 쾌락을 기억하며 친절하게 대해준다는 것은 여자가 젊었을 때 지녔던 매력의 장점 중 하나다.

그러므로 법이 남자에게 일방적 이혼 권리를 인정하는 모든 나라에서는 여자에게도 그 권리를 인정해주어야 한다는 것이 일반적 규칙이다. 그리고 아내가 가내 노예제 아래 사는 모든 나라에서는 법이 아내에게 일방적 이혼 권리를 허용하고 남편에게는 협의이혼 권리만 허용해야 한다.

아내가 후궁에 있을 때 남편은 서로 생활 습관이 안 맞는다는 이유로 일방적 이혼을 할 수 없다. 생활 습관이 안 맞는 것은 남편의 책임이기 때문이다.

아내의 불임을 이유로 하는 일방적 이혼은 아내가 한 명만 있을 때 이루어질 것이다.[20]

협의이혼은 보통 큰 정치적 유용성을 갖는다. 그리고 시민적 유용성에 관해 말한다면, 그것은 남편과 아내를 위해 정립되었으며 자식들에게는 결코 유리하지 않다.

16. 로마의 일방적 이혼과 협의이혼

로물루스는 아내가 간통을 하거나, 독을 넣거나, 열쇠를 위조한 경우 남편의 일방적 이혼을 허용했다. 그러나 아내에게는 일방적 이혼 권리를 주지 않았다. 플루타르코스는 이 법이 매우 가혹하다고 말한다.[21]

아테네 법[22]은 남편뿐만 아니라 아내에게도 일방적 이혼 권리를 부여했다. 또 초기 로마에서는 로물루스의 법에 반하여 아내도 이 권리를 획득했다. 이 제도가 로마 사절들이 아테네에서 도입한 제도들 중 하나이며, 십이동판법에 삽입된 것은 분명한 사실이다.

키케로에 따르면, 일방적 이혼의 여러 이유들은 십이동판법에서 가져왔다고 한다. 그래서 이 법이 로물루스가 정한 이혼 사유를 증가시켰다는 사실에는 의심의 여지가 있을 수 없다.

협의이혼권 역시 십이동판법의 한 규정이거나, 최소한 이 법의 결과였다. 왜냐하면 아내나 남편은 각자 일방적 이혼권을 갖게 된 이후로

---

20 기독교 국가에서 불임을 이유로 일방적 이혼이 허용된다는 뜻은 아니다.

21 《로물루스 전기》.

22 솔론의 법이었다.

더더구나 합의와 상호 의사에 따라 헤어질 수 있게 되었기 때문이다. 법은 협의이혼에 대해서는 사유를 제시하라고 요구하지 않았다.[23] 사물의 본질상 일방적 이혼에는 사유가 필요하나 협의이혼에는 필요하지 않다. 법이 결혼을 파기할 수 있다고 정한 것 가운데 서로 안 맞는다는 것이 무엇보다 가장 큰 사유이기 때문이다.

---

23 유스티니아누스 황제는 그것을 바꾸었다.

17편

정치적 노예제 법과
풍토성의 관계

1. 정치적 노예제

이제 보게 되겠지만, 정치적 노예제는 시민적 노예제나 가내 노예제처럼 풍토성에 의존한다.

2. 용기와 관련한 민족들의 차이

극심한 더위는 사람들의 힘과 용기를 위축시키고, 추운 풍토는 사람들에게 상당한 육체적·정신적 능력을 부여해 오랜 시간이 걸리는 힘들고 위대하고 대담한 행동을 할 수 있도록 한다는 말은 이미 앞에서 했다. 그것은 비단 나라와 나라 사이에서만 적용되는 것이 아니라, 같은 나라 안의 어느 한 부분과 다른 부분 사이에서도 적용된다.[24] 중국의 북방 민족은 남방 민족보다 용감하고, 한국의 남방 민족은 북방 민족

---

24 뒤 알드 신부,《중국제국》1권.

만큼 용감하지 못하다.[25]

그러니 더운 곳에 사는 사람들의 나약함이 거의 항상 그들을 노예로 만들고, 추운 지방에 사는 사람들의 용기가 그들로 하여금 늘 자유롭도록 했다는 사실에 놀랄 필요는 없다. 즉 그것은 자연적 원인에서 비롯된 하나의 결과다.

3. 아시아의 풍토

여행기들[26]은 다음과 같이 전하고 있다. "북위 40도 부근에서 북극에 이르고 러시아 국경에서 동해에 이르는 아시아 북부 광대한 대륙[시베리아]의 풍토는 매우 춥다. 이 광대한 땅은 한 사막에 의해 서쪽에서 동쪽으로 나뉘었는데, 이 산맥 북쪽에는 시베리아가, 남쪽에는 대(大) 타타르 지방[몽골과 만주]이 있다. 시베리아는 몹시 춥기 때문에 보호 구역 몇 군데에서만 경작을 할 수 있다. 러시아인은 이르티시 강[시베리아의 강. 표트르대제는 이 강이 동양 국가들과의 교역에 유리하다고 판단했다]을 따라 몇 군데 거주지가 있으나 거기서 아무것도 재배하지 않는다. 이 지방에서는 작은 전나무나 관목만 자랄 뿐이다. 토착민은 캐나다 토착민처럼 비참한 중소 부족들로 나뉘어 있다.

이처럼 한랭한 풍토는 한편으로는 지대가 높은 데서, 또 한편으로는 남쪽에서 북쪽으로 감에 따라 산이 평탄해져서 북풍이 아무 장애물 없이 사방에서 불 수 있다는 데서 기인한다. 이 바람은 노바야젬랴['새

---

25 중국 책들에 이렇게 나와 있다.(같은 책, 4권)
26 《북방 여행》 8권 '타타르 사람들의 이야기', 뒤 알드 신부의 《중국제국》 4권.

로운 땅'이라는 뜻으로, 북극해에 있는 섬들이다)를 사람이 살 수 없는 땅으로 만들고, 시베리아에 불어서 그곳까지 불모의 땅으로 만들어버린다. 그 반대로 유럽에서는 노르웨이와 라포니아의 산악이 이 바람을 막고 북방여러 나라의 견고한 성채 역할을 한다. 그 결과 북위 59도에 위치한 스톡홀름 땅은 과일과 곡물, 야채를 생산해낸다. 그리고 61도에 있는 아보〔핀란드에 있는 투르쿠의 스웨덴식 발음〕주변에도(63도와 64도에 위치한 곳에조차) 은광이 있고, 땅은 상당히 비옥하다."

이런 사실을 전제로 나는 다음과 같이 추론한다. 즉 아시아에는 고유한 의미의 온대가 없다. 그리고 매우 추운 풍토의 지방이 아시아에서는 매우 더운 풍토의 지방, 즉 터키와 페르시아, 인도, 중국, 한국, 일본에 근접해 있다.

이와 반대로 유럽에서는 온대가 매우 넓은데, 유럽은 서로가 매우다른 풍토에 위치해 있어서 스페인과 이탈리아의 풍토와 노르웨이와스웨덴의 풍토 사이에는 아무 유사성이 없다. 그러나 남쪽에서 북쪽으로 가면서 각국 위도에 거의 비례해 날씨가 조금씩 추워지므로 각국은이웃 나라와 거의 같아진다. 그 사이에 뚜렷한 차이는 없고, 앞서 말했듯 온대가 매우 넓게 퍼져 있다.

그 결과 아시아에서는 강한 국민이 약한 국민과 대립하게 된다. 즉호전적이고 용감하고 활동적인 국민이 유약하고 태만하고 소심한 국민과 직접 접촉하게 된다. 그러므로 한쪽은 피정복자가 되고 다른 한쪽은 정복자가 되어야 한다. 그에 반해 유럽에서는 강한 민족과 강한 민족이 대립하고 있다. 서로 인접한 나라들은 거의 같은 용기를 지녔다. 바로 이것이 아시아는 약한데 유럽은 강하고, 유럽은 자유로운데 아시아는 노예적인 가장 큰 이유다.

4. 그 결과

지금까지 한 얘기는 역사상 사건들과 일치한다. 아시아는 열세 번 정복당했는데, 열한 번은 북방 민족에게, 두 번은 남방 민족에게 정복당했다. 먼 옛날에는 스키타이인이 아시아를 세 번이나 정복했다. 이어서 메디아인과 고대 페르시아인이 각각 한 번, 그리스인과 아라비아인, 몽골인, 터키인, 타타르인, 페르시아인, 아프간인 등이 또 한 번씩 정복했다. 나는 상부 아시아에 대해서만 이야기했을 뿐 끊임없는 격변에 시달리고 있는 아시아 남부에서 행해진 침략에 대해서는 전혀 언급하지 않았다.

반대로 유럽은 그리스와 페니키아의 식민지 건설 이래로 네 차례의 급변밖에는 알려져 있지 않다. 첫째는 로마인의 정복으로 야기된 것이고, 둘째는 바로 이 로마인을 멸망시킨 야만인의 침략에 의한 것이며, 셋째는 샤를마뉴 대제의 승리에 의한 것이고, 마지막은 노르만인의 침입에 의한 것이다. 그리고 잘 검토해보면 이 변동 자체에서도 유럽의 모든 부분에 퍼져 있는 보편적 힘을 발견할 수 있다. 로마인이 유럽은 힘들게 정복하고 아시아는 쉽게 침략했다는 사실은 잘 알려져 있다. 북방 민족이 로마제국을 전복시키면서 겪은 고통, 샤를마뉴의 전쟁과 신고(辛苦), 노르만인의 여러 가지 기도(企圖)도 다 잘 알려진 사실이다.

6. 아시아의 예속과 유럽의 자유의 새로운 자연적 원인

아시아에서는 언제나 대제국을 볼 수 있었다. 그 반면 유럽에서는 대제국이 결코 존속할 수 없었다. 왜냐하면 우리가 알고 있는 아시아에는 유럽에 비해 더 넓은 평야가 있기 때문이다. 아시아에는 바다에 의해 더 큰 부분으로 구분되어 있다. 그리고 더 남쪽에 위치해 있어서 수원이 더 쉽게 고갈되고, 산이 눈으로 덮이는 일도 더 적게 일어나며, 강도 더 작아서[27] 그다지 큰 장벽을 형성하지 않는다.

따라서 아시아에서는 권력이 항상 전제적일 수밖에 없다. 만약 노예 상태가 극단적이지 않다면 우선 분열이 일어날 텐데, 이 지역 자연이 그것을 용납하지 않기 때문이다.

유럽에서는 자연적 분할로 법 통치와 국가 유지가 동시에 이뤄질 수 있는 작은 크기의 나라들이 만들어진다. 또 법 지배가 매우 적절하게 이뤄지므로 법이 없는 나라는 쇠퇴해 다른 모든 나라에 뒤떨어지게 될 것이다.

이것이 바로 자유정신을 만든다. 그래서 법과 통상의 유용성에 따른 일 말고는 외국 세력이 이들 각 부분을 정복하고 복종시키기가 매우 힘들어진다.

반대로 아시아는 예속 정신이 지배하고 있으며, 이 정신은 이제껏 단 한 번도 그곳을 떠난 적이 없다. 그리고 이 지역의 모든 역사에서는 자유로운 정신을 특징지을 만한 흔적을 조금도 찾을 수가 없다. 여기서는 예속의 영웅주의밖에는 찾아볼 수가 없을 것이다.

---

27 물은 괴기도 전에, 또는 괴더라도 금방 없어지든가 증발해버린다.

7. 아프리카와 아메리카

아프리카는 아시아 남부와 비슷한 풍토의 영향을 받으며, 같은 노예제 아래 있다. 유럽과 아프리카 국민에 의해 파괴되었다가 다시 사람들이 살기 시작한 아메리카는 오늘날 그 고유한 특성을 거의 보여줄 수가 없다.[28] 그러나 그 옛날 역사에 관해 우리가 알고 있는 바는 우리 원리에 딱 들어맞는다.

8. 제국의 수도

앞에서 말한 내용에서 추정할 수 있는 결론 중 하나는, 대(大)군주로서 제국의 수도를 올바르게 선택하는 일이 중요하다는 것이다. 수도를 남부에 두는 군주는 북부를 잃을 위험이 있고, 수도를 북부에 두는 군주는 쉽게 남부를 보존할 것이다. 기계가 마찰을 일으켜 흔히 이론의 결과를 바꾸거나 방해하듯이 정책도 그런 마찰을 일으킨다.

---

28 에스파냐 사람들은 아메리카의 여러 작은 야만족을 '용감한 인디오스'라고 부른다. 이들은 멕시코와 페루의 대제국보다 굴복시키기가 훨씬 힘들었다.

18편

법과 토질의 관계

1. 토질이 법에 미치는 영향

어느 한 나라의 땅이 기름지면 자연적으로 종속제가 성립된다. 국민의 거의 대부분을 차지하는 농민은 자기들의 자유를 그다지 소중히 여기지 않는다. 다들 개인적으로 할 일이 너무 많아 거기 몰두해 있기 때문이다. 재력이 풍부한 농촌은 약탈을 무서워하고 군대를 두려워한다. 키케로는 아티쿠스에게 말했다. "누가 정부 편이 될 것인가? 상인과 농민일까? 그들이 이 군주정체에 반대한다고 가정하지 않을 경우, 그들은 안락하게 지낼 수만 있다면 어떤 정체에서든 다 정부 편을 들지 않을까?"

그래서 1인 통치 정체는 비옥한 지방에서 더 자주 볼 수 있고, 다수 통치 정체는 그렇지 않은 지방에서 볼 수 있다. 이렇게 하면 벌충이 가능할 때도 이따금 있다.

아티카 땅은 메말랐기 때문에 민중정체가 자리 잡았고, 스파르타는 땅이 기름졌으므로 귀족정체가 자리 잡았다. 그 당시 그리스에서는 사람들이 1인 통치를 바라지 않았기 때문이다. 그런데 귀족정체는 1인 통치 정체와 좀 더 큰 관련이 있다.

2. 같은 주제의 연속

비옥한 땅은 최고로 강한 자와는 겨룰 수 없는 평야다. 따라서 사람들은 최강자에게 복종한다. 그리고 일단 최강자에게 굴복하고 나면 자유정신은 결코 되살아날 수 없다. 농촌의 재화는 충성의 담보다. 그러나 산간 지방 사람들은 자기가 가진 것을 보존할 수 있다. 그러나 보존할 수 있는 것은 정말 얼마 안 된다.

자유, 즉 사람들이 누리는 자유는 그 정체를 지켜내야 할 이유가 되는 유일한 재산이다. 따라서 자유는 자연 혜택을 더 많이 받은 것처럼 보이는 지방보다 산이 많고 자연조건이 좋지 않은 지방에 더 많이 존재한다. 산간 지방에 사는 사람들은 좀 더 제한적인 정체를 유지하는데, 정복될 위험이 거의 없어서 쉽게 스스로를 방어할 수 있기 때문이다.

그들이 무기와 식량을 모아 수송하려면 많은 비용이 들어간다. 이 지방에서는 그런 것들이 전혀 공급되지 않기 때문이다. 따라서 그들과 전쟁을 한다는 것은 매우 힘들고 위험하다. 그래서 주민 안전을 위해 만들어지는 모든 법이 거기서는 덜 중요한 것이다.

4. 국토의 비옥과 불모에 따른 새로운 결과

불모의 땅은 사람을 근면하고 검소하며, 힘든 노동을 견뎌내고, 용감해서 전쟁하기에 알맞도록 만든다. 그들은 땅이 주려 하지 않는 것을 얻어내야만 한다. 어떤 나라의 비옥함은 안락함과 함께 유약함과 생명 보존에 대한 상당한 애착을 불어넣는다.

독일군의 경우 작센처럼 농민이 부유한 지방에서 징집된 군대는 다른 군대보다 약하다는 사실이 밝혀졌다. 군대 법은 엄격한 규율을 통해 이처럼 부정적인 측면을 고칠 수 있다.

5. 섬나라 민족

섬나라 민족은 대륙 민족보다 자유로운 성향을 갖는다. 섬은 대개 면적이 좁게 마련이므로[29] 국민의 다른 일부를 억압하기 위해 국민의 일부를 사용하기가 그렇게 쉽지 않다. 바다가 섬사람을 대제국에게서 격리하고 있어서 폭정이 섬까지 미칠 수가 없다. 정복자가 바다에 의해 저지되므로 섬 주민은 정복에 휘말리는 일 없이 좀 더 쉽게 자기들의 법을 보존하게 된다.

8. 법의 일반적 관계

법은 여러 민족이 생계를 이어가는 방법과 매우 밀접한 관계를 맺고 있다. 상업 및 항해에 종사하는 민족에게는 땅을 경작하는 것으로 만족하는 민족보다 더 광범위한 법전이 필요하다. 또 토지를 경작하는

---

29 일본은 그 크기와 예속성 때문에 이 원칙에 어긋난다.

민족에게는 목축으로 살아가는 민족보다 더 광범위한 법전이 필요하고, 목축으로 생활하는 민족에게는 수렵으로 생활하는 민족보다 더 광범위한 법전이 필요하다.

10. 인구 수와 그들이 생계를 이어가는 방법의 관계

국민이 토지를 경작하지 않을 경우 인구 수가 어떤 비례관계에 놓이는지 살펴보자. 경작하지 않은 토지의 생산물과 경작한 토지의 생산물의 비례는, 어떤 나라에 사는 미개인 수와 다른 나라 농민 수의 비례와 같다. 그리고 토지를 경작하는 국민이 공예까지 할 경우 그것은 다시 상세한 설명을 필요로 하는 비례에 따를 것이다.

그들은 큰 나라를 이룰 수 없다. 그들이 목축민일 경우 일정한 숫자를 유지하며 생존하려면 큰 나라가 필요하다. 그리고 그들이 수렵자라면 그 수가 더 적으므로 생활을 위해 더 작은 나라를 이룬다.

그들의 나라는 대개 삼림으로 가득 차 있다. 그리고 배수를 하지 않으므로 온통 늪투성이고, 거기에 집단이 자리 잡음으로써 작은 나라를 형성한다.

12. 경작하지 않는 국민의 만민법

이런 국민은 제한되어 둘러싸인 땅에서 살지 않으므로 서로 다툼을 벌일 소지가 많다. 그들은 우리 시민이 유산을 두고 다투듯 개간되지 않은 땅을 두고 다툴 것이다. 수렵과 어로, 가축 사료, 노예 약탈 때문에 빈번하게 전쟁을 벌일 것이다. 또 그들은 영토를 갖고 있지 않기 때문에 민법으로 결정할 일은 적은 대신 만민법으로 결정해야 할 일이 많을 것이다.

13. 경작하지 않는 국민의 민법

민법전 분량을 주로 늘리는 것은 토지 분할이다. 이 분할이 이뤄지지 않은 국민의 경우에는 민법이 아주 적다. 이런 국민의 제도는 '법'이라기보다 차라리 풍속이라고 불러야 할 것이다.

이런 국민이 사는 나라에서는 지나간 과거사를 기억하고 있는 노인이 큰 권위를 가진다. 여기서는 재산이 아니라 오직 용기와 지혜를 통해서만 이름을 떨칠 수 있다.

이 국민은 흩어져 방목지나 삼림을 떠돌아다닌다. 여기서는 결혼이 우리처럼 안정되어 있지 않기 때문에 쉽게 아내를 바꾸거나 아내를 여러 명 가질 수 있고, 때로는 짐승처럼 아무하고나 관계를 갖기도 한다.

목축 민족은 그들의 생계 수단인 가축을 떼어놓을 수 없다. 또 자기들을 돌봐주는 아내하고도 헤어질 수가 없다. 따라서 이 모든 것은 함께 움직여야 한다. 대개는 요새지(要塞地)가 적은 대평원에서 살아서 그들의 아내와 아이들, 가축이 적의 미끼가 될지도 모르기 때문에 더더욱 그렇다.

그들의 법은 약탈물 분배를 규정하고, 우리 살리카법처럼 절도에 대해 각별한 주의를 기울일 것이다.

22. 게르만 민족의 민법

여기서 나는 보통 살리카법이라고 불리는 살리족[30]의 법안이 왜 토지를 전혀 경작하지 않거나, 경작하더라도 조금밖에 하지 않던 민족의 제도에 의거하는지를 설명하기로 한다.

살리카법은 어떤 사람이 자식을 남기고 죽으면 남자가 여자보다 우선적으로 살리의 토지를 상속해야 한다고 규정한다.

살리의 토지가 무엇인지를 알려면 프랑크인이 게르마니아를 떠나기 전에 그들의 토지 소유권이나 토지 사용권이 어떤 것이었는지 알아야 한다.

타키투스는 말했다. "그들은 도시에서 살지 않기 때문에 자기 집이 다른 집과 붙어 있는 것을 견딜 수가 없다. 그래서 다들 자기 집 주위에 담을 쌓고 폐쇄된 작은 땅이나 공간을 남겨둔다."[31] 타키투스의 말은 정확했다. 왜냐하면 이방인의 법전에 실려 있는 여러 가지 법[32]은 이 담을 부수는 자나 집 안에까지 들어오는 자에 대한 여러 가지 규정을 설정하고 있기 때문이다.

타키투스 및 카이사르에 따르면〔각각《게르마니아》와《골족의 전쟁》참조〕게르만인이 경작한 토지는 오직 1년 동안만 그들에게 주어졌고 이후 다시 공유 토지가 되었다. 그들은 집과 집 주위 담 안에 있는 얼마 안 되는 땅 이외에는 세습재산을 갖지 않았다. 이 개인 세습재산이 남자의 소유가 되었다. 이 재산이 여자의 소유가 될 수는 없었다. 여자는 다른

---

30 역사상 가장 중요한 발전을 이룬 프랑크족의 한 지족(支族).

31 《게르마니아》XVI.

32 독일인의 법 10장과, 바르바로이인의 법 10항을 말한다.

집으로 시집을 가기 때문이었다.

그러므로 살리의 토지는 게르만인의 집에 속한 이 담 안의 땅이었다. 이것은 게르만인이 가졌던 유일한 토지 소유권이었다. 프랑크인은 정복 후에 새로운 소유지를 획득했으나 계속해서 그것을 살리의 토지라고 불렀다.

프랑크인이 게르마니아에 살았을 때 그들의 재산은 노예와 가축, 무기 등이었다. 그러니 집과 집에 딸린 작은 땅이 거기에 살 아들에게 주어진 것은 당연한 일이다. 그러나 정복 후에 프랑크인이 넓은 토지를 획득하자 사람들은 딸과 그 자식들이 자신의 몫을 가질 수 없는 것은 가혹한 일이라고 생각했다. 그래서 아버지가 자신의 딸과 그녀의 자식들에게 〔상속을〕 환기시키는 것을 허락하는 관행이 성립되었다. 그러나 사람들은 이 법에 대해 말하기를 꺼려했다. 이 같은 종류의 유증이 보편적으로 이루어져야만 했다. 왜냐하면 그것을 공식화했기 때문이다.

살리카법은 결코 남성이 여성보다 우선시되어야 한다는 목적을 갖지 않았으며, 더더군다나 집이나 이름이 영속되거나 토지가 이전되는 것을 목적으로 하지는 않았다. 이 모든 것들은 게르만인의 안중에 없었다. 그것은 순전히 경제적인 법으로서, 그곳에 살게 될 사람으로서 집이 가장 필요한 남자에게 집과 그 집에 딸린 토지를 준 것일 뿐이다.

여기서는 많은 사람들이 이야기했으나 읽어본 사람은 매우 드문 이 살리카법의 '알루(Aleux)' 〔상속 토지를 가리키는 봉건법 용어로, 지금은 'alleu'라고 표기한다〕 항목의 제목〔살리카법 62조 제목〕만 옮겨 적는다.

1. 어떤 남성이 자식 없이 죽었을 때는 그 아버지나 어머니가 상속

한다.

2. 아버지도 없고 어머니도 없을 때는 그의 형제나 자매가 상속한다.

3. 형제도 없고 자매도 없을 때는 그 어머니의 자매가 상속한다.

4. 그 어머니에게 자매가 없을 때는 아버지의 형제가 상속한다.

5. 그 아버지에게 형제가 없을 때는 가장 가까운 남자 친족이 상속한다.

6. 살리의 토지는 여성에게 일절 넘겨지지 않고 남성에게 귀속된다. 즉 남자아이가 아버지의 유산을 상속한다.

처음 5개 항은 자식 없이 죽은 사람의 상속에 관한 것이고, 6항은 자식이 있는 사람의 상속에 관한 것임이 분명하다.

법은 만일 어떤 남자가 자식 없이 죽었을 때 양성의 어느 한쪽이 다른 쪽에 우선하는 것은 몇 가지 경우에 한한다고 정했다. 상속의 처음 두 단계에서는 남자와 여자의 조건이 같았다. 세 번째 단계와 네 번째 단계에서는 여자가 우선시되었고, 다섯 번째 단계에서는 남자가 우선시되었다.

타키투스는 이런 특이한 제도의 근원에 대해 지적한다. "누이의 자식들은 친아버지에게 사랑받는 만큼 외삼촌에게도 사랑받는다. 이 혈연관계를 좀 더 밀접한, 그리고 좀 더 신성한 것으로 보는 사람들도 있다. 그래서 그들은 인질을 잡을 때 이 점을 고려한다." 우리 초기 역사가들이[33] 프랑크 왕들의 누이 및 누이의 자식에 대한 사랑에 관해 자주

---

33 부르고뉴 왕 공트랑이 조카딸 인군드를 뢰비질드가 학대한 사실을 알고 일으킨 분노와, 그녀의 오빠 실드베르가 그것에 보복하려고 전쟁을 일으킨 일에 관해서는 그레그와르

이야기하는 것은 바로 이 때문이다. 누이의 자식이 집안에서 친아들과 다름없이 생각되었다면, 자식이 그 외숙모를 친어머니처럼 생각한 것은 당연하다.

어머니의 여자 형제는 아버지의 여자 형제보다 우선시되었다. 이것은 살리카법의 다른 조항으로 설명된다. 여자가 과부가 되면 남편 친족의 후견을 받았다(살리카법 47조). 이 후견에 관한 법은 여자 친족을 남자 친족보다 우선시했다. 사실 한 가정에 들어가는 여자는 여자들과 사이좋게 지내는 법이므로 남자 친족보다는 여자 친족과 더 친밀한 관계를 유지한다. 게다가 어떤 남자가 다른 남자를 죽이고 자신에게 부과된 벌금을 낼 수 없을 때 법은 그가 자기 재산을 양도하도록 허용했으며, 또한 친족은 모자라는 액수를 채워주어야만 했다(살리카법 61조). 아버지와 어머니, 형제 다음으로 지불 의무를 갖는 자는 어머니의 여자 형제였다. 그런데 이렇게 부담을 주는 친척 관계는 마찬가지로 이익도 주어야만 했다.

살리카법이 무차별적으로 살리의 토지 상속에서 딸을 배제한 것이 아니라 남자 형제가 그녀를 제외하는 경우에만 배제했다는 사실은 쉽게 증명된다.

첫째, 그것은 살리카법 자체에도 나타나 있다. 살리카법은 여자가 살리의 토지를 손에 넣을 수 없으며 남자만 보유할 수 있다고 규정한 다음, 그것 자체를 해석하고 제한해 "아들이 아버지 유산을 상속해야 한다"고 덧붙인다.

드 투르의 책 8편 18장과 20장을 참조하라.

둘째, 살리카법 조항은 라인 강변 프랑크 사람들의 법으로 밝혀진다. 이 법에도 역시 살리카법의 그것과 매우 유사한 토지 상속 항목이 등장한다.

셋째, 게르만 출신인 이 야만 민족의 법은 거의 같은 정신을 갖고 있어서 서로 해석이 된다. 작센 사람들의 법은 부모 유산을 딸이 아닌 아들이 상속하지만 딸밖에 없을 때는 딸이 재산 전부를 상속한다고 정했다.

넷째, 살리카법에 따라 딸이 남자에 의해 배제될 경우를 기록한 두 가지 낡은 서식이 있다. 그것은 딸이 자신의 남자 형제와 경합하는 경우다.

다섯째, 또 하나의 서식은 딸이 손자의 피해액을 물려받았다는 사실을 입증하고 있다. 즉 딸은 오직 아들에 의해서만 배제되었다.

여섯째, 만약 딸이 살리카법으로 토지 상속에서 배제되었다면, 제1왕조에서 여성의 토지와 재산을 지속적으로 거론하고 있는 역사와 서식 및 증서에 대해 설명할 수가 없게 된다.

사람들이 살리의 토지를 봉토라고 말한 것은 잘못이다. 첫째, 살리카법의 이 항목은 '상속 토지'라는 표제로 되어 있다. 둘째, 초기에는 봉토가 결코 세습되지 않았다. 셋째, 만일 살리의 토지가 봉토였다면 어떻게 마르퀼푸스[34]가 그 상속에서 여자를 배제한 관습을 불경건한 것으로 보았겠는가? 남자라도 봉토 상속은 행해지지 않았는데 말이다. 넷째, 살리의 토지가 봉토라는 사실을 증명하고자 인용된 증서는 그것이 면세된 토지라는 점만을 증명할 뿐이다. 다섯째, 봉토는 정복 이후

---

34 7세기 프랑크의 수도사.

에야 설정되었으며, 살리의 관행은 프랑크 사람들이 게르마니아를 떠나기 전부터 존재했다. 여섯째, 살리카법이 여자의 상속을 제한해 봉토를 설정한 것은 아니고, 봉토 설정이 여자의 상속과 살리카법 규정에 제한을 가한 것이다.

이렇게 말한다고 해도, 프랑스 왕위의 남자 상속제가 살리카법에서 생겨났다고는 믿기지 않을 것이다. 그러나 그것이 살리카법에서 비롯되었다는 사실에는 의심의 여지가 없다. 나는 그것을 야만 민족의 여러 법전으로 증명한다. 살리카법과 부르고뉴 사람들의 법은 자기 남자 형제들과 똑같이 토지를 상속하는 권리를 딸들에게 주지 않았다. 딸은 왕위도 계승할 수 없었다. 이와 반대로 서고트 사람들의 법은 딸이 남자 형제들과 똑같이 토지를 상속하는 것을 인정한다.[35] 또한 여자도 왕위를 계승할 수 있다고 정했다. 이런 민족들의 경우에는 민법이 정치법에 영향을 주었다.

---

35 "게르만 민족은 공통의 관행뿐만 아니라 특수한 관행도 갖고 있었다"라고 타키투스는 말한다.

19편

법과 국민의 일반 정신 및 풍습과
생활양식 형성 원리의 관계

1. 이 편의 주제

이 주제는 매우 광범위하다. 여기서 나는 사물 자체보다 사물의 질서에 더욱 주의를 기울일 것이다.

2. 가장 좋은 법을 위해서는 어떤 정신적 준비가 필요한가

게르만인에게는 바루스의 법정만큼 견디기 힘든 것이 없었다.[36] 유스티니아누스 황제가 라지 사람들[아르메니아 북부에 있었던 고대 콜치드의 주민들]의 사회에 그들의 왕을 죽인 자를 재판하려고 설치한 법정도[37] 그들에게는 무섭고 야만적인 것으로 여겨졌다. 미트리다테스는 로마인에 반대해서 연설할 때 특히 그들의 소송 절차를 공격한다. 파르티아인

---

36 그들은 변호사의 혀를 자르고 "독사여, 휘파람 부는 것 같은 소리 그만 내라!"라고 말했다. 타키투스, 《연대기》.

37 아가시아스, 4부.

은 로마에서 자랐기 때문에 늘 상냥하고 누구나 맞아들이는 이 미트리다테스 왕을 못마땅하게 생각했다. 자유 자체는 그것을 즐기는 데 익숙하지 못한 민족에게 참을 수 없는 것으로 여겨지게 마련이다. 그런 이유에서 맑은 공기도 늪이 많은 지방에서 살아온 사람에게는 안 좋을 때가 종종 있다.

발비라는 이름을 가진 베네치아 사람이 페구[38]에 갔을 때 국왕에게 안내되었다. 국왕은 베네치아에 왕이 없다는 말을 듣고 너무 크게 웃다가 그만 사레들리는 바람에 궁정 사람들에게 말을 하는 데 큰 어려움을 겪었다.[39] 이런 민족에 대해 어떤 입법자가 대중적 정체를 제안할 수 있겠는가?

3. 폭정

폭정에는 두 종류가 있다. 하나는 통치가 난폭하게 이루어지는 실제적 폭정이고, 또 하나는 통치하는 사람이 국민의 사고방식에 어긋나는 것들을 만들 때 느껴지는 여론에 대한 폭정이다.

디온에 따르면, 아우구스투스는 자기를 로물루스라고 부르게 하려 했다고 한다. 그러나 국민이 그가 왕이 되고자 하는 것을 두려워한다는 사실을 알고 생각을 바꾸었다. 초기 로마인은 국왕을 전혀 원하지 않았는데, 왕의 권력을 용인할 수 없었기 때문이다. 그 당시 로마인은 국왕의 거드름을 참아내기가 싫었으므로 국왕을 바라지 않았다.

---

38 미얀마 남부 페구 강에 면한 옛 도시.

39 발비는 1596년 페구에 대해 서술했다.(《동인도회사 설립에 도움이 된 여행기》 3권 1부)

카이사르나 삼두정치 집정관(1차 삼두정치(기원전 60년)는 카이사르와 크라수스, 폼페이우스로 이루어졌고, 카이사르가 죽은 뒤 2차 삼두정치는 안토니우스와 레피두스, 그리고 장차 아우구스투스 황제가 될 옥타비우스로 이루어졌다), 아우구스투스는 사실상 진짜 국왕이었지만, 그들은 평등한 외관을 충분히 유지하고 있었으며, 또 그들의 사생활은 당시 외국 왕들의 사치와 대조되었다. 그러므로 로마인이 왕을 바라지 않았다는 것은 그들이 아프리카나 동양의 생활양식을 받아들이지 않고 자신들의 생활양식을 유지하기를 원했다는 뜻이다.

4. 일반 정신이란 무엇인가

풍토와 종교, 법률, 통치 격률, 과거 사례들, 풍속, 생활양식 등 여러 가지가 인간을 지배한다. 일반 정신은 이런 것들에서 유래하여 형성된다.

각 민족에게 이 원인들 중 하나가 더 큰 힘을 가질수록 다른 원인들은 그 원인에 그만큼 더 따르게 된다. 미개인은 자연과 풍토라는 두 가지 원인의 지배만 받으며, 중국인은 생활양식의 지배를 받는다. 일본에서는 법이 강한 지배력을 행사한다. 스파르타에서는 풍습이 지배했으며, 로마에서는 통치 격률과 오래된 생활양식이 지배했다.

5. 국민의 일반 정신을 바꾸지 않으려면 어떤 주의가 필요한가

만일 이 세계에 사교적 기질을 가진, 즉 마음이 열려 있고, 삶을 즐기며, 자기 생각을 쉽게 전하고, 유쾌하고 명랑하고 활달하며, 때로는 경솔하고 입이 가볍지만 그러면서도 용기 있고 관대하고 솔직하며 신의도 있는 국민이 있다면, 그 덕성을 방해하지 않도록 결코 법률로써 그들의 생활양식을 제약하지 말아야 한다.

대체로 성격이 좋다면 약간의 결함이 무슨 문제가 되겠는가?

정체 원리에 어긋나지 않는 한 입법자는 국민의 정신에 따라야 한다. 왜냐하면 우리는 타고난 특성에 따라 자유롭게 일할 때만 최선을 다하기 때문이다.

6. 모든 것을 교정해서는 안 된다

자연은 남의 감정을 상하게 하기도 하고 우리 자신도 모든 경의를 잃게 만들기 쉬운 활기를 우리에게 불어넣는다. 그러나 이 활기 자체도 자연이 사교계에 대한, 특히 여자와의 교제에 대한 취향을 자극함으로써 우리에게 제공하는 섬세함으로 교정된다.

우리를 지금 그대로 놓아두라. 우리 분방한 성격은 우리 비(非)악의와 어울려서 우리 안의 사교적 기질을 방해하는 법을 완전히 부적당하게 만들어버릴 것이다.

8. 사교적 기질의 효과

서로 더 잘 소통하는 국민일수록 더 쉽게 자신들의 생활양식을 바꾸게 된다. 왜냐하면 각자가 타인에게 더 좋은 구경거리가 되기 때문이다. 그리고 개인의 특이성이 더 잘 보인다. 국민이 서로 소통하는 것을 좋아하게 하는 분위기는 또한 그들로 하여금 변화를 사랑하게 만들기도 한다. 그리고 변화를 좋아하게 하는 것은 또한 그들로 하여금 취향을 형성하게 만들기도 한다.

여자의 교제는 풍속을 어지럽히기도 하지만, 또 한편으로는 취미를 형성하기도 한다. 다른 사람보다 더 호감을 사려는 욕구는 장신구를 만들어내고, 실물보다 나아 보이려는 욕구는 유행을 만들어낸다. 유행은 중요한 주제다. 정신이 경박해지다 보면 그 관계의 분야들도 끊임없이 넓어지기 때문이다.

14. 국민의 풍속과 생활양식을 바꾸는 자연적 방법은 무엇인가

법은 입법자의 명확하고 개별적인 제도이고, 풍속과 생활양식은 국민 일반의 제도라고 우리는 말했다. 바로 여기서 풍속이나 생활양식을 바꾸고 싶더라도 절대 법으로 바꿔서는 안 된다는 결론이 나온다. 법으로 변경하고자 할 경우 지나치게 전제적으로 보일 것이다. 다른 풍속과 다른 생활양식으로 바꾸는 편이 낫다.

그러므로 군주가 나라에 큰 변화를 일으키고자 할 때는 법에 의해 정해진 것은 법으로 개혁하고 생활양식에 의해 형성된 것은 생활양식으로 바꾸어야 한다.

러시아인에게 수염과 옷을 자르지 않을 수 없게 한 법과, 도시에 들어가는 사람들의 긴 옷을 무릎까지 자르게 한 표트르 1세는 폭정적이었다〔좀 더 최근에는 무스타파 케말 아타튀르크(1881~1938년)가 이처럼 권위적인 방식으로 터키를 현대화했다〕. 범죄를 방지하기 위한 방법도 있다. 그것은 바로 형벌이다. 생활양식을 바꾸기 위한 방법도 있다. 모범이 그것이다.

그 국민이 쉽고 신속하게 문명화한 것을 보면, 이 군주가 국민을 너무 얕보고 있었지만 실제로 그들은 그의 말처럼 짐승이 아니었다는 사실을 분명히 알 수 있다. 그가 사용한 난폭한 수단은 아무 소용이 없었다. 그는 온화한 방법으로도 목적을 이룰 수 있었을 것이다.

그는 그런 변화가 쉽게 이뤄진다는 사실을 직접 경험했다. 여자들은 유폐되어 있었고, 어떻게 보면 노예나 다름없었다. 그는 그녀들을 궁정으로 불러들이고, 그녀들로 하여금 독일식 옷을 입도록 하려고 피륙을 보내주었다. 여자들은 곧 자신들의 취향과 허영심, 열정을 이렇듯 만족시키는 생활양식을 즐기다가 남자들까지 즐기게 만들었다.

그 같은 변화가 더욱 쉽게 이루어진 것은 당시 풍속이 풍토와는 무관하게 민족 혼합과 정복을 통해 도입되었기 때문이다. 표트르 1세는 유럽의 풍속과 생활양식을 유럽의 한 국민에게 줌으로써 쉽게 변화를 이루어냈는데, 이것은 그 자신도 미처 기대하지 못한 바였다. 풍토의 지배력은 모든 지배력 중에서도 단연 으뜸이었다.

그래서 그는 자기 나라 국민의 풍속과 생활양식을 바꾸기 위한 법을 필요로 하지 않았다. 그로서는 다른 풍속과 다른 생활양식을 권장하는 것으로 충분했다.

일반적으로 국민은 그들의 관습에 매우 집착한다. 그래서 그들은 폭력적인 방법으로 관습을 빼앗길 때 불행해진다. 그러므로 그것을 바꾸지 말고 국민 스스로 바꾸도록 권장해야 한다.

필요에서 비롯되지 않은 형벌은 모두 전제적이다. 법은 순수한 권력 행위가 아니다. 그 성질상 아무래도 좋은 것은 법 영역에 속하지 않는다.

21. 법은 풍속 및 생활양식과 어떻게 관련되어야 하는가

오직 특이한 제도들만이 이렇게 원래부터 분리되어 있던 것들을, 즉 법과 풍속, 생활양식을 혼동한다. 그러나 비록 분리되어 있긴 하지만 그들은 서로 여전히 깊은 관계를 맺고 있다.

어떤 사람이 솔론에게, 그가 아테네 사람들에게 만들어준 법이 가장 좋은 법이었는지 물었다. 그러자 그는 대답했다. "나는 그들이 견뎌 낼 수 있는 법 중에서 가장 좋은 법을 주었다."[40]

이것은 모든 입법자가 귀담아들어야 할 말이다. 지혜로운 신이 유대 민족에게 "나는 너희에게 좋지 않은 계율을 주었다"고 말했을 때, 이 말은 그 계율이 오직 상대적 정당함만을 갖는다는 뜻이다. 이는 모세의 율법에 쏟아질 수 있는 모든 불평을 빨아들이는 해면과도 같다.

22. 같은 주제의 연속

국민이 미풍양속을 가질 때 법은 간단해진다. 플라톤은 "대단히 종교적인 국민을 지배했던 라다만투스는 각 우두머리에게 오직 선서만 할 것을 명함으로써 모든 소송을 신속히 처리했다. 그러나 국민이 종교적이지 않을 때는 선서를 하는 사람이 재판관이나 증인처럼 이해관계가 없는 사람이 아니고는 선서에 의지할 수 없다"고 말했다.[41]

---

40 플루타르코스,《솔론전》.

41《법률》12권.

23. 법은 어떻게 풍속에 따르는가

로마인이 순박했을 때는 공금횡령에 대한 별개의 법이 없었다. 이 범죄가 나타나기 시작했을 때만 해도 그것은 매우 불명예스러운 일로 여겨져 횡령한 것을 반환하라는 선고는 무거운 형벌로 간주되었다. 스키피오의 판결이 그 증거다.[42]

24. 같은 주제의 연속

어머니에게 후견 권리를 부여하는 법은 피후견인 보전에 더 많은 주의를 기울이고, 가장 가까운 상속자에게 이 권리를 부여하는 법은 재산 보전에 더 많은 주의를 기울인다. 풍속이 부패한 국민의 경우에는 후견 권리를 어머니에게 주는 편이 더 낫다. 법이 시민 풍속에서 신뢰감을 가져야만 하는 민족의 경우에는 후견 권리를 재산 상속자나 어머니에게 부여하며, 때로는 이들 모두에게 부여하기도 한다.

로마법을 생각해보면, 그 법 정신이 내 말과 일치한다는 사실을 알게 될 것이다. 로마에서 십이동판법이 만들어진 시대의 풍속은 훌륭했다.

25. 같은 주제의 연속

로마법은 결혼 전 서로 지참금을 주고받는 자유를 부여했으나 결혼 후에는 허용하지 않았다. 이것은 오직 검소함과 소박함, 절제에 의

---

42 《티투스 리비우스》 38편 30장.

해서만 결혼에 마음이 끌렸지만 또한 부부 생활의 배려와 애정, 행복에 매혹될 수도 있었던 로마인의 풍속에 근거했다.

서고트 사람들의 법은 남편이 결혼하기로 되어 있는 여성에게 자기 재산의 10분의 1 이상을 줄 수 없으며 결혼 후 1년 안에는 아무것도 줄 수 없다고 정했다. 이것 역시 이 나라 풍속에서 유래했다. 입법자는 눈에 띄는 행동을 하면서 지나칠 정도로 많이 주려 하는 스페인식 거드름을 저지하고자 했던 것이다.

로마인은 그들의 법으로 세계에서 가장 영속적인 지배, 다시 말하면 덕성의 지배에서 생기는 불편을 억제했다. 스페인 사람들은 그들의 법으로 세계에서 가장 약하고 덧없는 폭정, 즉 아름다움의 폭정에서 비롯되는 안 좋은 결과를 억제하려 했다.

27. 법은 국민의 풍속과 생활양식, 성격 형성에 어떻게 공헌하는가

나는 풍토가 이 국민(영국 국민)의 법과 풍속, 생활양식을 대부분 만들어냈다고 말하지는 않는다. 단지 이 국민의 풍속과 생활양식이 그들의 법과 큰 관련을 가졌으리라고 주장할 뿐이다.

이 국가에는 입법권과 집행권이라는 두 가지 가시적 권력이 있고, 또 모든 시민은 자신만의 의사를 갖고 자신의 독립성을 임의대로 내세우기 때문에 대부분의 사람들은 이들 두 권력 가운데 한쪽에 더 애착을 나타낼 것이다. 많은 사람들이 이들 두 권력을 똑같이 좋아할 만한 공정함이나 감각을 갖지 못하기 때문이다.[43]

43　그 결과로 집행권 지지 세력인 휘그당과, 의회제 지지 세력인 토리당이 생겨났다.

그리고 집행권은 모든 관직을 마음대로 주무를 수 있어서 큰 희망을 주되 결코 두려움을 불러일으키지는 않을 테니, 집행권에서 뭔가 얻어 낼 사람들은 모두 그쪽으로 관심을 갖게 될 것이다. 그 반면 집행권에 대해 아무것도 기대하지 않는 사람들은 모두가 집행권을 공격할 것이다.

거기서는 모든 정념이 자유롭기 때문에 증오와 선망, 질투, 부를 쌓고 명성을 얻으려는 열망 등이 난무하게 될 것이다. 그리고 만일 그렇지 않으면 국가는 병마에 쓰러진 사람, 힘이 없어서 정념도 갖지 못한 사람처럼 되고 말 것이다.

양당〔휘그당과 토리당〕의 증오는 항상 무기력하므로 영원히 계속될 것이다. 이 정당들은 자유인들로 구성되어 있으므로, 한 정당이 너무 우세해지면 자유 효과로 다시 약화되게 마련이다. 그 반면 시민은 두 손이 몸을 돕듯이 다른 정당을 일으켜 세우게 될 것이다.

각 개인이 항상 독립적이어서 자신의 변덕과 환상을 따르듯, 사람들은 정당을 바꿀 것이다. 즉 자기 친구들을 모두 버리고 한 정당을 떠나 적들이 모두 모여 있는 다른 정당에 들어가는 일도 있다. 그리하여 이런 국민은 흔히 우정의 법과 증오의 법을 잊어버릴 수도 있다.

군주도 개인의 경우와 같을 것이다. 그래서 신중함에 관한 일반적 격률과는 반대로 흔히 그는 자기 기분을 제일 크게 상하게 한 자들을 신임하고, 자기에게 가장 잘 봉사한 자들에게서 총애를 거둬들여야 한다. 다른 군주가 선택에 따라 행하는 것을 그는 필요에 따라 행하기 때문이다.

집행권을 맹렬히 반대하는 사람들은 이렇게 반대하는 타산적 이유를 밝힐 수가 없다. 그래서 과연 스스로가 위험에 처해 있는지 어떤지를 정확히 모르는 국민의 두려움은 더욱더 커진다. 그러나 이렇게 되면 국민은 나중에 당할지도 모르는 위험을 피하는 데 도움을 받게 된다.

그러나 국민에게서 신뢰받고 국민보다 더 식견을 갖춘 입법부는 국민으로 하여금 사법부에서 받았을지도 모를 나쁜 인상을 버리도록 할 수도 있고, 그들의 동요를 진정시킬 수도 있다.

이것은 이 정체가 국민이 직접적 권력을 가졌던 고대 민주정체에 대해 갖는 큰 장점이다. 왜냐하면 웅변가가 국민을 선동할 때마다 그 선동은 항상 효과를 발휘했기 때문이다.

자유로운 국민은 해방자를 가질 수 있지만, 예속된 국민은 또 다른 압제자밖에 가질 수 없다. 왜냐하면 이미 한 국가의 절대 지배자가 된 사람을 쫓아낼 만한 힘이 있는 자라면 자신이 직접 절대 지배자가 될 만한 힘도 갖고 있다는 얘기가 되기 때문이다.

자유를 향유하려면 각자가 자기 생각을 말할 수 있어야 하고, 자유를 보존하기 위해서도 각자가 자기 생각을 말할 수 있어야 하기 때문에, 이 나라 시민은 법률에서 말하거나 쓰는 것을 명시적으로 금지하지 않는 모든 것을 말하거나 쓸 것이다.

이 국민은 놀랍도록 자유를 사랑할 것이다. 왜냐하면 자유는 진실할 것이기 때문이다. 그러므로 자유를 지키고자 국민이 자신의 재산과 안락과 이익을 희생하고, 또 가장 절대적인 군주라도 감히 그 신민에게 부담시킬 엄두를 내지 못할 정도로 엄청난 세금을 부담하는 일이 생길 수 있다.

그러나 이 국민은 복종해야 할 필요를 분명히 알고, 그 이상은 지불하는 일이 없으리라는 매우 근거 있는 희망 아래 지불할 테니, 조세는 이 조세에 대한 느낌보다 더 무거울 것이다. 이와 반대로 느낌이 실제의 고통보다 한없이 큰 나라(당시 프랑스)도 있다.

이런 국민은 자기 자신에게 빌려서 자기 자신에게 지불하기 때문에 확실한 신용을 얻을 것이다. 이 국민은 자기가 원래 갖고 태어난 힘을 능가하는 일을 하고, 그 정체의 신용과 본질만이 현실로 만들 수 있는 가상의 막대한 부를 적에게 과시하게 될 것이다.

이 국가는 자유를 유지하려고 신민에게 돈을 빌릴 것이다. 그러면 신민은 만일 국가가 정복당한다면 빌려준 돈을 못 받게 되리라고 생각해 자유를 지켜내고자 노력해야 할 새로운 동기를 갖게 된다.

만일 이 국민이 섬에 산다면 그들은 결코 침략자가 되지 않을 텐데, 멀리 떨어진 곳을 정복하는 일은 그들을 약화시키기 때문이다. 이 섬의 토지가 비옥하다면 그들은 더더욱 침략자가 되지 않을 텐데, 부유해지려고 전쟁을 할 필요를 느끼지 않기 때문이다. 또 어떤 시민도 다른 시민에게 의존하지 않을 테니 각자가 몇몇이나 단 한 사람의 영광보다는 자신의 자유를 더 소중하게 생각할 것이다.

거기서는 군인을 쓸모는 있으나 매우 위험한 직업에 종사하는 사람들로, 나라를 위해 힘들게 일하는 사람들로 여길 것이다. 그리고 민간인 신분이 더 존경받을 것이다.

이 국민은 자유와 법에 의해 편안해지고 파괴적 편견에서 벗어나 상업 국민이 되는 경향을 보여줄 것이다. 만일 노동자의 손으로 만들어져 값비싼 1차 상품들 중 몇 가지를 갖게 된다면, 하늘의 은혜를 가득 받는 즐거움을 누리게 해주는 데 적합한 시설(공공 효용을 위해 만들어지는 시설)을 만들 수 있다.

만일 이 국민이 북쪽에 위치해 있어서 남아도는 상품이 많다면 풍토 때문에 다른 많은 상품들도 부족할 테니 남쪽의 여러 민족과 반드시 대규모 무역을 하게 될 것이다. 그리고 이익이 남는 무역을 할 수 있는 나라를 택해서 그 나라 국민과 서로 유리한 조약(703년 포르투갈과 맺은 통상조약을 가리킨다)을 맺게 될 것이다.

또한 이 나라의 유연하고 쉬운 법은 거기서 행해지는 무역이나 항해에 관해 매우 엄격해 꼭 적하고만 거래하는 것처럼 보일 수도 있다.[44]

만일 이 국민이 식민(植民)을 멀리 보낸다면, 그들의 지배권을 확대하기 위해서라기보다는 오히려 무역을 확대하기 위해서일 것이다.

사람들은 자국 제도를 다른 곳에 이식하고 싶어 하므로 이 국민은 식민지 국민에게 그 고유한 정치 형태를 부여할 것이다. 이 정체가 가는 곳에는 번영이 뒤따르고, 그들이 살러 가는 식민지의 숲 안에까지 많은 국민이 모여들 것이다.

아마도 이 국민은 일찍이 그 지리적 위치와 항구들의 양호함, 그 부의 성격 때문에 질투심을 불러일으킨 이웃 국민(아일랜드를 말한다)을 정복한 적이 있을 수도 있다. 그래서 그들은 상대 국민에게 자기네 고유의 법을 주었음에도 그들을 완전히 종속시킬 것이다. 그리하여 상대 나라의 국민은 자유스럽지만 국가 자체는 노예화할 것이다.

정복된 국가는 매우 좋은 시민 정체를 갖게 되겠지만, 사람들의 법('이우스 젠티움(국가들의 법)'을 문자 그대로 번역한 표현으로, 민족들 간 관계를 규정하는 법)에 짓눌릴 것이다. 즉 정복된 국가의 국민은 국민 간 법률을 강요받아 이 국가의 번영은 불안정해지고, 오직 주인을 위한 기탁물에 불과해질 것이다.

---

44 1651년 크롬웰이 발포한 항해조례 참조.

해상 지배권은 그것을 가진 민족에게 항상 자연스러운 자부심을 불어넣었다. 왜냐하면 그들은 스스로가 어디서나 공격할 수 있는 능력과 넓은 바다처럼 광대한 권력을 가졌다고 믿기 때문이다.

이 국민은 인접한 국가 일에 엄청난 영향을 미칠 수 있다. 왜냐하면 그들은 타국을 정복하는 데 능력을 사용하지 않으므로 사람들은 그 정체의 불안정과 국내의 동요가 허용하는 듯 보이는 것 이상으로 그들의 우정을 구하고 그들의 증오를 두려워하기 때문이다. 따라서 국내에서는 두려움을 불러일으키고 국외에서는 존경받는 것이 집행권의 운명이다.

만일 이 국민이 어떤 기회에 유럽에서 외교 교섭의 중심이 된다면 다른 국민보다 조금 더 많은 성실함과 선의를 보여줄 것이다. 왜냐하면 이 국민의 대신들은 민중 회의〔의회를 가리킨다〕에서 흔히 자신의 행동을 변명해야 하므로 비밀리에 외교 교섭을 할 수 없어 좀 더 성실해야 하기 때문이다. 게다가 그들은 변칙적 행동이 초래할 수 있는 사건들의 보증인이 될 테니 그들에게 가장 안전하고 확실한 길은 가장 똑바로 난 길을 가는 것이다.

만일 귀족이 어떤 시대에 과도한 권력을 가져 군주가 국민을 높은 위치로 끌어올림으로써 귀족 권력을 약화시키는 방법을 찾아냈다면, 가장 심한 예속기(隸屬期)는 귀족계급이 쇠퇴하는 순간과 국민이 자신들의 힘을 느끼기 시작한 순간 사이[45]일 것이다.

이 국민은 옛날에 어떤 전제 권력에 굴복당했기 때문에 많은 경우에 그 권력 양식을 보존했을 수도 있다. 그러므로 자유정체의 기초 위

---

45 튜더 왕조의 헨리 7세와 헨리 8세 사이.

에서 흔히 절대정체의 형태를 볼 수 있다.

이 나라 국민 가운데 아무 종교도 갖지 않았지만 만일 어떤 종교를 믿게 될 경우 개종을 강요당하더라도 절대 승복하지 않을 사람들이 있을 수도 있다. 그들은 생명과 재산뿐만 아니라 사고방식도 그들 자신의 것이며, 그중 하나를 빼앗을 수 있는 자라면 다른 것은 더 쉽게 빼앗을 수 있다는 사실을 알기 때문이다.

여러 종교 가운데 노예화라는 방법으로 그 확립을 시도한 종교[46]가 있다면, 그 종교는 거기서 불쾌감을 불러일으킬 것이다. 왜냐하면 우리는 사물을 그 관계나 우리가 거기 덧붙이는 부속물들로 판단하므로 그 종교는 결코 자유 관념과 함께 뇌리에 떠오르지 않을 것이기 때문이다.

이 종교를 설파하는 사람들에 대한 법은 결코 피비린내를 풍기지 않을 것이다. 자유는 결코 그런 종류의 형벌을 상상해내지 않기 때문이다. 그러나 그것은 매우 억압적이어서 냉정하게 행해질 수 있는 모든 악을 만들어낼 것이다.

성직자가 영향력을 거의 발휘하지 못하므로 다른 시민이 더 많은 영향력을 발휘하는 일은 얼마든지 일어날 수 있다. 그래서 성직자는 다른 계급에서 분리되려는 대신 속인과 같은 세금을 부담하며, 이 점에서 시민과 일체가 되기를 바랄 것이다. 그러나 그들은 여전히 국민에게서 존경받으려 애쓰기 때문에 더욱 은둔적인 생활과 더욱 조심스러운 행동, 더욱 바른 품행으로 다른 계급과 자신들을 구별하려 할 것이다.

이들 성직자는 강제할 힘을 갖지 못해 종교를 보호할 수도 없고 종

---

46 튜더 왕조가 불관용과 폭력으로 다시 일으키려고 한 가톨릭교.

교로 보호받을 수도 없기 때문에 사람들을 설득하려 애쓸 것이다. 그들은 신의 계시와 섭리를 증명하고자 붓을 놀려 매우 훌륭한 저작을 탄생시킬 것이다.

이 나라의 기본 구조를 이루는 귀족 지위는 다른 나라보다 더 고정될 것이다. 그러나 또 한편으로 이 자유의 나라에서 귀족은 국민에게 좀 더 가까워지고, 따라서 신분은 더 나뉘고 사람들은 더 당황할 것이다.

통치자는 매일 쇄신되고 개조될 권력을 갖게 되므로 그들을 즐겁게 하는 자들보다는 그들에게 이익이 되는 자들을 더 많이 고려할 것이다. 따라서 거기서는 조신이나 추종자, 아부하는 자 등 요컨대 귀족으로 하여금 그들 정신의 공허함에 대한 대가를 지불하도록 하는 모든 종류의 사람을 거의 찾아볼 수 없을 것이다.

거기서는 사람을 하찮은 재능이나 속성으로 평가하지 않고 실제 능력으로 평가할 것이다. 그런 능력 형태는 재산과 개인의 공적, 두 가지 뿐이다.

거기서는 사람들이 필요 이상의 것을 많이 누리겠지만 하찮은 일은 하지 못하도록 금지당할 것이다. 따라서 여러 사람들은 소비하는 기회보다 더 많은 재산을 갖고 있어서 기묘한 방법으로 그 재산을 사용할 것이다. 그리고 이런 국민에게는 개인적 취향보다 집단적 풍조가 더 많을 것이다.

사람들은 항상 자기 이익에 매달려 있으므로 무위에 근거한 예의를 갖추지 않을 것이다. 또 사실 그럴 시간도 없을 것이다.

국가조직이 모든 사람에게 참정권과 정치적 관심을 불러일으키는 나라에서 풍토가 많은 사람들에게 불안한 정신과 광범위한 견해를 주었다면, 사람들은 정치에 관해 자주 이야기할 것이다. 사물의 성질 및 운명의 장난, 즉 인간의 변덕을 생각해볼 때 거의 계산이 안 되는 사건들을 셈하느라 일생을 보내는 사람들을 보게 될 것이다.

자유로운 국민에게는 개인이 제대로 이치를 따지건 안 따지건 대부분은 아무 상관도 없다. 그들이 이치를 따지는 것만으로 충분하다. 거기서 자유가 생겨나고, 이 자유는 이 같은 추론의 결과를 보장해준다.

전제정체에서도 마찬가지다. 사람들이 추론을 잘하든 못하든 모두 해로운 것이다. 사람들이 이 정체 원리에 대해 따지기만 해도 바로 타격을 받는다.

누가 자기를 마음에 들어 하건 말건 개의치 않는 많은 사람들은 자기 멋대로 행동한다. 재치 있는 대부분의 사람은 재치 그 자체로 고통을 당할 것이다. 즉 그들은 불행해지지 않을 많은 이유를 가졌으면서도 모든 것을 경멸하거나 혐오하며 불행해진다.

그 어떤 시민도 다른 시민을 무서워하지 않으므로 이 국민은 오만해질 것이다. 왜냐하면 왕들의 오만은 오직 그들의 독립에 기초를 두고 있기 때문이다.

자유로운 민족은 대개 거만하며, 다른 민족은 더 쉽게 자만할 수가 있다. 지나치게 오만한 사람들은 대부분 자기들끼리만 살기 때문에 흔히 낯선 사람들 틈에 끼면 소심해질 것이다. 따라서 그들에게서는 대부분 미약한 정도의 수치심과 오만이 기묘하게 뒤섞여 나타나는 것을 볼 수 있으리라.

사교는 우리에게 우스꽝스러운 것을 느끼는 법을 가르쳐준다. 또 은거는 우리로 하여금 악덕을 더 쉽게 느끼게 한다. 그러므로 그들의 풍자적 저작은 통렬할 것이며, 사람들은 이 나라에서 한 사람의 호라티우스를 발견하기 이전에 많은 유베날리스를 보게 될 것이다.

극도로 전제적인 군주정체에서 역사가는 진리를 말할 자유마저 상실했으므로 진리를 배반한다. 극단적으로 자유로운 국가에서도 그들은 자유 자체 때문에 진리를 배반한다. 자유는 항상 분열을 초래해 각자가 꼭 전제군주의 노예가 되는 것과 마찬가지로 그가 속한 당파가 가진 편견의 노예가 되기 때문이다.

이 나라의 시인은 취미가 주는 어느 정도의 섬세함보다는 종종 창작의 독창적 대담성을 가질 것이다. 거기서는 라파엘로의 우아함보다 미켈란젤로의 힘에 더 가까운 무엇인가가 발견될 것이다.

4부

20편

상업에 관한 법의 본질 및 특성

2. 상업 정신

상업의 자연적 효과란 바로 평화로 이끄는 것이다. 무역 거래를 하는 두 국민은 서로에게 의존하게 된다. 한쪽은 사는 것으로 이익을 얻고, 다른 쪽은 파는 것으로 이익을 얻는다. 모든 결합은 상호 욕구를 바탕으로 한다.

그러나 상업 정신이 여러 국민을 결합시킨다고 해서 개인들도 결합시키는 것은 아니다. 사람들이 오직 상업 정신에만 영향을 받는 나라[1]에서는 모든 인간 행위나 온갖 도덕적 덕성도 거래 대상이 된다.

상업 정신은 어떤 엄격한 공평함의 감정을 사람들에게서 끌어낸다. 이 감정은 한편으로 약탈 행위에 대립하고, 또 한편으로는 사람들로 하여금 자기 이익만 깐깐하게 따지기보다는 타인의 이익을 위해 그것을 무시할 수 있도록 하는 도덕적 덕성과도 대립한다.

---

1 네덜란드를 말한다.

반대로 상업의 전면적 부재는 아리스토텔레스가 획득 방법 중 하나로 꼽는 약탈 행위를 낳는다. 약탈 행위 정신은 결코 어떤 도덕적 덕성과 대립하지 않는다. 이를테면 상업 국가에서는 손님을 잘 환대하지 않지만 약탈적 민족은 손님을 반갑게 맞아들인다. 타키투스에 따르면, 게르만 사람들 사이에서는 누가 되었든 자기 집에 들어오지 못하도록 문을 걸어 잠그는 것이 일종의 신성모독이다.

3. 국민의 빈곤

빈곤한 국민은 두 계층이 있다. 그중 하나는 통치의 가혹함으로 가난해진 국민이다. 그런 사람들은 아무 덕성도 가질 수가 없다. 왜냐하면 그들의 빈곤은 그들이 놓인 예속 상태의 일부를 이루고 있기 때문이다. 또 하나는 편리한 생활을 무시하거나 모르기 때문에 빈곤한 국민이다. 그들은 그 빈곤이 그들이 누리는 자유의 일부를 이루기 때문에 위대한 일을 할 수 있다.

4. 여러 정체의 상업

상업은 국가조직과 밀접한 관계를 맺는다. 1인 통치 정체에서 상업은 보통 사치를 토대로 한다. 또한 비록 그것이 현실적 욕망을 기초로 한다 하더라도 주된 목적은 그것을 행하는 국민에게 오만과 쾌락, 환상에 도움이 되는 모든 것을 제공하는 데 있다. 다수자의 정체에서는 상업이 근검에 더 많이 토대를 두고 있다. 무역업자는 지구상 모든 국민을 주시하면서 한 국민에게서 얻은 것을 다른 국민에게 공급한다.

이런 종류의 거래는 그 성질상 다수자의 정체와 관련되고, 군주정체와는 어쩌다 한 번씩 관련될 뿐이다. 왜냐하면 그것은 이익을 아주 적게, 다른 어떤 국민보다 더 적게 남기고 작은 이익이나마 계속해서 남김으로써 손해를 메운다는 생각에 기초한 것이어서, 이런 종류의 거래가 일상화된 사치로 낭비가 심하고 명품만 찾는 민족을 통해 이루어지는 일은 드물기 때문이다.

이 같은 생각에서 키케로는 "나는 같은 민족이 세계의 지배자인 동시에 무역상이 되는 것을 전혀 바라지 않는다"라고 정확히 지적했다. 사실 이런 국가의 각 개인이나 국가 자체는 항상 머릿속이 위대한 계획으로 가득 차 있어야 하고, 또 하찮은 계획으로도 가득 차 있어야 할 텐데, 이것은 모순이다.

그것은 경제적 상업을 통해 존속하는 국가에서는 매우 원대한 계획을 세울 수 없어서라든가, 군주정체에서 찾아볼 수 없는 대담성이 존재하지 않기 때문이 아니다.

나는 어떤 군주정체도 경제적 상업에서 아예 제외되지는 않는다고 말하려는 것이 아니다. 그러나 군주정체는 그 본성으로 보아 이러한 상업에 덜 적합하다. 또 우리가 알고 있는 여러 공화국에는 비경제적 상업이 전혀 없다고 말하려는 것도 아니다. 그러나 이러한 상업은 공화국 구조와는 관계가 덜 깊다.

예속 상태에 있는 국민은 무엇인가를 획득하기보다 보존하기 위해 일한다는 것이 바로 전제국가의 일반 원칙이다. 반대로 자유로운 국민은 무엇인가를 보존하기보다 획득하기 위해 일한다.

8. 경제적 상업은 때로 어떻게 방해받았는가

몇몇 군주국[2]에서는 경제적 상업을 영위하는 나라를 약화시키는 데 매우 적절한 법을 제정했다. 이 군주국들은 경제적 상업을 하는 나라들이 자국에서 생산된 것 이외의 상품을 가지고 들어오는 것을 금지했고, 상품이 만들어지는 나라에서 제조된 선박을 이용해 무역하는 것만 허용했을 뿐이다.

이런 법을 강요하는 국가는 스스로 어렵잖게 무역을 할 수 있어야 한다. 안 그러면 그 국가도 같은 정도의 손해를 입을 것이다.

박리를 감수하고, 상거래 필요상 어떤 의미에서 종속적인 나라와 거래하는 편이 낫다. 그 시야나 거래 폭에 의해 모든 여분의 상품을 어디에 배치할지 알고 있는 나라, 부유하고 많은 화물을 적재할 수 있는 나라, 이 화물 대금을 신속히 지불하는 나라(신용이 좋은 나라), 본래 평화적이며 이익을 얻으려 애쓸 뿐 정복하려 애쓰지는 않는 나라, 이런 나라가 거래상 언제나 훌륭한 경쟁 상대가 된다.

10. 경제적 상업에 적합한 제도

경제적 상업을 영위하는 나라들에서는 그 신용으로 새로운 가치 특징들을 만들어낸 은행을 설립했다(몽테스키외는 네덜란드를 생각하고 있다). 그러나 이 특징들을 비경제적 상업을 하는 나라에 옮겨놓는 것은 잘못된 일이리라. 단 한 사람에 의해 통치되는 나라에 이 특징들을 옮겨놓

---

2 프랑스도 그중 하나다.

는다는 것은 곧 한쪽에 금전을, 또 다른 쪽에 권력을 상정한다는 얘기가 된다. 그런 정체에서는 오직 군주만이 엄청난 재산을 가졌거나 가질 수 있었다. 그래서 재보(財寶)가 있는 곳에서는 어디나 그것이 지나치다 싶으면 바로 군주의 소유가 되었다.

같은 이유로 어떤 상업을 위해 결합하는 무역 회사는 1인 통치 국가에 별로 어울리지 않는다. 공공의 부가 가진 힘을 개인의 부에 부여하는 것이 바로 이런 회사의 본질이다.[3] 그러나 그런 국가에서는 오직 군주만 그 같은 힘을 가질 수 있다. 또한 그런 회사는 경제적 상업을 하는 국가에 항상 적합하지는 않다. 그리고 만약 사업 규모가 개인이 감당할 수 없을 정도가 아니라면, 배타적 특권으로 통상의 자유를 방해하지 않는 편이 더 좋을 것이다.

11. 같은 주제의 연속

경제적 무역을 하는 국가에서는 자유항을 설치할 수 있다. 항상 개인의 검소함을 따르는 국가 경제는 그 경제적 상업에 영혼을 불어넣는다고 말할 수 있다. 우리가 말하는 제도로 국가가 잃는 관세는 그것이 공화국의 산업적 부(富)에서 끄집어낼 수 있는 것으로 보충된다. 그러나 군주정체에서 그 같은 제도를 만드는 것은 이성에 어긋나는 일이다. 그것은 사치를 조세 부담에서 면하게 해주는 효과만 있을 뿐이다. 그렇게 할 경우 사치가 제공해줄 수 있는 유일한 이익과, 이런 정체에

---

3 주식이나 어음 발행.

서 사치에 가해질 수 있는 유일한 규제를 잃어버리게 된다.

12. 통상의 자유

통상의 자유는 자기가 원하는 것을 하라며 통상업자에게 주어진 권리가 아니다. 만일 그런 일을 하면 오히려 통상은 예속될 것이다. 그러므로 상인을 속박하는 것이 곧 통상을 방해하는 것은 아니다. 무역상이 수많은 장애를 만나는 것은 자유국가에서다. 그가 노예제 국가에서보다 법의 감시를 덜 받는 것은 아니다.

영국은 양모 수출을 금지하고, 석탄은 선박으로 수도에 운반하도록 규정하고 있다. 또 거세되지 않은 말의 수출도 허용하지 않는다. 유럽에서 무역하는 영국 식민지의 선박은 영국에 정박해야 한다.[4] 영국은 무역상 행동을 제약한다. 그러나 그것은 통상을 위해서다.

13. 이 자유를 파괴하는 것

통상이 행해지는 곳에는 반드시 관세가 있게 마련이다. 통상의 목적은 국가를 위한 상품의 수입과 수출이다. 그리고 관세의 목적도 역시 국가를 위해 이뤄지는 이 수출에 대한 어떤 권리다. 그러므로 국가는 관세와 통상 사이에서 중립을 지켜 이 두 가지가 서로 충돌하지 않도록 해야 한다. 그때야 비로소 통상의 자유를 누릴 수 있다.

---

4 1660년 항해조례. 보스턴과 필라델피아 상인들이 자기들 배를 지중해까지 직접 보내어 화물을 운송하도록 한 것은 전시에만 있었던 일이다.

관세 청부제는 부정과 억압, 지나친 부과로 통상을 파괴한다. 관세 청부제는 또 그와는 별도로 그것이 유발하는 어려움과 그것이 요구하는 수속을 통해서도 통상을 파괴한다. 상인은 많은 시간을 낭비해서도 안 되고, 관세 청부인으로 인한 온갖 어려움을 제거하거나 거기 굴복하기 위해 일부러 특별 중개인에 의지해서도 안 된다.[5]

21. 군주정체에서 귀족의 상업

군주정체에서 귀족이 장사를 하는 것은 상업 정신에 위배된다. 황제 호노리우스와 테오도시우스는 "그것은 도시에 해를 끼칠 것이다. 상인과 서민이 쉽게 매매하는 것을 방해하기 때문이다"라고 말했다.

귀족이 장사를 하는 것은 군주정체 정신에도 어긋난다. 영국에서 귀족에게 상업 활동을 허용한 관행은 이 나라의 군주정체를 약화시키는 데 가장 크게 기여했다.

22. 특별한 성찰

몇몇 나라에서 실제로 벌어지는 일에 충격을 받은 사람들은 프랑스에도 귀족에게도 장사를 장려하는 법이 있어야 한다고 생각한다. 그러나 그것은 상업에 아무 도움도 되지 않고, 오히려 프랑스 귀족을 멸망시키는 수단이 될 것이다.

---

5   관세를 청부했던 프랑스 제도에 대한 비판.

이 나라의 관행은 지극히 현명하다. 즉 여기서는 상인이 귀족은 아니지만 귀족이 될 수 있다. 그들은 귀족의 현실적 불편을 느끼지 않으면서도 귀족이 될 희망을 갖는다. 또한 그들로서는 자기 직업에 충실하거나 행복하게 그 직업을 영위하는 것이야말로 그것에서 벗어날 수 있는 가장 확실한 방법이다. 그것은 보통 자만(自慢)과 결부되어 있다.

상인은 돈으로 귀족 신분을 살 수 있다는 사실에 크게 고무된다. 나는 이처럼 부(富)에 덕성의 가치를 부여하는 것이 옳은지 그른지 검토해보지 않았다. 그러나 그것이 대단히 유용하게 쓰일 수 있는 정체가 존재하는 것은 사실이다.

23. 어떤 국민이 장사를 하는 데 불리한가

부(富)는 토지 또는 동산으로 이루어진다. 각국 토지는 그 나라에 거주하는 사람들에 의해 점유되어 있으며, 대부분의 국가에는 외국인으로 하여금 자국 토지를 소유하지 못하도록 하는 법이 있다. 더욱이 땅 주인이 그 땅에 살고 있어야만 토지가 개발된다. 그러므로 이런 종류의 부는 각 개별 국가에 속하는 것이다. 그러나 화폐와 증권, 환어음, 주식, 선박, 모든 상품 같은 동산은 이 같은 관계에서 단 하나의 국가만을 구성하는 전 세계에 속한다. 전 세계의 이런 동산을 가장 많이 보유한 국민이 가장 부유하다.

몇몇 국가는 엄청난 액수의 동산을 갖고 있다. 그런 나라들은 저마다 자국 상품을 통해, 자국 노동자의 노동을 통해 그런 동산을 획득한다. 각 나라 국민은 전 세계의 동산을 놓고 서로 싸우며 탐욕을 부린다.

따라서 다른 나라 동산을 획득하지 못하는 것은 물론 자국 동산도 거의 대부분 빼앗길 정도로 불행한 나라가 있을 수 있다. 그 나라의 토지 소유자도 외국인의 농노에 지나지 않는다. 그런 나라는 모든 게 다 부족하고 아무것도 획득하지 못할 테니 전 세계 어느 나라와도 무역을 하지 않는 편이 훨씬 나을 것이다. 왜냐하면 그런 나라를 빈곤으로 이끌어 지금 상황에 처하게 한 것이 바로 무역이기 때문이다.

상품이나 식료품의 수출량이 수입량보다 항상 적은 나라는 빈곤해지면서 스스로 균형을 유지한다. 즉 수입량을 줄이다 보면 결국은 극도의 빈곤 속에서 더는 아무것도 수입하지 않게 되는 것이다.

상업국에서는 갑자기 모습을 감추었던 화폐가 되돌아온다. 왜냐하면 그것을 받은 국가는 그것을 빚지고 있기 때문이다. 그러나 우리가 말하고 있는 나라에서는 결코 화폐가 되돌아오지 않는데, 그것을 받은 국가는 아무런 빚도 지지 않기 때문이다.

한편 신속한 구원을 필요로 하는 경우가 생길 수 있는데, 부유한 나라는 다른 나라보다 신속히 구원을 베풀 수 있다. 어떤 나라가 여분 물자를 갖기란 쉽지 않은 일이다. 그러나 여분 물자를 유용하게 하고, 유용한 것을 필요하도록 만드는 것이 상업의 본질이다. 그러므로 국가는 상업을 통해 더 많은 신민에게 필요한 것들을 제공할 수 있다.

또한 상업을 하다가 손해를 보는 것은 모든 것을 필요로 하는 국민이다. 그 누구와도 거래하지 않는 데서 이익을 발견하는 것은 자급하는 국민이 아니라 아무것도 갖지 않은 국민이다.

세계적 변혁에 관한 상업과 법의 관계

1. 몇 가지 일반적 고찰

상업이 엄청난 격변을 일으킨 것이 사실이라 해도 어떤 물질적 원인이라든가 토양 또는 기후 상태가 영원히 그 성격을 고정할 수 있다.

우리는 오늘날 우리가 그곳에 보내는 화폐를 통해서만 인도와 무역을 하고 있다. 로마 사람들은 해마다 약 5,000만 세스테르세스를 그곳으로 보냈다.[6] 그들은 이 돈을 상품으로 교환해 다시 유럽으로 갖고 돌아왔다(우리도 지금 그렇게 한다). 인도에서 상거래를 한 모든 민족은 항상 금속을 갖고 갔다가 상품을 갖고 돌아왔던 것이다.

이런 결과를 가져오는 것은 자연 그 자체다. 인도인은 그들의 생활양식에 적응하는 기술이 있다. 말하자면 우리 사치가 그들의 사치일 수 없고, 우리 욕망이 그들의 욕망일 수는 없다.

그들의 풍토는 우리들 나라에서 오는 그 무엇도 그들에게 요구하거

---

6   플리니우스,《박물지》6권 23장.

나 허용하지 않는다. 그들은 대부분 벌거벗고 다닌다. 그 나라는 그들이 입고 있는 적당한 의복을 그들에게 공급한다. 게다가 그들에게 대단한 지배권을 행사하고 있는 그들의 종교는 그들로 하여금 우리 먹을거리로 쓰이는 것을 혐오하게 만든다.

그래서 그들은 값어치를 상징하는 우리 금속만을 필요로 하며, 우리는 그것을 받는 대신 그들의 검소함과 그들 나라의 자연이 풍부하게 공급해주는 상품을 준다.

인도에 대해 언급한 고대 저자들[7]은 통치와 예의범절, 풍습을 오늘날 우리가 보는 그대로 묘사하고 있다. 인도 사람들은 과거에도 지금 모습이었고, 미래에도 지금 모습일 것이다. 그리하여 시대를 막론하고 인도에서 거래하는 사람들은 그곳에 화폐를 가져가고, 그것을 가지고 돌아오지는 않을 것이다.

4. 고대인의 무역과 현대 무역의 주요한 차이

이따금 세계는 무역을 변화시키는 상황에 놓인다.

오늘날 유럽의 무역은 주로 북쪽에서 남쪽으로 이루어진다. 이 경우 풍토의 차이로 각 국민은 서로의 상품을 크게 필요로 한다. 예를 들어 남쪽 음료가 북쪽으로 운반되는 것은 고대인이 거의 하지 못하던 형태의 무역이었다. 그래서 옛날에는 밀을 담는 1뮈(1,872리터)들이 큰 통으로 측량되던 선박의 적재량이 오늘날에는 술통으로 측량된다.

---

7   플리니우스,《박물지》6권 19장.《스트라본》15권.

우리가 알고 있는 고대 무역은 거의 대부분 남쪽에서(지중해의 한 항구에서 다른 항구로) 이루어졌다. 그런데 기후가 같은 나라에 사는 국민은 국내에서 거의 똑같은 물건을 만들어냈으므로 기후가 서로 다른 나라의 국민만큼 자기들끼리 무역을 할 필요가 없었다. 그래서 옛날 유럽에서는 무역이 지금만큼 널리 이루어지지 않았다.

이것은 내가 우리와 인도의 무역에 관해 했던 말과 전혀 모순되지 않는다. 기후가 너무 차이 나서 서로에 대해 아무것도 필요로 하지 않는다.

6. 고대인의 무역

하루아침에 획득될 수 있는 것이 아니었던 세미라미스[8]의 어마어마한 보물은 우리로 하여금 아시리아인이 나중에 다른 나라들에게 약탈당했듯 그들 자신도 다른 부유한 나라를 약탈했다는 생각을 하게 만든다.

상업의 효과는 부이고, 부의 결과는 사치이며, 사치의 결과는 기술의 완벽함이다. 세미라미스 시대에 볼 수 있는 기술이 완벽한 경지에 도달했다는 것은 대규모 무역이 이미 확립되어 있었다는 사실을 우리에게 보여준다.

아시아 여러 제국에서는 사치품 교역이 대규모로 이루어졌다. 사치의 역사는 무역사의 주요한 부분을 구성할 것이다. 메디아 사람들의 사치가 아시리아 사람들의 사치였듯이, 페르시아 사람들의 사치는 메디

---

8 《디오도로스》 2편. 전설적인 바빌로니아 여왕.

아 사람들의 사치였다.

에라토스테네스(기원전 3세기의 그리스 천문학자, 지리학자, 철학자, 수학자)와 아리스토불루스는 인도 상품들이 옥수스 강을 거쳐 흑해로 들어간다는 얘기를 파트로스[9]에게서 들었다. 마르쿠스 바로는 다음과 같이 말한다.[10] "폼페이우스가 미트리다테스 왕과 싸웠던 시대에는, 옥수스 강으로 흐르는 이카루스 강을 통해 7일 만에 인도에서 박트리아인의 나라로 갈 수 있었다. 인도 상품은 그곳을 지나 카스피 해를 횡단한 다음 거기서 키루스 강어귀에 들어갈 수 있었다. 또한 이 강에서 흑해로 이어지는 파시스 강으로 가는 것은 육로로 5일만 가면 되었다." 아시리아인과 메디아인, 페르시아인의 대제국은 앞에서 말한 여러 나라에 살던 국민을 통해 가장 외진 동양과 서양의 지역들과 교통하고 있었던 것 같다.

이 같은 교통은 이제 이루어지지 않는다. 그 나라들은 모두 타타르인에 의해 폐허로 변했다.[11] 그리고 파괴를 일삼는 이 민족은 아직까지 여기 살면서 황폐화시키고 있다. 옥수스 강은 이제 카스피 해로 흘러들어가지 않는다. 타타르 사람들이 특별한 이유로 흐름을 바꿔놓았기 때문이다. 그것은 건조한 모래 속으로 사라지고 말았다. 옛날에 개화된 국민과 야만 국민의 경계를 이루었던 작사르트 강도 타타르 사람들에 의해 방향이 바뀌어 이제는 바다에 이르지 못한다.

---

9 《스트라본》2편에도 나와 있는 것처럼, 파트로스의 권위는 엄청났다.

10 상품이 파시스 강에서 키루스 강까지 어떻게 운송되었는가에 관해서는 플리니우스의 책 6편 11장과 《스트라본》11편 참조.

11 프톨레마이우스는 카스피 해 동부로 흘러드는 많은 하천에 대해 서술했는데, 그의 시대 이후 이 지방에 큰 변화가 일어난 것이 분명하다.

아시아의 여러 제국에서 사치품 무역이 이루어지는 동안 티르 사람들은 전 세계에서 경제적 무역을 하고 있었다. 보샤르(1599~1667년. 프랑스의 학자이자 신교 목사. 그의 두 권짜리 저서 《카나안》은 17세기의 성서 주해에 큰 영향을 미쳤다)는 《카나안》 1권에서, 티르 사람들이 바다 가까이 있는 모든 나라에 보낸 식민들을 열거했다. 그들은 헤라클레스의 기둥(지브롤터)을 지나 대서양 연안에 식민지를 건설했던 것이다.

이 시대에는 항해자가 그들의 나침반이라고 할 수 있는 해안을 따라 항해해야 했다. 항해는 시간도 오래 걸리고 힘들었다. 오디세우스의 항해는 모든 시 가운데 첫째가는 것 다음으로 이 세상에서 가장 아름다운 시를 위한 풍부한 소재였다.

대부분의 국민이 멀리 떨어진 곳에 살고 있는 국민에 대해 아는 게 거의 없었으므로 경제적 무역을 하는 국민이 여러모로 유리했다. 그들은 일부러 애매모호한 태도를 취해가며 거래를 진행했다. 즉 유식한 국민이 무식한 국민에 대해 가질 수 있는 모든 이익을 다 가졌던 것이다.

이집트는 종교와 풍속 때문에 외국인과 전혀 접촉하지 않아 외부와 거의 교역을 하지 않았다. 이집트는 땅도 기름지고 물자도 무척 풍부했다. 그 당시 일본도 그러했다. 자급자족하는 나라였던 것이다.

이집트인은 대외무역에 별로 관심이 없었으므로 홍해 무역은 거기에 항구를 갖고 있는 모든 소국민이 맡아 하도록 내버려두었다. 그들은 이두메아 사람들과 유대 사람들, 시리아 사람들이 그곳에 선단을 운용하도록 허용했다. 솔로몬은 홍해를 잘 알고 있는 티르 사람들을 이 항해에 고용했다.

요세푸스에 따르면[12] 유대 사람들은 주로 농업에만 종사해 바다에 대해서는 아는 것이 거의 없었다고 한다. 그래서 유대 사람이 홍해에서 무역을 하는 것은 매우 드문 일이었다. 그들은 홍해 무역을 하도록 해 준 엘라트와 아지온가베르를 이두메아 사람들에게서 빼앗았다. 그리하여 이두메아 사람들은 이 두 도시도 잃고 홍해 무역도 할 수가 없게 되었다.

페니키아 사람들은 달랐다. 그들은 사치품 교역을 하지 않았다. 그들은 정복으로 교역을 한 것이 아니었다. 그들의 검소함과 능숙함, 근면함, 모험, 노고가 그들을 전 세계 국민으로 하여금 그들을 필요로 하게 만들었다.

홍해에서 가까운 나라들의 국민은 오직 이 바다와 아프리카 바다에서만 무역을 했다. 알렉산더 치하에서 인도양이 발견되자 그들이 놀라워했다는 사실은 그 점을 잘 증명해준다. 이미 말했듯 사람들은 항상 귀금속을 인도로 가져가기만 했을 뿐 결코 거기서 다시 갖고 나오지는 않았다. 홍해를 통해 금과 은을 갖고 온 유대 사람들의 선단은 인도가 아니라 아프리카에서 왔다.

다시 한 번 말하지만 이 항해는 아프리카 동부 해안에서 이루어졌다. 그 당시 해군 상황은 그들이 아주 멀리 떨어진 곳으로는 가지 않았다는 사실을 잘 증명해 보여준다.

---

12 《아키온에게 반박함(Contre Appion)》《아피온 반론(Contra Apionem)〔요세푸스가 93년경에 쓴 책으로, 같은 시대에 살았던 문법학자 아키온에 반대하여 유대인과 유대교를 옹호하는 내용이다〕.

7. 그리스인의 상업

초기 그리스인은 모두 다 해적이었다. 해양 지배권을 가지고 있던 미노스〔그리스신화에 나오는 제우스와 에우로페의 아들로, 크레타 섬의 전설적인 왕. 죽은 뒤에 지옥 심판자가 되었다고도 한다. 다이달로스에게 명하여 미궁(迷宮) 라비린토스를 짓게 하고, 그 안에 머리는 황소이고 몸은 사람인 괴물 미노타우로스를 가두어놓았다〕는 아마도 강도 가운데 가장 큰 성공을 거둔 강도에 지나지 않을지도 모른다. 즉 그의 지배는 그의 섬 주변에 한정되어 있었다. 그러나 그리스인이 위대한 국민이 되자 아테네인은 정말로 해양 지배권을 얻었다. 왜냐하면 싸웠다 하면 승리를 거둔 이 상업국가의 국민은 당시 가장 강력했던 군주[13]에게 법을 주고 시리아와 키프로스 섬, 페니키아 해군을 격파했기 때문이다.

아테네는 야심 찬 계획을 수없이 갖고 있었다. 영향력은 증대시키지 않고 질투심을 증대시킨 아테네, 해상 패권을 누리기보다 그것을 확장하는 데 주의를 기울였던 아테네는 이런 정치체제를 갖고 있었기에 하층민이 국고 수입을 나누어 갖는 동안 부자는 억압받고 있었다. 그래서 광산 채굴, 다수의 노예, 뱃사람들의 숫자, 그리스의 다른 도시들에 대한 영향력, 그리고 무엇보다 솔로몬의 훌륭한 제도가 이 나라에 약속했던 대규모 교역은 이뤄지지 않았다. 그들의 교역은 거의 그리스와 흑해에 한정되어 여기서 생활필수품을 얻었다.

코린토스는 최상의 위치에 자리 잡고 있었다. 두 바다를 갈라 펠로폰네소스 반도와 그리스를 열기도 하고 닫기도 했다. 코린토스는 그리

---

13 페르시아 왕.

스 국민이 하나의 세계를 이루고 있을 때 가장 중요한 도시 가운데 하나였다. 여기서는 아테네보다 더 큰 규모로 교역을 했다. 코린토스에는 아시아 상품을 받아들이기 위한 항구와, 이탈리아 상품을 받아들이기 위한 또 다른 항구가 있었다. 왜냐하면 역풍이 서로 만나 배들을 난파시키는 말레이 곶을 우회하는 데는 많은 어려움이 있었으므로 사람들이 코린토스로 가는 쪽을 택했고, 배를 이쪽 바다에서 저쪽 바다까지 육로로 운반할 수도 있었기 때문이다.

그 어떤 도시도 코린토스만큼 예술 작품을 발전시키지는 못했다. 그러나 부유함이 풍속에 남겨놓은 것은 종교로 부패되었다. 코린토스에는 아프로디테 여신을 모시는 신전이 세워졌고, 천 명이 넘는 미인들이 이곳에 바쳐졌다. 아테네가 감히 그 역사를 썼던 유명한 미인들 대부분은 이 신전에서 탄생했다.

호메로스 시대에는 그리스의 부(富)가 로도스와 코린토스, 오르코메노스에 집중되어 있었던 것 같다. 호메로스는 말했다. "제우스는 로도스 사람들을 사랑하여 그들에게 엄청난 부를 안겨주었다."[14]

호메로스 이전의 그리스 사람들은 거의 자기들끼리, 또는 몇몇 야만 민족과 교역을 했을 뿐이다. 그러나 그들은 새로운 국민을 형성하면서 지배력을 확대해갔다. 그리스는 하나의 큰 반도로, 이 반도의 곶들은 바다를 물러나게 하는 듯 보였고, 만(灣)들은 마치 바다를 맞아들이기 위해 사방으로 열려 있는 듯했다.

그리스를 보면 매우 좁은 땅에 광활한 해안이 펼쳐져 있는 것을 알

---

14 《일리아스》 2편.

수 있다. 그리스의 수많은 식민지는 그리스 주변에 거대한 원주를 이루고 있었다. 그리고 그리스는 거기서 이른바 야만적이지 않은 모든 세계를 보았다.

그리스는 시칠리아와 이탈리아를 침입했는가? 그리스는 이곳에서 여러 나라를 형성했다. 그리스는 흑해와 소아시아 해안, 아프리카 연안으로 항해했는가? 여기서도 역시 여러 나라를 형성했다. 그리스 도시들은 새로운 나라들을 이웃에 둠에 따라 번영했다. 더욱이 무수히 많은 섬들이 전초선같이 그리스를 둘러싸고 있어 한층 더 근사했다.

그리스가 세계에 제공했다고 볼 수 있는 경기, 모든 국왕이 공물을 보내던 신전, 사방에서 사람들이 모여들던 제전, 인간들의 호기심을 끌던 신탁, 그리고 마지막으로 그것들보다 우위에 설 수 있다고 믿는 것은 결국 그것을 모르기 때문이라는 정도에까지 도달한 취미와 예술. 바로 이런 것들이 그리스가 번영할 수 있었던 이유다.

8. 알렉산더와 그의 정복

티르 점령과 이집트 정복, 인도 정복, 그리고 인도 남쪽에 있는 바다의 발견 등 알렉산더 치하에 일어난 네 가지 사건은 교역 분야에서 일어난 하나의 혁명이다.

페르시아제국은 인더스 강까지 펼쳐져 있었다.[15] 다리우스가 알렉산더보다 훨씬 일찍 파견한 항해자들은 이 강을 따라 내려가 홍해로 갔다. 그렇다면 어떻게 해서 그리스인은 처음으로 남방에서 인도 무역을 하게 되었을까? 어째서 페르시아인은 그 이전에 그렇게 하지 않았을까? 그들 나라에서 너무나 가까웠던 바다, 그들의 제국을 적시던 바다는 그들에게 어떤 쓸모가 있었을까? 알렉산더가 인도를 정복한 것은 사실이다. 그러나 어떤 나라와 무역을 하려면 반드시 그 나라를 정복해야 할까? 그 점에 대해 검토해보기로 하자.

페르시아 만에서 인더스 강에 이르기까지, 또한 남쪽 바다에서 파로파미수스 산맥에 이르기까지 퍼져 있던 아리안 지방은 말하자면 페르시아제국에 속해 있었다고 말할 수 있다. 그러나 이 지방의 남부는 메마르고 뜨거운 태양이 내리쬐는 불모지이며 미개지이다. 페르시아인은 항해자가 아니었으며, 그들의 종교적 성향으로 해양 무역을 한다는 생각은 아예 하지 않았다.[16] 다리우스가 인더스 강과 인도양에서 하도록 명령한 항해는 사전에 준비된 계획이었다기보다 자기 위세를 과시하려는 군주의 일시적 욕망이었다. 이 항해는 교역에서나 항해술에서나 아무 성과도 남기지 못했다. 그래서 무지에 따른 과오를 더는 범하지 않는가 싶었으나 다시 과오를 되풀이했다.

알렉산더는 북쪽으로 들어갔다. 그는 원래 동쪽으로 진격하려고 계획을 세웠다. 그런데 남부에 규모가 큰 나라와 도시, 하천이 들어차 있음을 알고 정복을 시도해 성공한 것이다.

그때 그는 이미 육지에 건설한 식민지로 인도를 결합했던 것처럼 해상 무역으로 인도를 서양과 결합할 계획을 세웠다.

그는 히다스페스 강에 함대를 띄우고 강을 따라서 내려가다가 인더

---

15   스트라본, 15권.

16   그들은 자연 원소들을 더럽히지 않으려고 항해를 하지 않았다.(《페르시아인의 종교》) 지금도 그들은 해상무역을 하지 않으며, 바다로 나가는 사람들을 신심이 없는 자로 간주한다.

237

스 강으로 들어가 그 어귀까지 항해했다. 그는 군대와 함대를 파탈라에 남겨둔 다음 직접 배 몇 척을 이끌고 해양을 정찰하여 항구와 정박소, 병기창을 건설할 장소를 골랐다. 파탈라로 돌아온 그는 자신의 함대와 떨어져서 육로를 취했는데, 이 함대를 지원하고 또 이 함대에게서 지원도 받으려는 생각에서였다. 함대는 인더스 강 어귀에서 출발해서 오리트족과 이크티오파지족의 나라들에 이어 카라마니아와 페르시아 해안을 따라 항해를 했다. 그는 또 우물을 파고 도시를 건설하게끔 했으며, 어식성(魚食性) 부족이 물고기를 먹고 사는 것을 금지했다.[17] 그는 개화된 민족들이 이 해안에서 살기를 바랐다. 네아르쿠스와 오네세크리투스[18]는 10개월 동안 계속된 이 항해를 일지에 기록했다. 그들은 수사에 도착해 자신의 병사들을 위해 잔치를 벌이고 있는 알렉산더를 만났다.

이 정복자는 이집트를 점령하려는 목적을 가지고 알렉산드리아를 건설했다. 그것은 그의 전임 왕들이 이집트를 봉쇄하기 위한 열쇠를 가지고 있었던 장소에서 이집트를 열기 위한 열쇠라고 말할 수 있을 것이다.

---

17 이것은 1,800킬로미터에 달하는 해안에 살던 모든 어식성 부족에게 적용될 수는 없을 것 같다. 알렉산더는 어떻게 그들에게 생활필수품을 제공해줄 수 있었을까? 어떻게 그들을 복종시킬 수 있었을까? 아마도 이것은 몇몇 특별한 부족에게만 적용될 수 있을지 모른다. 네아르쿠스는 《레룸 인디카룸》에서 이 해안 끝 쪽, 즉 페르시아 쪽에서 자기가 물고기를 덜 먹고 사는 부족을 발견했다고 얘기한다. 나는 알렉산더의 명령이 이 지역이나 페르시아에 훨씬 더 가까운 또 다른 지역에 내려졌으리라고 믿고 싶다.

18 기원전 그리스의 역사가.

9. 알렉산더 이후 그리스 왕들의 교역

알렉산더가 이집트를 정복했을 당시 홍해에 대해서는 알려진 것이 거의 없었고, 홍해에 면해 있으며 한쪽으로는 아프리카 해안에, 또 한쪽으로는 아라비아 해안에 닿아 있는 대양의 이 부분에 대해서는 알려진 것이 전혀 없었다. 심지어 사람들은 그 이후로 아라비아 반도를 일주하는 것이 불가능하다고 믿기까지 했다. 그래서 사방에서 이 계획을 시도한 사람들도 포기하고 말았다.

페르시아인은 항해라곤 생전 해본 적이 없었다. 그들은 이집트를 정복했을 때 자기 나라에서와 같은 정신으로 그곳에 갔다. 그들은 항해에 대해 완전히 무관심했기 때문에, 그리스 왕들이 티르인과 이두메아인, 유대인이 대양 항해에 대해 아무것도 모르고 있을 뿐만 아니라 심지어 홍해 항해에 대해서조차 모르고 있다는 사실을 발견했을 정도다.

페르시아 전성시대에 이집트는 홍해에 접해 있지 않았다. 즉 나일 강이 범람해 뒤덮었으며, 양쪽 모두 산맥으로 둘러싸여 있는 길고 좁은 지협(地峽)을 포함하고 있을 뿐이었다. 그러므로 홍해와 대양을 다시 한 번 발견할 필요가 있었다. 그리고 그 발견은 그리스 왕들이 호기심을 발휘한 결과였다.

그들은 나일 강을 거슬러 올라갔다. 나일 강과 바다 사이 지방에서는 코끼리를 사냥했고, 육지에서는 이 바다의 해안을 발견했다. 그리고 이 발견은 그리스인을 통해 이루어졌으므로 그 이름은 그리스어이고, 신전에는 그리스 신들이 모셔져 있다.

이집트의 그리스인은 매우 광범위하게 교역을 할 수 있었다. 그들은 홍해의 항구들을 지배했다. 모든 상업 국가의 경쟁자였던 티르는 이미 존재하지 않았다. 그들은 이 나라에 예부터 전해 내려오는 미신[19] 때문에 어려움을 당하지 않았다. 이집트는 세계 중심이 되었다.

시리아 왕들은 이집트 왕들에게 인도 남부의 상업을 맡기고 옥수스 강과 카스피 해를 통해 이루어지는 북방 상업에만 전념했다. 그 시대 사람들은 이 바다가 북양의 일부라고 믿었던 것이다.

고대인은 카스피 해가 대양의 일부라고 끝까지 믿었는데, 그런 그들의 집요함은 참으로 놀랄 만하다. 알렉산더와 시리아 왕들, 파르티아인, 로마인의 원정도 그들의 생각을 바꿀 수가 없었다. 무릇 인간이란 자기가 저지른 오류에서 최대한 늦게 벗어나려고 하기 때문이다. 처음에는 카스피 해 남부만 알려져 있었는데, 그것이 대양이라고 생각했던 것이다. 그러다가 이 해안을 따라 북쪽으로 나아가면서 대양이 육지로 들어와 있는 것이라고 다시 생각하게 되었다. 그러나 해안을 따라가면서 발견했던 것은 동쪽으로는 작사르트까지, 서쪽으로는 알바니아 말단까지뿐이었다. 이 모든 것 때문에 이 큰 호수가 대양이라고 생각했던 것이다.

플리니우스에 따르면, 인도를 항해하려면 길 세 개를 연속해서 이용해야 했다고 한다. 처음에 사람들은 시아그르 곶에서 인더스 강어귀에 있는 파탈레나 섬으로 갔는데, 우리는 그것이 바로 알렉산더 함대가 취했던 길임을 알 수 있다. 그다음에는 더 짧고 더 확실한 길을 취해 같은 곳에서 시제르로 갔다. 이 시제르는 박트리아의 그리스 왕들이 발견했고, 스트라본이 말하는 시제르 왕국일 수밖에 없다. 플리니우

---

19 이 미신 때문에 이 나라 사람들은 외국인을 두려워했다.

스가 그 길이 더 짧다고 말할 수 있었던 것은 오직 그 길을 더 짧은 시간에 갈 수 있어서다. 왜냐하면 시제르는 박트리아의 왕들이 발견한 것이어서 인더스 강보다 더 멀리 있었을 것이기 때문이다. 따라서 사람들은 이 길을 감으로써 여러 해안을 우회하는 일을 피하고, 또 특정한 바람을 이용해야만 했을 것이다. 마지막으로 상인들은 세 번째 길을 취했다. 홍해 어귀에 위치한 항구인 카네스나 오젤리스까지 간 다음 다시 그곳에서 서풍을 이용해 인도 최초의 교역 도시인 무지리스에 도착하고, 거기서 또 다른 항구로 갔다. 옛사람들은 그들에게 일종의 나침반 역할을 했던 무역풍이나 열대 계절풍을 이용할 수 있을 때만 해안에서 벗어났다.[20]

플리니우스는 여름이 한창일 때 인도를 향해 출발하면 12월 말이나 1월 초에 돌아왔다고 말한다. 그것은 우리 항해자들의 항해 일지와 완전히 일치한다. 아프리카 반도와 갠지스 강 이쪽에 있는 반도 사이 인도양에는 계절풍이 두 번 분다. 첫 번째는 8월이나 9월에 서쪽에서 동쪽으로 불기 시작하며, 두 번째는 동쪽에서 서쪽으로 부는 것으로 1월에 시작된다. 그러므로 우리도 프톨레마이오스의 함대가 출발한 시기에 아프리카에서 말라바르로 출발하고, 그들과 같은 시기에 돌아온다.

항해술이 어떻게 해서 조금씩 개선되어가는지 살펴보기 바란다. 다리우스가 인더스 강을 따라 내려간 다음 홍해로 가기 위해 했던 항해는 2년 반이 걸렸다. 알렉산더의 함대는 인더스 강을 따라 내려가 열 달

---

20 열대 계절풍은 1년 중 한 철은 한쪽 방향에서 불고 또 한 철은 다른 방향에서 불었던 반면, 무역풍은 1년 내내 같은 방향에서 불었다.

뒤에 수사에 도착했는데, 석 달 동안 인더스 강을 항해하고 일곱 달 동안 인도양을 항해했던 것이다. 그 후 말라바르 해안에서 홍해까지의 항해는 40일 만에 이루어졌다.

스트라본은 이집트에서 인도로 간 항해자들이 히파니스와 갠지스 강 사이 지역에 대해서는 아는 게 없어서 갠지스 강까지는 거의 가지 않았다고 말한다. 과연 함대들은 거기 가지 않았다. 함대들은 서쪽에서 동쪽으로 부는 계절풍을 이용해 홍해 입구에서 말라바르 해안까지 갔다. 함대들은 이 해안에 있는 여러 항구에 정박했을 뿐 코모린 곶과 코로만델 해안을 거쳐 갠지스 강 바로 앞 반도를 우회하려 하지는 않았다. 이집트 왕들과 로마인의 항해 계획은 같은 해에 돌아오는 것이었다.

따라서 그리스인과 로마인의 인도 무역이 우리의 그것만큼 광범위하게 이루어진 것은 아니었다. 우리는 그들이 몰랐던 광대한 지역을 알고 있으며, 인도의 모든 민족과 교역한다. 그들을 위해 교역도 하고, 그들을 위해 항해도 하는 것이다.

그러나 그들은 우리보다 더 쉽게 교역했다. 그래서 우리가 만약 구자라트와 말라바르 해안에서만 무역하고, 남쪽 섬들로 가지 않고 섬사람들이 가져오는 상품에만 만족한다면 희망봉을 통해 가는 길보다는 이집트를 통해 가는 길을 택해야 할 것이다. 스트라본은 이렇게 해서 타프로반 민족들과 교역했다고 말한다.

10. 아프리카 회항(回航)

역사를 살펴보면, 나침반이 발명되기 전에 사람들이 네 차례나 아프리카 회항을 시도했다는 사실을 알 수 있다. 네코[21]〔이집트 26왕조 왕으로 기원전 610~595년 재위. 헤로도토스에 따르면, 네코는 나일 강과 홍해를 잇는 운하 건설을 추진했다가 예언자들의 반대로 중단했다〕와 외독스〔기원전 409~356년. 그리스의 천문학자이자 수학자〕가 보냈던 페니키아 사람들은 프톨레마이오스 라티루스의 노여움을 피해 홍해에서 출발, 그렇게 하는 데 성공했다. 크세르크세스 치하의 사타스페스 및 카르타고 사람들이 보낸 하논〔기원전 630년에서 530년 사이에 아프리카 해안 일부를 탐험했던 카르타고의 항해가이자 탐험가〕은 헤라클레스의 기둥에서 출발했으나 성공하지 못했다.

희망봉을 발견해 지나가는 것이 아프리카 회항의 주요 목적이었다. 그런데 홍해에서 출발하면 지중해에서 출발하는 것보다 항로의 절반 정도 빠르게 희망봉을 발견할 수 있었다. 홍해에서 이 곳에 이르는 해안은 이 곳에서 헤라클레스의 기둥에 이르는 해안보다 더 안전하다. 헤라클레스의 기둥에서 출발한 사람이 이 곳을 발견하려면 나침반이 발명되어야 했는데, 나침반 덕분에 아프리카 해안을 떠나 망망한 대양을 항해, 세인트헬레나 섬이나 브라질 해안으로 갈 수 있었던 것이다. 그러므로 홍해에서 지중해로 가기는 했지만 지중해에서 홍해로 돌아오지는 않았다는 것은 매우 가능한 일이었다.

따라서 이렇게 먼 길을 가면 다시 돌아올 수가 없었으므로 홍해를 통해 동아프리카 교역을 하고, 헤라클레스의 기둥을 통해 서해안 교역을 하는 것이 더 자연스러운 일이었다.

---

21 헤로도토스, 4권. 그는 정복하기를 바랐다.

11. 카르타고와 마르세유

카르타고 사람들은 특이한 만민법을 갖고 있었다. 즉 그들은 사르디니아와 헤라클레스의 기둥 부근에서 교역하는 모든 외국인을 물에 빠트려 죽였던 것이다. 이 나라의 정치법도 그에 못지않게 비정상적이어서 사르디니아 사람이 땅을 경작하면 사형에 처했다. 그들은 부를 통해 권력을 증대하고, 다시 그 권력을 통해 부를 증대했다. 또한 지중해에 면한 아프리카 해안의 지배자였던 그들은 대양 해안을 따라 세력을 넓혀갔다. 하논은 카르타고 원로원의 명령에 따라 카르타고 사람 3만 명을 헤라클레스의 기둥에서 세르네까지 배치했다. 그는 헤라클레스의 기둥이 카르타고에서 떨어져 있는 것만큼이나 이곳이 헤라클레스의 기둥에서 떨어져 있다고 말했다. 그 위치는 매우 주목할 만하다. 그것은 하논이 그 식민지를 북위 25도에, 즉 카나리아 섬에서 2~3도 정도 남쪽으로 한정했다는 사실을 보여준다.

하논은 제르네에 있을 때 다시 한 번 항해했는데, 더 남쪽으로 내려가서 여러 가지 발견을 하기 위함이었다.

고대에 쓰인 하논의 여행기는 아름답다. 같은 사람이 행동하고 썼다. 그래서 자신의 이야기를 전혀 과장하지 않았다. 명장은 자신의 무훈을 꾸밈없이 쓴다. 왜냐하면 그들은 자신의 말보다 행동을 더 영광스럽게 생각하기 때문이다.

이 이야기는 카르타고의 기록이므로 더욱더 소중하다. 또한 카르타고의 기록이므로 더욱더 믿을 수 없는 것으로 간주되었다. 왜냐하면 로마 사람들은 카르타고를 멸망시킨 후에도 카르타고 사람들을 계속 증오했기 때문이다. 그러나 카르타고의 진실이라고 말해야 할지, 아니면 로마의 진실이라고 말해야 할지를 결정지은 것은 오직 승리뿐이었다.

지금 사람들은 이 같은 편견을 따랐다. 이들은 말한다. 하논이 우리에게 기술한 도시들은 어떻게 되었는가? 심지어는 플리니우스 시대에도 그것들의 흔적이 전혀 남아 있지 않았다. 그런데 남아 있다면 정말 놀랄 일이다. 하논이 그 해안에 건설하려 했던 것은 코린토스였던가, 아니면 아테네였던가? 그는 교역하기 적당한 장소에 카르타고인 가족들을 남겼다가 다시 서둘러 미개인이나 맹수에게서 안전한 장소로 옮겼다. 카르타고인이 재난을 당하면서 아프리카 항해는 중단되었다. 이 가족들은 죽었거나 미개인이 되었을 것이다. 덧붙여 말하고 싶다. 설사 그런 도시들의 폐허가 아직 남아 있다 하더라도 누가 숲이나 늪지로 그것을 찾으러 갈 것인가? 그러나 우리는 스킬락스〔기원전 6~5세기. 그리스 탐험가〕나 폴리비오스〔기원전 208~126년. 고대 그리스 역사학자. 《역사》의 저자〕의 글을 통해 카르타고 사람들이 그런 해안에 큰 식민지를 두었다는 사실을 알 수 있다. 이것이야말로 하논이 건설하려 했던 도시들의 유일한 유적이다. 다른 유적들은 없다. 카르타고 자체의 유적도 그것 말고는 거의 남아 있지 않기 때문이다.

카르타고인은 부를 향해 가는 길 위에 있었다. 만약 그들이 북위 4도, 경도 15도 지점까지 갔더라면 황금 해안과 인근 해안을 발견했을 것이다. 그들은 거기서 로마인이 결코 빼앗을 수 없는 보물을 발견했을 것이다.

12. 델로스 섬, 미트리다테스

코린토스가 로마인에게 멸망하자 상인들은 델로스 섬으로 밀려갔다. 종교와 부족 숭배 때문에 이 섬이 안전한 장소로 간주되었던 것이다. 또한 이 섬은 아프리카 멸망과 그리스 쇠퇴 이후 더욱 중요해진 이탈리아와 아시아 무역에 더할 나위 없이 좋은 위치를 차지하고 있었다.

이미 말했듯이 그리스 사람들은 아주 옛날부터 프로폰티스(마르마라 해의 옛 이름)와 흑해에 식민들을 보냈다. 이들은 페르시아인 치하에서도 자신들의 법과 자유를 보존했다. 알렉산더는 오직 야만인들만 원정하러 떠났으므로 이 식민들을 공격하지는 않았다.[22] 폰투스 왕들도 식민지들을 대부분 점령했으나 그들의 정치체제를 바꿔놓지는 않은 것 같다.[23]

이 폰투스 왕들의 세력은 그들이 식민지들을 복종시키자마자 즉시 증대했다.[24] 미트리다테스는 도처에 용병을 배치하고, 입은 손해를 끊임없이 보충하고[25] 노동자와 선박 및 병기를 입수하고, 동맹국을 얻고, 로마인의 동맹국은 물론 로마인까지 매수하고, 아시아와 유럽의 야만인들을 고용했다. 그는 또 오랫동안 전쟁을 했으므로 자신의 군대를 훈련시킬 수 있었다. 그는 자신의 병사들을 무장시키고, 그들에게 로마인의 전술을 가르치고, 로마군에서 탈영한 병사들을 모아 대(大) 군단을 만들 수 있었다. 결국 그는 몇 번이나 큰 손해를 입고 실패를 거듭했

---

22 그는 아테네 식민지로서 페르시아 왕들의 지배 아래서도 대중 정체를 유지했던 아미세라는 도시에 자유를 베풀었다. 시노페와 아미세를 점령한 루쿨루스도 그들에게 자유를 돌려주면서 배를 타고 도망친 주민들을 다시 불러들였다.

23 아피아누스가《미트리다테스와의 전쟁》에서 파나고리아인과 아미세인, 시노페인에 관해 쓴 내용을 참조하라.

으나 망하지는 않았다. 만약 그가 어렵고 힘들었던 시절에 위대한 군주로서 이룩해놓은 것을 번영한 시기에 향락적이며 야만적인 국왕으로서 파괴해버리지 않았더라면 절대 망하지 않았을 것이다.

이같이 로마인이 그 번영의 절정에 이르러 그들 자신 말고는 두려워할 것이 없을 때 미트리다테스는 카르타고의 점령과 필리프, 안티오코스, 페르세우스의 패배가 이미 결정지은 것들을 다시 문제 삼았다. 그토록 엄청난 재난을 초래한 전쟁은 일찍이 없었다. 양쪽 모두 강한 힘과 장점이 있었으므로 그리스와 아시아 민족들은 미트리다테스 편에 서거나 그와 맞서다가 멸망했다. 델로스도 이 공동의 불행에 휩쓸렸다. 교역은 어디서나 몰락했다. 교역이 더는 이뤄지지 않으니 국민이 망하는 것도 매우 당연한 일이었다.

13. 해군에 대한 로마인의 정신

로마인은 항상 확고부동한 자세를 유지하며 한 장소에서만 싸우고 그곳에서 죽는 정신 자세를 가진 육군만 높이 평가했다. 그들은 전투에 참가했다 싶으면 도망치고 후퇴하며, 항상 위험을 피하고, 속임수를 쓰고, 힘은 거의 쓰지 않는 해군의 관행을 높이 평가할 수가 없었다. 이 모든 것은 그리스인의 정신에는 전혀 맞지 않았으며, 로마인의 정신에는

---

24 미트리다테스가 전쟁을 치르기 위해 쓰고, 감추어두고, 그의 신하들이 배신하는 바람에 자주 잃어버리고, 그가 죽은 뒤에 발견된 엄청난 보물에 관해 아피아누스가 쓴 내용을 참조하라.

25 한번은 17만 명에 달하는 병사들을 잃은 적도 있는데, 우선적으로 이 병력을 보충했다.

더더욱 맞지 않았다.[26]

그러므로 그들은 군단에서 한자리를 차지할 만큼 훌륭한 시민이 아닌 자들만 해군으로 보냈다. 즉 해군은 일반적으로 해방민이었다.

우리는 오늘날 육군을 이렇게까지 높이 평가하지도 않을 뿐만 아니라 해군을 그 정도로 멸시하지도 않는다. 육군은 필요한 기술이 감소되고, 해군은 그것이 증대했기 때문이다.[27] 어떤 일은 그것을 잘해내기 위해 요구되는 충분함의 정도에 따라 평가되는 법이다.

14. 상업에 대한 로마인의 정신

로마인에게서는 교역에 대한 강한 애착이 결코 발견되지 않았다. 그들이 카르타고를 공격한 것은 무역국으로서가 아니라 경쟁국으로서였다. 그들은 상업 도시에 대해서는 비록 로마에 종속되어 있지 않더라도 원조했다. 이렇게 그들은 많은 나라를 양보함으로써 마르세유의 세력을 증대했다. 그들은 야만 민족의 모든 것을 다 두려워했으나, 상업 민족에 대해서는 그렇지 않았다. 게다가 그들의 재능과 그들의 영광, 그들의 군사 교육, 그들의 정체가 그들을 상업에서 멀어지게 했다.

그들은 도시에서는 전쟁과 선거, 당쟁, 소송에 관심을 빼앗겼고, 농촌에서는 농사에 빼앗겼다. 그리고 속주(屬州)에서는 가혹하고 폭정적인 통치가 상업과 양립할 수 없었다.

상업이야말로 국가에 가장 유용한 것이라는 생각과, 로마인이 세계

---

26 플라톤도 《법률》에서 이렇게 말한다.
27 《로마 성쇠 원인론》 참조.

에서 가장 훌륭한 정치를 하고 있다는 생각. 이 두 가지 생각으로 머리가 가득 차 있는 사람들은 자기들이 상업을 크게 장려하고 중시했다고 믿었다는 사실을 나는 잘 알고 있다. 그러나 사실 로마인은 상업에 대해 거의 생각하지 않았다.

15. 로마인과 야만인의 교역

로마인은 유럽과 아시아, 아프리카로 거대한 제국을 건설했다. 국민의 무력함과 명령의 압박이 이 거대한 집합체의 모든 부분을 결합시켰다. 당시 로마의 정책은 복종하지 않는 모든 민족과 결별하는 것이었다. 그들에게 정복 기술이 전해질까 두려웠던 나머지 부유해지는 기술에 등한하게 되었다. 또한 그들은 야만인과의 교역이 전혀 불가능하도록 법을 만들었다. 발렌스와 그라티안은 "누구든지 포도주나 기름, 또는 다른 주류를 야만인에게 보내지 말라"고 했다. 거기에 덧붙여 그라티안과 발렌티니아누스, 테오도시우스는 "그들에게 금을 보내서는 안 되며, 만일 그들이 금을 갖고 있으면 술책을 써서 빼앗으라"고 했다. 만일 철을 운반할 경우에는 사형으로 다스렸다.

16. 로마인과 아라비아, 인도와의 교역

아라비아인은 엄청난 부를 소유하고 있었다. 그들은 그것을 바다와 숲에서 얻었다. 게다가 그들은 조금 사고 많이 팔았으므로 이웃 나라의 금이나 은이 모였다.

그들이 부유하다는 사실을 알게 된 아우구스투스는 그들을 자기편으로 만들든, 아니면 적으로 만들기로 결심했다. 그는 엘리우스 갈루스를 이집트에서 아라비아로 파견했다. 갈루스는 이 민족이 무위도식하고 온화하며 전쟁에 익숙하지 못하다고 생각했다. 그는 전투나 포위 공격으로는 병사 일곱 명밖에 잃지 않았다. 그러나 안내자의 배신과 행군, 풍토, 배고픔, 갈증, 질병 및 그릇된 조치로 모든 군대를 잃고 말았다.

그래서 다른 민족들이 그랬던 것처럼 아라비아인과 교역하는 것으로, 즉 금과 은을 가져가서 그들의 상품으로 바꿔 오는 것으로 만족해야 했다. 그들과는 지금도 같은 식으로 교역한다. 즉 알레프의 대상(隊商)과 수에즈의 왕실 선대가 막대한 금액을 그곳으로 가져가고 있다.

로마와 인도의 교역은 그 규모가 엄청났다. 스트라본은 로마인이 이 교역에 배 120척을 사용한다는 사실을 알게 되었다. 이 교역은 오직 그들의 은(銀)에 의해서만 유지되었다. 그들은 인도에 매년 5,000만 세스테르세스씩 보냈다. 플리니우스는 인도에서 가져온 상품들이 로마에서 100배로 팔렸다고 말하는데, 나는 이 말이 좀 과장되었다고 생각한다. 단번에 그만한 이익을 얻는다면 너 나 할 것 없이 덤벼들었을 것이며, 그러면 아무도 그 정도 이익을 못 냈을 것이기 때문이다.

아라비아와 인도와 교역하는 것이 과연 로마인에게 이익이 되는지 어떤지에 대해서는 의문을 품어볼 수가 있다. 그들은 아라비아와 인도에 은을 보내야 했다. 그러나 그들은 우리같이 아메리카라는 재원(財源)이 있어서 보낸 만큼 보충할 수 있는 것이 아니었다. 로마에서 법정 화폐 가치를 높인 원인, 즉 저품위 화폐를 만든 원인 중 하나는 은을 인도로 끊임없이 보냄으로써 야기된 은의 부족이었다. 인도 상품이 로마에서 100배로 팔렸더라도, 로마인의 이득은 바로 로마인에게서 얻은 것이므로 결코 제국을 부유하게 만들지 못했다.

17. 로마제국 멸망 이후 서양의 상업

로마제국은 침략을 당했다. 이 전반적 재앙은 상업 몰락이라는 결과를 가져왔다. 야만 민족은 처음에는 상업을 단지 그들의 약탈 대상물로만 간주했다. 그리고 그들은 정착한 다음에도 상업을 농업이나 피정복 국민의 다른 직업보다 존중하지 않았다.

얼마 지나지 않아 유럽에서는 상업이 거의 없어졌다. 도처에서 지배권을 갖고 있던 귀족계급은 굳이 상업에 종사하려 하지 않았다.

서고트인의 법은 큰 강 하상의 절반을 한 개인이 점유하는 것(다른 절반에 그물을 치고 배를 운행할 수만 있다면)을 허용했다. 그러니 그들이 정복한 나라들에서는 상업이 이루어질 수 없었던 것이 틀림없다.

이 시대에 외국인 소유 재산 몰수권 및 난파선 약탈권이라는 터무니없는 권리가 성립되었다. 사람들은 외국인이 민법을 통해 자기들과 결부되어 있지 않으므로, 한편으로는 그들에게 어떤 정의도 실현할 필요가 없고 다른 한편으로는 그 어떤 자비도 베풀 필요가 없다고 생각했다.

좁은 경계 안에서 살았던 북쪽 민족들에게는 모든 것이 낯설었다. 그리고 그들은 빈곤한 생활을 했으므로 모든 것이 다 부(富)의 대상이었다. 또 정복 이전에는 암초투성이인 좁은 해안에 살며 이 암초까지도 이용했다.

그러나 전 세계를 위한 법을 제정한 로마인은 난파에 관해서는 매우 인도적인 법을 만들었다. 그들은 그에 대해 해안에 사는 사람들의 약탈을 진압했고, 더 나아가서는 세리들의 탐욕을 억제했다.

19. 로마가 동방에서 쇠퇴한 이후의 상업

이슬람교도가 출현해 정복하고 확장하고 분열되었다. 이집트에는 특별한 군주들이 있었다. 이 나라는 계속해서 인도와 교역을 했다. 이집트는 인도 상품의 지배자가 되어 다른 나라들의 부를 긁어모았다. 이집트 술탄은 그 시대의 가장 강력한 군주였다. 술탄들이 십자군의 열정과 격렬함, 혈기를 어떻게 지속적이고 교묘히 저지했는가를 역사는 증명하고 있다.

21. 두 신세계의 발견―그와 관련한 유럽의 상황

나침반이 세계를 열었다 해도 과언을 아닐 것이다. 지금까지 몇몇 해안만 알려져 있었던 아시아와 아프리카가 나침반 덕분에 발견되었으며, 전혀 알려지지 않았던 아메리카도 나침반 덕분에 발견되었다.

포르투갈인은 대서양을 항해하여 아프리카 최남단을 발견했다. 그들은 끝없이 펼쳐진 바다를 보았다. 그 바다는 그들을 동인도로 데려갔다. 카모엥시(1525~1580년. 포르투갈 시인)는 그들이 바다에서 맞은 위험과 모잠비크, 멜린다, 코지코드의 발견을 노래하는데, 이 시는 《오디세이아》의 매력과 《아이네이스》의 웅장함을 연상시킨다.

포르투갈 사람들은 정복자로서 인도에서 교역했다. 현재 네덜란드 사람들이 교역에 관해서 인도의 소(小)군주들에게 부과하고 있는 불편한 법은 그들 전에 포르투갈 사람들에 의해 제정되었다.

크리스토프 콜럼버스는 아메리카를 발견했다. 스페인은 유럽에 있는 작은 나라의 군주라도 파견할 수 있을 만큼의 병력만을 그곳에 보냈는데도 두 대제국과 다른 큰 나라들을 복종시켰다.

스페인 사람들이 서쪽에서 발견하고 정복하는 동안 포르투갈 사람들은 그들의 정복과 발견을 동쪽으로 밀고 나갔다. 결국 두 나라는 서로 부딪쳤다. 양국은 교황 알렉산드르 6세에게 호소했으며, 교황은 저 유명한 경계선을 그어 이 대규모 소송을 해결했다.

그러나 유럽의 다른 나라들은 이 두 나라가 아메리카를 그냥 이렇게 나눠 갖도록 내버려두지 않았다. 네덜란드인은 포르투갈인을 대부분의 동인도에서 내쫓았으며, 많은 나라가 아메리카에 식민지를 만들었다.

스페인 사람들은 처음에는 발견된 땅을 정복 대상으로 간주했으나, 그들보다 세련된 민족들은 그것을 상업 대상으로 여기고 이 같은 생각을 바탕으로 그들의 계획을 밀고 나갔다. 몇몇 민족은 탁월한 지혜를 발휘하며 행동했고, 상인 회사에 지배권을 주었다. 이들 회사는 멀리 떨어진 나라들을 오직 교역을 위해 통치하면서 본국(本國)을 난처하게 만들지 않고 부수적 지배력을 구축했다.

그곳에 형성된 식민지는 고대 식민지에는 거의 유례를 찾아볼 수 없는 일종의 종속 상태에 있다(지금의 식민지가 국가 자체에 속해 있든, 아니면 그 국가에 설립된 어떤 상사에 속해 있든). 이들 식민지의 목적은 이웃 민족보다 더 나은 조건으로 무역하는 것이었다. 식민지에서는 오직 모국만이 교역할 수 있다는 규정도 만들어졌는데, 거기에는 중요한 이유가 있다. 식민지 설립 목적은 상업 확장이지 도시나 신제국 건설은 아니었기 때문이다.

아메리카 발견은 아시아와 아프리카를 유럽과 잇는 결과를 가져왔다. 아메리카는 아시아의 드넓은 부분(동인도라고 불리는)과의 교역 재료를 유럽에 제공해주었다. 은(銀), 즉 하나의 표상으로서 교역에 매우 유용했던 이 금속은 또 한편으로는 하나의 상품으로서 더욱 규모가 큰 세계무역의 토대를 이루고 있었다. 결국 아프리카 항해가 필요해졌다. 아프리카는 아메리카의 광산과 땅에서 일할 인간들을 공급해주었던 것이다.

유럽은 역사상 그 유례를 찾아볼 수 없을 정도로 강력한 힘을 갖게 되었다. 지출의 무한함과 채무의 크기, 군대의 수, 그리고 유지의 연속성(그것이 단지 과시를 위한 것일 뿐 아무 쓸모가 없을 때도)으로 보아 이렇게 말할 수 있다는 것이다.

뒤 알드 신부는 중국 국내 상업의 규모가 유럽 전체의 그것보다 크다고 말한다. 만약 우리 대외무역이 국내 상업을 증대하지 않는다면 그럴 수도 있다. 유럽은 세계의 다른 세 지역과 교역 및 항해를 하고 있다. 프랑스와 영국, 네덜란드가 유럽의 항해와 교역을 하고 있는 것처럼 말이다.

22편

법과 화폐 사용의 관계

1. 화폐 사용의 이유

야만인들처럼 극소수 상품으로 상업하는 민족이나 문명인 중에서도 상품을 두세 종류밖에 갖고 있지 않은 사람들은 교환을 통한 상업을 한다. 따라서 아프리카 내륙 지방에 있는 톰부크투에 소금을 금과 교환하러 가는 무어인 대상에게는 화폐가 필요하지 않다. 무어인이 소금을 한 무더기 쌓아 올리면 흑인도 금을 한 무더기 쌓아 올린다. 금이 충분하지 않으면 양측이 합의할 때까지 무어인이 자신의 소금을 줄이든가 흑인이 자신의 금을 더한다.

그런데 어느 민족이 아주 많은 상품을 거래할 경우에는 화폐가 필요하다. 운반하기 쉬운 금속은 항상 교환을 통해 거래하는 경우 지불해야 하는 많은 비용을 절약하도록 해주기 때문이다.

2. 화폐의 성질

화폐는 모든 상품의 가치를 표시하는 표상이다. 표상이 지속성을 갖고[28] 사용해도 쉽게 소모되지 않으며, 파괴하지 않고 분할만 할 수 있도록 어떤 금속을 택한다. 그 표상이 쉽게 운반될 수 있도록 귀금속이 선택된다. 금속은 공통 척도가 되기에 매우 적합하다. 그것을 쉽게 동일한 본위로 만들 수 있기 때문이다. 모든 국가는 형태가 본위와 중량을 보증하고, 한 번만 살펴보면 이 두 가지를 알 수 있도록 하기 위해 금속에 자국을 찍는다.

아테네 사람들은 금속을 전혀 사용하지 않고 소를 사용했으며[29] 로마인은 암양을 사용했다. 그러나 한 조각의 금속이 다른 한 조각의 금속과 똑같은 것과는 달리, 한 마리의 소는 다른 한 마리의 소와 똑같을 수가 없다.

은(銀)이 상품 가치의 표징이듯, 종이는 은 가치의 표징이다. 그리고 지폐가 좋은 점이라면 은을 대신하기 때문에 그것이 갖는 효과에는 아무런 차이가 없다.

화폐가 어떤 물건의 표징이며 그것을 대신하듯, 저마다의 물건도 은의 표징이며 그것을 대신한다. 그리고 한편으로 은이 모든 물건을 충분히 대신하고 다른 한편으로 모든 물건이 은을 충분히 대신하여 이 두 가지가 서로의 표징이 된다면, 즉 이 두 가지가 한쪽을 다른 한쪽과

---

28 아비시니아에서 사용된 소금은 계속해서 소비된다는 결점이 있었다.

29 헤로도토스는 《클리오》에서 말하기를, "리디아인은 화폐를 주조하는 기술을 발견했고, 그리스인은 그 기술을 리디아인에게서 배웠다. 아테네 화폐는 옛날 소를 새겨 넣었는데, 나는 드 펨브록케 백작의 서재에서 이 화폐 중 하나를 보았다"라고 했다.

즉시 바꿀 수 있는 상대적 가치를 갖는다면 그 국가는 번영한다. 이것은 중도정체가 아니면 있을 수 없는 일이지만, 중도정체라고 해서 반드시 그렇게 되는 것은 아니다. 예를 들어 법이 부정한 채무자를 우대한다면 그에게 속한 물건은 결코 은을 대신할 수 없으며 그 표징이 될 수도 없다. 전제정체에서 만약 물건이 그 표징을 대신한다면 그것은 분명히 하나의 기적이다. 이 정체에서는 폭정과 불신으로 모든 사람이 은을 땅에 묻을 것이기 때문이다.[30] 그러므로 물건은 은을 대신하지 않는다.

화폐가 단지 물건의 표징인 것만은 아니다. 그것은 또한 은의 표징이며 은을 대신하기도 한다.

11. 화폐에 관해 로마인이 취한 조치

얼마 전 프랑스에서도 장관 두 사람이 잇따라 화폐에 대해 권력을 행사했지만, 그 정도가 로마인에는 미치지 못했다. 그 같은 행위는 부패한 공화정 시대나 무정부 상태에 불과하던 공화정 시대에 이루어진 것이 아니라, 용기에서나 지혜에서나 이탈리아 도시들을 정복한 뒤에 카르타고와 패권을 겨루던 시대에 이루어졌다.

나는 본보기가 아닌 것을 본보기로 삼지 않으려는 목적에서, 여기서 이 문제를 좀 깊이 파고들게 된 것을 기쁘게 생각한다.

구리 12온스여야 할 아스[청동이나 구리로 만든 고대 로마 시대의 화폐]는 1차 포에니전쟁 때는 2온스밖에 되지 않았으며, 2차 포에니전쟁 때는 겨

---

30 알제리에서는 가장(家長)이 땅에 묻은 보물을 갖고 있는 것이 오랜 관습이다.(로제 드 타시, 《알제리 왕국사》 6편 8장)

우 1온스였다. 이 같은 감소는 오늘날 우리가 화폐의 가치절상이라고 부르는 것에 해당한다. 10리브르의 1에퀴에서 은의 절반을 제거해 2에퀴를 만드는 것이나, 그것을 12리브르의 가치로 올리는 것은 같은 일이다.

로마인이 1차 포에니전쟁에서 이 일을 어떻게 했는지 알려주는 기록은 우리에게 전해지지 않는다. 그러나 2차 포에니전쟁 때 그들은 놀라운 지혜를 발휘해 이 일을 해냈다. 공화국은 부채를 갚을 능력이 없었다. 아스는 구리 2온스였고, 데나리온은 10아스였으므로 구리 20온스 가치에 해당했다. 공화국에서는 구리 1온스의 아스를 만들었다. 국가는 채권자들에 대해 절반의 이득을 보았으며, 이 구리 10온스로 1 데나리온을 지불했다. 이 조치는 국가에 엄청난 충격을 주었기 때문에 그 여파를 되도록 최소한으로 줄여야 했다. 그것은 또 부정을 내포했으므로 그것도 되도록 최소한으로 줄여야 했다. 그것은 시민들에 대한 공화국의 채무 변제를 목적으로 했으므로 시민 상호 간 채무 변제를 목적으로 하면 안 되었다. 그래서 두 번째 조치가 취해졌다. 지금까지 10아스에 불과하던 데나리온이 16아스를 포함해야 한다고 정한 것이다. 이 이중의 조치 결과 공화국 채권자는 채권의 절반을 손해 보았으나 개인 채권자는 5분의 1밖에 손해 보지 않았다.

그러므로 로마인은 공공의 재산과 개인의 재산 모두에 대해 조치를 취한 우리보다 한 수 위였다. 그게 전부가 아니다. 로마인은 우리보다 유리한 상황에서 그런 조치를 취했던 것이다.

12. 로마인이 화폐에 대해 조치를 취하게 만든 상황

로마는 그리스와 시칠리아에서 가장 가까운 이탈리아 지역의 지배자가 되자 두 부유한 민족인 그리스인과 카르타고인 사이에 서서히 끼어들기 시작했다. 은이 증가했다. 그래서 은과 구리의 1 대 960 비율이 더는 유지될 수 없었으므로 로마는 화폐에 대해 여러 가지 조치를 취했는데, 구체적으로 어떤 조치들이 취해졌는지는 우리가 알 수 없다. 우리에게 알려져 있는 것은 단지 2차 포에니전쟁 초에는 로마의 데나리온이 구리 20온스에 불과했으며, 은과 구리의 비율도 1 대 160에 지나지 않았다는 사실뿐이다. 실로 엄청난 가치절하가 이루어졌는데, 공화국이 모든 동화(銅貨)에 대해 6분의 5의 이익을 보았기 때문이다. 그러나 그것은 사물의 본질이 요구하는 것을 따르고, 화폐로 사용된 금속들 사이의 비율을 회복한 데 지나지 않는다.

1차 포에니전쟁을 종결한 강화 조약은 로마인을 시칠리아의 지배자로 만들었다. 그들은 곧 사르디니아에 들어갔으며, 그때부터 스페인에 대해 알아가기 시작했다. 은의 양은 로마에서 더욱 증가했다. 로마에서는 데나리온을 20온스에서 16온스로 인하하는 조치가 취해졌다. 그 결과 은과 구리의 비율을 되찾아 1 대 160이던 것이 1 대 128이 되었다.

로마인을 검토해보면, 그들이 좋은 일과 나쁜 일을 하는 상황 선택에서 탁월함을 발휘했다는 사실을 알 수 있을 것이다.

21. 로마의 계약에 의한 대차와 고리

상업을 위해 이루어지는 대차 외에 민사 계약에 의한 일종의 대차가 있으며, 거기에서 이자나 고리가 생긴다.

　로마 국민의 세력이 나날이 커가자 집정자들은 그들에게 아첨하며 그들이 가장 마음에 들어 할 만한 법을 제정하려 애썼다. 그들은 자본을 삭감하고, 이자를 내리거나 이자 받는 것을 금하고, 신체를 구속하지 못하도록 했다. 그리고 호민관이 인기를 얻으려고 할 때마다 채무 탕감이 문제로 등장했다.

　법이나 국민투표로 이루어지는 이 같은 끊임없는 변화는 로마에 고리를 정착시켰다. 왜냐하면 채권자들이 로마 국민이 그들의 채무자이며 입법자이며 재판관이라는 사실을 알고 더는 계약을 신뢰하지 않았기 때문이다. 신용을 잃은 채무자로서의 국민은 많은 이윤이 나지 않는 한 그들에게 돈을 빌려주도록 유혹할 수가 없었다. 법은 이따금 적용될 뿐이었지만 국민은 계속 불평을 늘어놓으며 늘 채권자를 위협했으므로 더욱 그러했다.

　그 결과 로마에서는 돈을 빌리고 빌려주는 모든 정직한 방법은 폐지되고 아무리 벼락을 쳐서 죽여도 그때마다 다시 살아나는 무시무시한 괴물 같은 고리(高利)가 확립되기에 이르렀다. 이 같은 해악이 생긴 것은 일이 제대로 처리되지 않아서였다. 선에 있어 극단적인 법은 극단적인 악을 낳는다. 빌린 돈에 대해서, 법이 내리는 형벌의 위험에 대해서 지불을 해야 했던 것이다.

22. 같은 주제의 연속

초기 로마인은 금리[31] 비율을 규정하는 법이 없었다. 성산(聖山)에서 반란이 일어나 평민과 귀족 사이에 다툼이 일어나자 한편으로는 성실만을, 다른 한편으로는 계약의 가혹함만을 내세웠다.

그래서 사람들은 개인 간 합의를 따랐다. 내 생각에는 연리 1할 2푼이 가장 일반적이었다. 로마 고어로 6푼 이자는 고리의 절반이라 불렸고 3푼 이자는 고리의 4분의 1이라 불렸으므로, 전체 고리는 1할 2푼이 되는 셈이다.

거의 상업을 하지 않던 국민이 어떻게 그처럼 엄청난 고리를 낼 수 있었느냐고 묻는다면, 나는 "그 국민은 무보수로 자주 전쟁터에 나가야만 했으므로 자주 돈을 빌릴 필요가 있었다. 또한 끊임없이 운이 따르는 원정을 했으므로 거의 대부분은 쉽게 돈을 갚을 수 있었다"라고 대답할 것이다. 그리고 그런 일은 이 문제로 생긴 분쟁 이야기에서 잘 느껴진다. 그런 이야기에서 사람들은 돈을 빌려준 사람의 탐욕을 부정하지는 않지만, 불평을 늘어놓는 사람들도 좀 더 규모 있게 생활했더라면 돈을 갚을 수 있었으리라고 말한다.

그래서 사람들은 현재 상황에만 영향을 미칠 법을 만들었다. 예를 들면 지지해야 할 전쟁에 나가기 위해 군대에 지원하는 사람들은 채권자의 소추를 받지 않는다든가, 빚을 안 갚아서 감옥에 갇혀 있는 사람은 석방된다든가, 몹시 가난한 사람은 식민지로 보낸다는 내용이었다. 때로는 국고를 열기도 했다. 국민은 당장 지금의 고통이 줄어들자 진정

---

31 로마인은 고리와 금리를 같은 뜻으로 받아들였다.

되었다. 그리고 그들은 이후 일에 대해서는 아무것도 바라지 않았으므로 원로원도 굳이 그 예방책을 내놓으려 하지 않았다.

타키투스의 말에 따르면[32] 십이동판법은 이자를 연 1퍼센트로 정했다고 한다. 그가 잘못 알고 있었다는 것은 분명한 사실이다. 그는 이제부터 내가 말하려는 다른 법을 십이동판법으로 착각한 것이다. 만약 십이동판법이 그렇게 정했다면 그 후에 채권자와 채무자가 논쟁을 벌일 때 어째서 그 권위를 이용하지 않았겠는가? 이 법에서는 이자가 붙는 대부에 관한 흔적을 전혀 찾아볼 수 없다. 또 로마 역사에 대해 조금이라도 아는 사람이라면 그런 법이 십대관(十大官)의 작품일 수 없다는 사실을 알 것이다.

'리키니아법'은 십이동판법보다 85년 후[33]에 제정된 것인데, 일시적인 법의 하나였다. 이 법은 원금에서 이자로 지불된 것을 차감한 다음 잔액은 세 번으로 나눠 지불하라고 명했다.

로마 기원 398년, 호민관 두엘리우스와 메네니우스는 이자를 연 1퍼센트로 낮추는 법을 통과시켰는데, 이것이 바로 타키투스가 십이동판법과 혼동한 법이다.[34] 그리고 바로 이것이 로마인이 이율을 결정하기 위해 처음으로 만든 법이었다. 10년 후 이 이자는 절반으로 줄었고[35] 그 뒤에 다시 완전히 폐지되었다. 그리고 티투스 리비우스가 읽은 몇몇 저자의 말을 그대로 믿는다면, 그것은 로마 기원 413년 C. 마르티우스

---

32 《연대기》 6편.

33 로마 기원 388년. 티투스 리비우스, 6편 25장.

34 《연대기》 6편.

35 《연대기》 6편에서 타키투스가 말하듯이.

루틸리우스와 Q. 세르빌리우스 집정관 시대의 일이었다.

이자가 붙는 대부가 로마에서 금지되자 법망을 피하기 위한 온갖 수단이 강구되었다. 그리고 로마 동맹국 국민과 라틴계 사람들은 로마인의 민법을 따르지 않아도 되었기 때문에 라틴계 사람이나 동맹국 국민을 이용, 그들의 명의를 빌려 채권자처럼 보이게 했다. 그래서 법은 채권자에게 오직 한 가지 수속만을 하게 했을 뿐 국민의 부담은 덜어지지 않았다.

국민은 이 같은 기만행위에 대해 불평을 늘어놓았다. 그래서 호민관인 마리우스 셈프로니우스는 원로원 권위를 이용해 로마 시민들 사이에 고리대금을 금하는 법이 시민과 동맹국 국민, 또는 라틴계 사람들 사이에도 똑같이 적용된다는 안을 평민회의 결의로 통과시켰다.

그 시대에는 아르노 강과 루비론 강까지 퍼져 있었으며 로마의 속주로 통치되지 않고 있던 고유한 의미에서의 이탈리아 민족들을 동맹국민이라고 불렀다.

타키투스가 말하기를, 고리를 금지하려고 새로운 법을 만들 때마다 그 법을 피하려는 부정행위가 끊임없이 이루어졌다고 한다. 동맹 국민의 명의로는 돈을 빌리거나 빌려주지 못하도록 되어 있었지만, 속주에 사는 사람의 명의를 빌려 그렇게 하는 것은 어려운 일이 아니었다.

이런 악습을 막으려면 새로운 법이 필요했다. 그래서 선거에서 매수 행위를 금지시키는 내용의 유명한 법을 만든 가비니우스는, 그 목적을 이루는 가장 좋은 방법은 아예 돈을 빌리지 못하게 하는 것이라고 생각했을 것이다. 그런데 이 두 가지는 원래 서로 연관되어 있었다. 왜냐하면 선거철에는 표를 사는 데 돈이 필요해서 반드시 금리가 올랐기 때문이다. 브루투스는 명의를 빌려서 살라미니아 사람들에게 월 4퍼센트로 돈을 빌렸다.[36] 그리고 그 덕분에 두 가지 원로원 의결을 얻었다. 첫 번째 의결에는 이 대부가 법을 위반한 것으로 간주되지 않는다고 나와 있고, 두 번째 의결에는 시칠리아 총독이 살라미니아 사람들의 차용증서에 기재되어 있는 조항에 따라 판결한다고 되어 있었다.

가비니에나 법에 따라 속주 사람들과 로마 시민 사이에 이자를 주는 대부가 이루어지지 못하도록 금지되고 로마 시민이 그 당시 전 세계의 모든 돈을 손에 쥐고 있었으므로 터무니없는 고리를 미끼로 탐욕에 눈이 먼 로마인이 돈을 떼어먹힐 위험을 잊도록 만들어야 했다. 게다가 로마에는 행정관들을 위협하고 법을 침묵시키는 권력자들이 있었는데, 그들은 더욱 대담하게 돈을 빌려주고 더욱 대담하게 엄청난 고리를 요구했다. 그 결과 속주들은 로마에서 자금을 가진 자들에 의해 차례로 유린당했다. 그리고 속주의 지사들은 부임하자마자 명령을 내려 고리 이율을 제멋대로 정해주었으므로 탐욕은 입법에 도움을 주고 입법은 탐욕에 도움을 준 결과를 초래했다.

나랏일은 계속 진행되어야 한다. 모든 것이 정지 상태에 있는 나라는 망한다. 도시와 단체, 도시의 집단, 개인들이 돈을 빌려야 할 경우는 얼마든지 있다. 군대의 약탈이라든가 관리들의 부정부패, 사업가들의 공급횡령, 그리고 매일같이 벌어지는 나쁜 관행의 비용을 조달하기 위해서일지라도 사람들은 돈을 빌려야 될 필요성을 매우 절실히 느끼고 있었다. 왜냐하면 로마인은 지금껏 그렇게까지 부유했던 적도 없고, 그

---

36 폼페이우스는 아리오바르자제스 왕에게 800달란트를 빌려주고 매달 33아티카 달란트씩 돌려받았다. 《아티쿠스에게 보낸 편지》 3편, 서한 21 ; 6편, 서한 1.

렇게까지 가난했던 적도 없기 때문이다.

행정권을 가졌던 원로원은 필요에 따라, 또 흔히 특혜를 주어 로마 시민에게 돈을 빌려주는 것을 허용했으며, 그와 관련해 원로원 의결을 만들었다. 그러나 원로원 의결조차 법을 통해 권위를 상실했다. 즉 이 원로원 의결이 새로운 동판법을 요구할 기회를 국민에게 줄 수도 있었기 때문이다. 그것은 원금을 까먹을 위험을 증대했고, 나아가 금리를 더욱더 인상했다. 나는 항상 사람을 다스리는 것은 극단이 아니라 중용이라는 말을 하고 싶다.

"가장 늦게 지불하는 사람이 가장 적게 지불한다"라고 울피아누스는 말한다. 로마공화정이 멸망하고 난 뒤에 입법자들을 인도한 것은 바로 이 원칙이었다.

23편

법과 주민 수의 관계

2. 결혼

아버지가 자식을 양육하는 자연적 의무는 누가 이 의무를 다해야 하는지를 명백히 하는 결혼 제도를 성립했다. 폼포니우스 멜라가 말하는 국민은 결혼을 닮았다는 것만으로 결정했다.

상당한 수준까지 개화된 국민의 경우 아버지란 법이 결혼 의식에 의해 그래야 한다고 정한 사람이다. 왜냐하면 법은 그것이 찾는 사람을 바로 그에게서 발견하기 때문이다.

동물의 경우 이 같은 의무는 보통 어미가 충분히 완수할 수 있다. 그런데 인간의 경우에는 훨씬 광범위해진다. 인간의 자식들은 이성을 갖추고 있다. 그러나 이성은 그들에게 단계적으로 나타난다. 단지 그들을 먹여 살리는 것만으로는 충분하지 않고 그들을 이끌어나가야 하는 것이다. 그들은 이 정도만으로도 살아갈 수 있지만 스스로를 다스리지는 못하는 것이다.

불법적 결합은 종을 번식시키는 데 거의 도움이 되지 않는다. 아버지는 자식을 먹여 살리고 키울 자연적 의무를 지지만, 그 같은 의무를 반드시 완수해야 하는 것은 아니다. 어머니 역시 양육 의무를 지지만 수치나 후회, 여성이라는 제약, 법의 엄격함 등 수많은 장애를 발견한다. 대부분의 경우 그녀에게는 부양 능력이 없다.

매춘에 종사하는 여성들은 편안히 자기 자식을 키울 수가 없다. 그 같은 교육의 어려움은 그녀들의 지위와 양립될 수 없다. 더구나 그녀들은 너무 타락해서 법의 신뢰를 얻지 못할 것이다.

이 모든 것에서 공적 순결성은 종의 번식과 당연히 연결된다는 결과가 나온다.

3. 자식의 신분

혼인이 이루어진 경우 자식은 아버지 신분을 따라야 하고, 혼인이 이루어지지 않은 경우에는 어머니에게만 속한다는 것이 이성의 명령이다.[37]

4. 가문

아내가 남편 가문으로 옮겨 가는 것은 거의 어디서나 관습으로 되어 있다. 그러나 타이완에서는 그 반대 일이 아무 불편 없이 이루어지고 있다.[38] 거기서는 남편이 아내 가문으로 들어간다.

---

37 그래서 노예가 있는 나라에서는 아이들이 항상 어머니의 신분을 따른다.
38 《중국 제국의 묘사》1권 156쪽.

가문을 성(性)이 같은 인간의 연속으로 정하는 이 법은 그 최초의 동기와 달라 인류 번식에 크게 공헌하고 있다. 가문은 일종의 재산이라고 할 수 있다. 가문을 영속시킬 수 없는 성의 자식을 갖는 사람은 가문을 영속시키는 성의 자식을 가질 때까지 만족하지 않는다.

15. 공업과 인구의 관계

토지 분배법이 있어 토지가 균등하게 배분된다면 비록 공업이 거의 발달하지 않아도 인구가 무척 많이 늘어날 수 있다. 왜냐하면 각 시민은 자기 땅을 일구어 먹을 것을 발견하고, 모든 시민이 그 나라의 모든 농산물을 소비하기 때문이다. 몇몇 고대 공화국에서 이러했다.

그런데 오늘날 우리 국가들에서는 토지가 불균등하게 분배되고, 땅을 일구는 사람들이 소비할 수 있는 것보다 더 많은 농산물을 수확한다. 만약 그런 나라에서 사람들이 공업을 경시하고 오직 농업에만 전념한다면 인구가 많아질 수 없다. 경작하거나 경작을 시키는 사람들은 소비하고 남은 산물을 갖게 되므로 그다음 해에 꼭 일을 하지 않아도 된다. 아무 일도 하지 않는 사람들은 결코 농산물을 소비하지 않을 텐데, 왜냐하면 이 사람들은 그것을 사는 데 필요한 돈을 갖지 못할 것이기 때문이다. 따라서 농산물이 경작인과 수공업자를 통해 소비될 수 있도록 공업이 뿌리내려야 한다. 한마디로 이런 국가들은 많은 사람들이 자신에게 필요한 것 이상으로 경작하기를 요구한다. 그러려면 남아도는 것을 갖고 싶다는 욕망을 그들에게 불러일으켜야 한다. 그러나 그런 욕망을 불러일으킬 수 있는 것은 오직 수공업자뿐이다.

수공 시간을 단축하는 것이 목적인 기계가 항상 유용한 것은 아니다. 만약 어떤 공산품 가격이 비싸지 않고, 그것을 사는 사람이나 그것을 만든 직공에게 똑같이 적절하다면, 그것을 쉽게 만들어줄, 말하자면 그것을 만드는 노동자의 수를 줄여줄 기계는 유해할 것이다. 그러므로 나는 물레방아가 도처에 설치되어 있지 않다면 그것이 사람들이 말하는 만큼 유용하다고는 생각하지 않을 것이다. 왜냐하면 물레방아는 무수히 많은 일손들을 쉬게 했고, 많은 사람들로 하여금 물을 못 쓰게 했으며, 많은 땅이 비옥함을 잃어버리도록 만들었기 때문이다.

16. 종 번식에 대한 입법자의 관점

시민 숫자를 어떻게 조절하느냐 하는 것은 환경에 많이 좌우된다. 자연이 모든 것을 다 해버린 나라들도 있다. 따라서 이런 나라에서는 입법자가 할 일이 전혀 없다. 기후의 번식력이 충분한 인구를 주는데 굳이 법으로 번식을 장려할 필요가 어디 있겠는가? 기후가 토지보다 더 유리할 경우가 이따금 있다. 거기서 민족은 증가하고, 기근은 민족을 멸망시킨다. 이것은 바로 중국의 경우다. 그래서 중국에서는 아버지가 딸을 팔기도 하고 아들을 버리기도 한다. 통킹에서도 같은 원인이 같은 결과를 낳는다. 르노도가 여행기[39]에서 이야기한 아라비아 여행가들처럼 그 원인을 윤회설에서 찾으려고 애쓸 필요는 없다.

같은 이유로 타이완에서는 종교가 여자 나이 서른다섯 살이 되기

---

39 《당피에르 여행기》.

전에 아이 낳는 것을 허용하지 않는다. 그 나이가 되기 전에 임신한 경우에는 주술사가 그 배를 마구 밟아서 낙태시킨다.

20. 로마인에게는 종 번식을 위한 법 제정이 필요했다

로마인은 모든 민족을 멸망시킴으로써 스스로 무덤을 팠다. 끊임없는 활동과 노력, 폭력 가운데 그들은 계속 사용되고 있던 무기처럼 닳아 없어졌다.

나는 그들이 시민을 잃어감에 따라 그 시민을 얻기 위해 쏟았던 관심, 그들이 체결한 동맹, 그들이 부여한 시민권, 그들의 노예에게서 발견한 드넓은 시민의 종묘장에 대해 여기서는 서술하지 않을 것이다. 나는 다만 시민의 손실을 회복하기 위해서가 아니라 인간의 손실을 회복하기 위해 그들이 무슨 일을 했는지에 대해 말하려고 한다.[40] 그리고 로마인은 전 세계에서 법을 자기들의 계획에 가장 잘 조화시킬 줄 아는 민족이었으므로, 그들이 그 점에 대해 행한 바를 검토하는 일은 결코 무의미하지 않을 것이다.

21. 종 번식에 관한 로마법

옛 로마법은 시민을 결혼시키려고 몹시 애썼다. 디온이 전하는 연설에서 아우구스투스가 말하듯이 원로원과 국민은 이에 관한 규칙을

---

40 나는 이 문제를 《로마인이 위대해진 이유에 관한 고찰》에서 다루었다.

자주 만들었다.

드니 달리카르나스는 파비아 사람 305명이 베이 사람들에게 몰살당한 뒤 이 인종 가운데 살아남은 사람은 오직 어린아이 한 명뿐이었다는 사실을 믿을 수가 없었다. 왜냐하면 각 시민에게 결혼해서 모든 자식을 키우라고 명령하는 옛 법이 아직 발효 중이었기 때문이다.

법과는 별도로 감찰관은 혼인을 감시했으며, 또한 국가의 필요에 따라 수치심을 안겨주거나 형벌을 내림으로써 혼인을 장려했다.

타락하기 시작한 풍속은 시민으로 하여금 혼인을 꺼리게 하는 데 큰 영향을 미쳤는데, 순결의 쾌락에는 더는 감각을 느끼지 않는 사람들에게 결혼이란 그저 고통에 불과하기 때문이다. 바로 이것이 메텔루스 누미디쿠스가 감찰관이었을 때 국민에게 했던 연설의 정신이다.

풍속이 타락하자 그것을 일소하려고 만들어진 감찰 제도가 무용지물이 되었다. 풍속의 타락이 일반화되자 감찰 제도가 힘을 잃어버린 것이다.

국내 분쟁과 삼두정치, 그리고 추방은 로마가 지금까지 겪은 그 어떤 전쟁보다 더 로마를 약화했다. 그래서 극소수 시민밖에 남아 있지 않았고[41] 대부분은 결혼을 하지 않았다. 이 제2의 불행을 극복하고자 카이사르와 아우구스투스는 감찰 제도를 부활시켰으며, 심지어는 스스로 감찰관이 되려고까지 했다. 그들은 여러 가지 규칙을 만들었다. 카이사르는 자식이 많은 사람들에게 상을 주었고, 45세 이하로 남편이나 자식이 없는 여성들이 보석을 몸에 걸치거나 가마 타는 것을 금했

---

41 카이사르는 내란이 끝난 뒤에 인구조사를 했는데, 가장(家長)이 15만 명밖에 남아 있지 않았다.

다. 그것은 허영심으로 독신을 공격하는 탁월한 방법이었다. 아우구스투스의 법은 그보다 더 준엄했다. 그는 결혼하지 않은 사람에게는 더 큰 형벌을 내리고, 결혼해 자녀를 둔 사람에게는 더 많은 상을 주었다. 타키투스는 이런 법들을 '율리아 법'이라고 부르는데, 원로원과 국민, 감찰관이 만든 옛 법들과 이 법을 합친 것 같다.

아우구스투스의 법은 수많은 장애에 부딪혔다. 그리고 제정된 지 34년 만에[42] 로마 기사들은 이 법의 폐지를 요구했다. 그는 한쪽에는 결혼한 사람들을, 다른 한쪽에는 결혼하지 않은 사람들을 세웠다. 그런데 결혼하지 않은 사람들의 숫자가 더 많았다. 그것을 본 시민은 깜짝 놀랐다. 아우구스투스는 옛 감찰관의 위엄을 보이며 그들에게 이렇게 말했다.

"질병과 전쟁이 우리에게서 그렇게 많은 시민을 빼앗아갔는데도 사람들이 결혼하지 않는다면 과연 이 도시는 어찌 되겠는가? 도시란 집이나 성문, 공공장소로 이뤄지는 것이 아니다. 도시를 만드는 것은 인간이다. 동화에서처럼 인간이 지하에서 나와 여러분의 일을 보살펴주는 게 아니다. 여러분이 독신으로 있는 것은 결코 혼자 생활하기 위해서가 아니다. 여러분 각자가 식탁과 침대라는 반려를 갖고 있다. 여러분은 문란함 가운데 평화만을 희구한다. 여기서 여러분은 베스타 무녀들의 예를 인용하는 것인가? 그러므로 여러분이 정결의 법을 지키지 않는다면 그들처럼 처벌당해야 할 것이다. 모든 사람이 여러분의 예를 모방하든, 아니면 아무도 그것을 따르지 않든 여러분은 나쁜 시민이다.

---

42 로마력 736년.

내 유일한 목적은 공화국이 영원히 존속되는 것이다. 나는 복종하지 않는 사람들에게는 더 무거운 벌을 내렸다. 그리고 상에 대해서 말하면, 덕성이 지금까지 그보다 더 큰 상을 받았는지 모를 정도다. 더 하찮지만 수많은 사람들로 하여금 목숨을 걸게 한 상도 있다. 그런데 여러분은 이런 상을 받아도 아내를 얻고 자식을 키우려는 마음이 생기지 않는단 말인가?"

그는 법을 제정하고 자기 이름을 따서 '율리아 법'이라 불렀으며, 또 그해에 집정관을 지낸 사람들의 이름을 따서 '파피아 포패아 법'이라고 부르기도 했다. 엄청난 병폐가 이들의 선출에서 나타났다. 디온에 따르면, 그들은 결혼도 하지 않았고 자식도 갖지 않았다고 한다.

이 아우구스투스의 법은 엄격히 말하면 법전이며, 이 문제에 관해 만들 수 있는 모든 규칙의 체계적 조직체였다. '율리아 법'이 여기에 통합되어 더 큰 힘을 얻었다. 이 법은 너무나 많은 목적을 가졌으며 너무나 많은 것에 영향을 주어 로마인이 만든 민법에서 가장 훌륭한 부분을 이룬다.

이 법의 여러 부분은 울피아누스의 귀중한 단편들과[43] '파피아 법'에 대해 쓴 저자들에게서 발췌한 〈판례집〉의 법, 그것을 인용한 역사서나 기타 저자들이 쓴 책들에, 그 책들을 폐기한 〈테오토시우스 법전〉에, 저승에 대해서는 찬양할 만한 열의를 가졌지만 이승에 대해서는 아는 게 거의 없으면서 그 책들을 비판한 가톨릭교회 교부들 가운데 발견된다.

---

43 자크 고드프루아가 이 단편들을 편집했다.

이 법에는 여러 조항이 있는데, 그중에서 서른다섯 개 항목이 알려져 있다. 그러나 되도록 최대한 직접 내 주제로 나가기 위해 나는 아울루스 겔리우스가 제7항이라 말하는, 이 법이 주는 영예와 포상에 관한 조항에서부터 시작하기로 한다.

대부분은 스파르타 식민지 출신으로 라틴계 도시에서 왔으며 이 도시들에서 법 일부를 차용하기까지 한 로마인은 스파르타인처럼 노인에게 모든 영예와 상석권(上席權)을 부여하는 등 경의를 표했다. 공화국은 시민이 부족해지자 전에는 나이에 대해 제공했던 특권을 혼인과 자녀 수에 부여했다. 그 가운데 몇 가지 특권은 앞으로 태어날 자녀와는 상관없이 오직 혼인에만 주어졌는데, 이것은 '남편의 권리'라 불렸다. 자녀를 가진 사람에게는 다른 특권이, 또 세 자녀를 가진 사람에게는 더 큰 특권이 주어졌다. 이 세 가지를 혼동해서는 안 된다. 결혼한 사람들이 항상 누린 특권이 있었는데, 예를 들면 극장 특별석이 그것이다. 또한 자녀를 둔 사람만이 누릴 수 있는 특권이 있었으며, 그보다 많은 자녀를 둔 사람이 그것을 빼앗지 않는 경우에만 누리는 특권도 있었다.

이 같은 특권은 광범위하게 주어졌다. 가장 많은 자녀를 둔 기혼자는 영예를 추구하거나 영예 자체를 행사할 때 항상 우선권을 가졌다. 더 많은 자녀를 둔 집정관은 제일 먼저 지렛대를 쥐고 자기가 원하는 주(州)를 선택할 수 있는 권리를 가졌다. 가장 많은 자녀를 둔 원로원 의원은 의원 명부에 가장 먼저 이름을 올렸다. 그는 원로원에서 가장 먼저 의견을 진술했던 것이다. 자녀를 둔 사람은 자녀 한 명에 대해 기간이 1년씩 단축되었기 때문에 정해진 나이가 되지 않아도 관직에 오를 수 있었다. 로마에서 자녀를 셋 둔 사람은 모든 인적 부담이 면제되었다. 세 자녀를 둔 자유인 여성과 네 자녀를 둔 해방민 여성은 옛 로마 법에 의해 묶여 있던 영속적 후견 상태에서 벗어났다.

포상이 주어지면 형벌도 내려지게 마련이다. 결혼하지 않은 사람은 외부 사람이 유언을 해도 아무것도 받을 수 없었으며, 자녀가 없으면 결혼했어도 그 절반밖에 받지 못했다. 플루타르코스는 "로마인은 상속 인을 얻기 위해서가 아니라 상속인이 되기 위해 결혼했다"고 말했다.

남편과 아내가 유언을 통해 서로에게 줄 수 있는 특권은 법으로 제한되어 있었다. 부부 사이에 자식이 있으면 서로에게 유산 전부를 줄 수 있었으며, 자식이 없으면 혼인에 의거해 상속재산의 10분의 1을 받을 수 있었다. 그리고 그들이 다른 혼인을 통해 자녀를 둔 경우에는 상속 재산의 10분의 1을 서로에게 줄 수 있었다.

남편이 국사(國事)가 아닌 다른 일 때문에 아내 곁을 떠나면 그는 아내의 상속인이 될 수 없었다. 법은 살아남은 남편이나 아내에게 2년이라는 재혼 기간을 주었으며, 협의이혼의 경우에는 1년 반을 주었다. 자기 자녀들을 결혼시키려 하지 않거나 딸에게 지참금을 주지 않으려는 아버지는 재판관의 명령으로 그렇게 해야만 했다. 혼인을 2년 이상 연기해야 할 경우에는 약혼할 수 없었다. 그리고 딸은 열두 살이 되어야만 결혼시킬 수 있었기 때문에 약혼은 열 살이 되어야만 시킬 수 있었다. 법은 사람들이 약혼이라는 구실 아래 기혼자 특권을 쓸데없이 누리는 것을 바라지 않았던 것이다.

60세 남자가 50세 여자와 결혼하는 것은 금지되어 있었다. 기혼자에게는 여러 특권이 부여되었으므로 법은 불필요한 결혼이 이루어지는 것을 바라지 않았다. 같은 이유에서 칼비잔 원로원 의결은 50세 이상 여자와 60세 이하 남자의 결혼이 불공정하다고 선포했다. 그래서 50세 여자가 결혼하면 이 법에 따라 벌을 받았다. 티베리우스는 파피아 법의 엄격성을 가중시켜 60세 된 남자가 50세가 안 된 여성과 결혼하는 것을 금지했다. 따라서 60세 남자가 결혼하면 무조건 처벌당했다. 그러나 클라우디우스는 티베리우스 치하에서 이 점과 관련해 만들어진 법을 폐지했다.

이 모든 규정은 북방 풍토보다 이탈리아 풍토에 적합했는데, 북방에서는 60세 남자도 아직 힘이 있고 50세 여자도 반드시 불임은 아니었다.

상대 선택에 불필요하게 제한받지 않도록 아우구스투스는 모든 자유인이 해방민과 결혼하는 것을 허용했다. 파피아 법은 원로원 의원이 해방민 여성이나 무대에 선 적 있는 여성과 결혼하는 것을 금지했다. 그리고 울피아누스 시대부터는 자유인이 문란한 생활을 한 여자나 무대에 섰던 여자, 또는 공공 재판에서 유죄판결을 받은 여자와 혼인하는 것을 금했다. 이렇게 정한 것은 물론 원로원 의결이었을 것이다. 공화정 시대부터는 이런 종류의 법을 거의 만들지 않았다. 왜냐하면 감찰관들은 이것과 관련해 생겨나는 무질서를 교정하고, 또 무질서가 만들어지는 것을 미리 방지했기 때문이다.

콘스탄티누스는 하나의 법을 만들어 원로원 의원뿐만 아니라 국가의 중요한 지위를 차지한 사람들을 파피아 법의 금지 조항에 포함시키되 신분이 낮은 사람에 대해서는 전혀 언급하지 않았다. 그것이 그 당시 법이었다. 즉 콘스탄티누스의 법에 포함된 자유인만 그런 결혼을 할 수 없었던 것이다. 그러나 유스티니아누스는 콘스탄티누스의 법을 폐지하고 모든 부류의 사람들이 이런 결혼을 할 수 있도록 허용했다. 그리하여 우리는 참으로 비참한 자유를 얻었다.

어떤 교회사가는 말한다. "이러한 법은 인류 번식이 우리가 애써서 얻은 결과라는 식의 생각에서 만들어진 것이다. 이것은 인류의 숫자가 신이 만들어놓은 질서에 따라 늘어나기도 하고 줄어들기도 한다는 사실을 모르는 까닭에 생긴 일이다."

종교 원리는 인류 번식에 엄청난 영향을 미쳤다. 그것은 유대인이나 이슬람교도, 게브르인, 중국인의 경우에는 번식을 조장했고, 또 기독교도가 된 로마인의 경우에는 번식을 억제했다. 원래 극소수 사람밖에 실행할 수 없기 때문에 더 완벽한 덕행인 금욕을 실천하라고 설교하는 목소리가 어디를 가나 끊임없이 들려왔다.

콘스탄티누스는 남편과 아내가 자녀들 수에 비례해 서로에게 줄 수 있는 증여의 범위를 최대한 확대한 10분의 1법을 폐지하지 않았다. 그런데 소(小)테오도시우스는 이 법을 다시 폐지했다.

고대법에 따르면, 각자 결혼해 자식을 낳는 자연권은 박탈할 수 없다. 따라서 파피아 법은 결혼하지 않는다는 조건으로 유산을 받았을 때는, 또 주인이 해방민에게 결혼하지 않고 자식도 갖지 않겠다고 서약하게 했을 때는 그 조건과 서약을 무효로 했다. 따라서 우리 사이에 확립된 '독신 상황을 지켜서'라는 조항은 고대법에 어긋나며, 완전성 개념을 근거로 만들어진 황제들의 칙령에서 유래한다.

이교를 믿는 로마인이 결혼과 자녀 수에 부여한 특권 및 영예의 명시적 폐지 조항이 포함된 법은 없다. 그러나 독신이 우위를 차지하는 곳에서는 더는 결혼에 대한 경의가 있을 수 없었다. 그리고 우리는 포상을 폐지하는 것이 훨씬 쉬운 일이었다고 느끼는데, 형벌을 폐지함으로써 징세 청부인으로 하여금 지나치게 많은 이윤을 포기하지 않을 수 없게 했기 때문이다.

독신을 허용한 정신주의의 이유가 얼마 지나지 않아서부터 독신 자체의 필요를 강요했다. 나는 종교가 채택한 독신주의를 공격할 생각은 전혀 없다. 그러나 방종에 따른 독신에 대해, 남성과 여성이 자연적 감정 자체로 서로를 타락시키면서 그들을 더 낫게 해줄 결합을 피하고 언제나 더 나쁘게 만드는 결합 가운데 살도록 만드는 독신에 대해 도대체 어떻게 침묵할 수 있단 말인가?

이루어질 수 있는 결혼 수를 줄이면 줄일수록 이루어진 결혼은 더 부패하며, 결혼한 사람이 적으면 적을수록 결혼의 성실성도 떨어진다는 것은 자연에서 끄집어낸 규칙으로서, 이것은 마치 도둑 수가 많으면 많을수록 도둑질이 늘어나는 것과 같다.

24. 인구와 관련하여 유럽에서 일어난 변화

유럽이 처해 있던 상황에서 벗어나 재건될 수 있다고는 아무도 믿지 않았을 것이다. 샤를마뉴 치하에서 오직 하나의 광대한 제국만을 형성하고 있을 때는 특히 그러했다. 그러나 당시 정체의 특성을 통해 유럽은 무수히 많은 왕권으로 나뉘어 있었다. 그리고 영주들은 자기 마을이나 도시에 살며 거기 사는 주민 수를 통해서만 위대해지고 부유해지고 유력해지고, 게다가 안전해지기까지 했으므로 각자가 자신의 작은 나라를 번영시키기 위해 각별한 주의를 기울이며 애썼다. 그것은 엄청난 성공을 거둬 정체의 비일관성과 그 이후에 상업에 대해서 얻게 된 지식의 오류, 끊임없이 전쟁과 다툼이 있었음에도 유럽 대부분의 지방에는 오늘날보다 더 많은 인구가 있었다.

인구를 감소시킨 것은 여러 작은 나라의 끊임없는 통합이다. 옛날에는 프랑스의 각 마을이 수도였다. 지금은 오직 큰 수도 하나뿐이다. 옛날에는 국가의 각 부분이 권력의 중심이었다. 그런데 오늘날에는 모든 것이 한 중심과 연관되어 있으며, 이 중심은 말하자면 국가다.

25. 같은 주제의 연속

유럽이 200년 전부터 훨씬 더 자주 항해한 것은 사실이다. 그리하여 유럽 인구는 늘어나기도 하고 줄어들기도 했다. 네덜란드는 해마다 동인도에 꽤 많은 선원을 보내는데, 돌아오는 것은 그중 3분의 2에 불과하다. 나머지는 죽든지, 아니면 동인도에 정착한다. 이런 식으로 무역하는 다른 모든 나라에도 거의 같은 일이 일어날 것이다.

26. 결과

이상 말한 모든 것에서 유럽은 오늘날에도 역시 인류 번식을 조장하는 법을 필요로 하는 상황에 있다는 결론을 내려야 한다. 따라서 그리스 정치가가 항상 국가를 혼란스럽게 만드는 많은 수의 시민에 대해 이야기하듯, 오늘날 정치가는 그 수를 늘리는 데 적당한 방법에 대해서만 우리에게 이야기한다.

5부

24편

법과 교의 실천 및
그 자체로 고찰된 종교의 관계

1. 종교 일반

사이비 종교 가운데서도 사회복지에 가장 적합한 종교를, 인간을 내세의 지복으로 인도하는 효과는 없지만 현세의 행복에 가장 크게 공헌할 수 있는 종교를 찾아볼 수는 있다.

따라서 나는 이 세상의 여러 종교를 오직 시민적 상태에서 얻어내는 행복하고만 관련해서 검토하려 한다.

이 책에서 나는 신학자가 아니라 정치 분야 저술가이므로 인간적인 (신학적이 아닌) 사고방식에서가 아니면 완전히 진실이 아닌 내용도 있을 수 있는데, 이것은 좀 더 고상한 진실과의 관계에서 고찰하지 않았기 때문이다.

인간에게 서로 사랑하라고 명령하는 기독교는 각 민족이 가장 좋은 정치법과 가장 좋은 민법을 갖기를 원한다. 왜냐하면 이 두 가지 법은 기독교 다음으로 인간이 주고받을 수 있는 소중한 것이기 때문이다.

2. 벨의 역설

벨(1647~1706년. 프랑스 철학자. 1684년에 문학·역사·철학·신학에 관한 비평지인 《문예공화국의 소식》을 펴내 큰 성공을 거두었으며, 《백과전서》를 예고하는 《역사비평사전》이 주요 저서다)은 우상숭배자보다는 차라리 무신론자가 낫다는 사실을, 다시 말해 나쁜 종교를 갖기보다는 아예 종교를 갖지 않는 편이 덜 위험하다는 사실을 증명하겠다고 주장했다. 그는 말한다. "나는 사람들이 내가 존재하지 않는다고 말해줬으면 좋겠고, 나를 나쁜 인간이라고 불러줬으면 좋겠다." 이것은 신이 존재한다고 믿는 것은 유익하지만, 어떤 인간이 존재한다고 믿는 것은 인류에게 아무 이익도 되지 않는다는 생각을 바탕으로 한 역설에 불과하다. 신이 존재하지 않는다는 개념에서 우리의 독자성이라는 개념이 생겨난다. 우리가 이 개념을 가질 수 없다면 우리의 반항이라는 관념이 뒤따른다.

종교가 항상 억압하지는 않기 때문에 억압적 유인이 아니라고 말하는 것은 곧 민법도 역시 억압적 유인이 아니라고 말하는 것이다. 만일 위대한 저작에 종교가 행한 덕행은 열거하지 않고 오직 해악에 대해서만 길게 열거하는 것은 곧 종교에 반대해 부적절하게 추리하는 것이다.

문제는 어떤 인간이나 민족이 종교를 갖지 않는 편이 갖고 있는 종교를 악용하는 것보다 나은지 어떤지 여부가 아니라, 이따금 종교를 악용하는 것과 인간 사이에 종교가 없는 것 가운데 어느 편이 덜 나쁜가 여부다.

무신론에 대한 혐오를 줄이기 위해서 무신론자는 우상숭배를 지나치게 희화화한다. 고대인이 어떤 악덕의 제단을 세웠을 때에 그것은 그들이 그 악덕을 사랑하였음을 의미하는 것이 아니라 반대로 그러한 악덕을 증오하였음을 의미한다.

3. 중도정체는 기독교에 더 적합하고,
전제정체는 이슬람교에 더 적합하다

기독교는 순수한 전제정체와 거리가 멀다. 복음서가 힘주어 역설하는 온화함은 군주가 신하에게 벌을 내리거나 잔인한 행위를 저지를 때의 전제적 분노와 완전히 상반되기 때문이다.

이 종교는 다처제를 금하므로 군주가 여자들에게 파묻혀 있는 일도 더 적고, 자신의 신민과 떨어져 있는 일도 더 적다. 따라서 더 인간적이다. 그들은 법을 따르려는 마음을 더 많이 갖고 있고, 자기들이 뭐든지 다 할 수는 없음을 더 잘 느끼고 있다.

이슬람교국 군주들이 끊임없이 죽이고 죽는 동안 기독교인 사이에서는 종교가 군주를 덜 비겁하게, 따라서 덜 잔혹하게 만든다. 즉 군주는 신민을 신뢰하고, 신민도 군주를 신뢰한다. 이것이야말로 정말 감탄스러운 일이 아닐 수 없다! 기독교는 오직 내세의 행복만을 목적으로 하는 듯 보이지만 사실은 현세에서도 우리를 행복하게 만들어준다.

에티오피아에서 제국의 광대함과 풍토의 결함에도 불구하고 전제정체가 확립되는 것을 방해하고 아프리카 한복판에 유럽의 풍속과 법을 이식시킨 것은 기독교다〔에티오피아는 4세기에 복음화되어, 5세기에 이단인 유티케스의 그리스도 단성론을 받아들였다〕.

한편으로는 그리스와 로마의 왕이나 장군들이 끊임없이 저지른 학살을, 또 한편으로는 아시아를 짓밟은 유명한 정복자 티무르 베그

〔1336~1405년)와 칭기즈칸〔1167?~1227년)에 의한 여러 민족과 도시의 멸망을 예로 들어보자. 그러면 기독교 덕분에 통치에는 어떤 정치법이, 전쟁에는 어떤 만민법이 주어졌다는 것을 알 수 있다.

이 만민법 덕분에 우리 사이에서는 전쟁에서 승리해도 맹목적이 되어 판단력을 잃지 않는 한 생명과 자유, 법, 재산, 그리고 반드시 종교를 패배한 민족에게 남겨두는 것이다.

6. 벨의 또 다른 역설

벨은 모든 종교를 모욕하고 나서 이번에는 기독교를 모독하고 있다. 그는 "독실한 기독교인이라면 존속 가능한 국가를 만들지 못할 것이다"라고 감히 말한다〔몽테스키외에 따르면(《'법의 정신'을 옹호함》), 벨은 복음서에 나오는 "그를 위해 한쪽 뺨을 맞으면 다른 쪽 뺨을 내밀어라, 세상을 떠나라, 사막에 은거하라"는 등의 명령을 내세웠다).

이 위대한 인물이 자기가 믿는 종교의 정신을 잘못 알고 있었다는 것은, 또 기독교 건설을 위한 명령과 기독교 자체를, 그리고 복음서 계율과 그 조언을 구분하지 못했다는 것은 놀라운 일이 아닐 수 없다. 입법자가 법 대신 조언을 준 것은, 만일 그 조언이 법처럼 명령된다면 법의 정신에 어긋난다는 사실을 알았기 때문이다.

7. 종교에서 완전한 법

정신에게 말하도록 만들어진 인간의 법은 계율을 주어야지 조언을 해서는 안 된다. 종교는 마음에게 말하도록 만들어진 것이므로 조언은 많이 하되 계율은 아주 조금만 주어야 한다.

이를테면 종교가 좋은 것이 아니라 더 좋은 것을 위한 계율을, 즉 좋은 것이 아니라 완전한 것을 위한 계율을 주면 그것은 법이 아니고 조언에 더 가깝다. 왜냐하면 완전이란 인간과 사물 전반에 관계되는 것이 아니기 때문이다. 뿐만 아니라 만일 그것이 법이라면, 처음에 만든 법을 준수하도록 하려고 무한히 많은 다른 법이 필요할 것이다.

14. 종교는 어떻게 민법에 영향을 미치는가

종교와 민법은 주로 인간이 좋은 시민이 되도록 노력해야 하므로, 둘 중 하나가 원래 목표에서 멀어지면 다른 하나는 그 목적을 이루기 위해 한층 더 노력해야 한다. 즉 종교가 덜 억압적일수록 민법은 더욱 더 엄격해야 한다.

종교가 인간 행위의 필연성에 관한 교의를 만들 때 법에 따른 형벌은 더 무거워져야 하며, 치안도 더 엄중하게 이루어져야 한다. 그러나 종교가 자유 교의를 만들 때는 문제가 다르다.

민법이 허용해야 할 것을 종교가 단죄할 때, 종교가 단죄해야 할 것을 민법이 허용하는 것은 위험한 일이다. 왜냐하면 둘 중 하나는 언제나 관념의 조화와 균형이라는 면에서 결함을 나타내며, 이 결함은 다른 하나로 옮겨 가기 때문이다.

그리하여 칭기즈칸의 타타르인 사이에서는 작은 칼을 불 속에 넣거나, 채찍 모양 무기에 기대거나, 말을 재갈로 때리거나, 뼈로 다른 뼈를 부수는 일은 종교적 죄일 뿐만 아니라 심지어 사형을 받아 마땅한 범죄였다. 그러나 그들은 서약을 어기거나, 남의 물건을 빼앗거나, 사람을 모욕하거나 죽이는 것은 죄가 된다고 생각하지 않았다. 한마디로 있어도 그만 없어도 그만인 것을 꼭 필요한 것으로 여기게 하는 법은, 꼭 필요한 것을 있어도 그만 없어도 그만인 것으로 여기게 하는 결함이 있다.

종교가 부수적인 것을 정당화하면 인간 사이에 있는 최대의 원동력을 무익하게 잃는다. 인도인은〔몽테스키외는 인도인과 힌두교도를 혼동한다〕갠지스 강물에 신성화하는 힘이 있다고 믿는다. 그래서 갠지스 강변에서 죽는 자는 내세의 형벌을 면하고 극락정토에서 살 수 있다는 것이다. 사람들은 먼 곳에서 죽은 사람의 재가 담긴 단지를 보내 갠지스 강에 던져지도록 한다. 생전에 덕행을 쌓았는지 어쨌는지 중요하지 않다. 그저 갠지스 강에 던져지기만 하면 된다.

보상받는 곳이 있다는 생각은 필연적으로 벌을 받는 곳이 있다는 생각을 수반한다. 그리고 사람들이 이 둘 중 하나를 두려워하지 않고 다른 하나를 바라면 민법은 힘을 발휘하지 못한다. 내세에서 분명히 보답을 받을 수 있으리라고 믿는 자는 입법자에게서 벗어날 것이다. 그는 죽음을 우습게 여길 것이다. 재판관이 그에게 선고할 수 있는 최대의 형벌도 순식간에 끝나고 이내 행복이 시작되리라고 믿는 인간을 어떻게 법으로 억제한단 말인가?

19. 어떤 교의가 시민적 상태에서 인간에게 유익하거나 유해한 것은 그 진실성과 허위성보다 어떻게 이용하는가에 달렸다

가장 진실하고 신성한 교의도 사회 원리와 결부되어 있지 않을 때는 아주 안 좋은 결과를 초래할 수 있다. 그에 반해 가장 거짓된 교의라도 그런 원리와 결부되게 한다면 훌륭한 결과를 얻을 수 있다.

공자의 종교는 영혼 불멸을 부정하며(공자가 조상 숭배를 가르치기는 했지만, 이제는 종교라기보다 지혜라 할 수 있다), 제논(기원전 4~3세기 그리스 철학자) 학파도 그것을 믿지 않는다. 그런데 이 두 교파는 사회에 대해서 올바르지는 않지만 감탄스러울 정도로 놀라운 결과를 나쁜 원리에서 얻어냈다.

도교와 불교는 영혼 불멸을 믿는다. 그러나 그토록 신성한 교의에서 둘은 가공할 만한 결과를 끌어냈다.

거의 전 세계에 걸쳐, 또 모든 시대를 통해 영혼 불멸의 교리는 잘못 해석되어 여성과 노예, 신하, 친구 등에게 저승에 가서 존경과 사랑의 대상을 섬길 수 있도록 자살하라고 권했다. 서인도제도에서는 이렇게 했다. 덴마크 사람들도 이렇게 했다. 그리고 일본과 마카사르(인도네시아 셀레베스 섬 남부의 항구도시), 지구상의 다른 몇몇 장소에서는 아직도 이렇게 한다.

이러한 관습은 영혼 불멸의 교의에서 직접 유래한다기보다 오히려 육체 부활이라는 교의에서 유래한다. 즉 죽은 뒤에도 사람은 살아 있을 때와 똑같은 욕망, 똑같은 감정, 똑같은 정열을 가지리라는 결론을 여기서 끌어낸 것이다. 이 같은 견지에서 영혼 불멸의 교의는 인류에게 깊은 감명을 준다. 왜냐하면 단순한 체재의 변화라는 관념은 새로운 변모의 관념보다도 우리 정신이 더 쉽게 이해하고 우리 마음에도 더 좋아 보이기 때문이다.

　종교가 교의를 세우는 것만으로는 충분하지 않다. 종교는 교의를 이끌어나가야 한다. 기독교라는 종교가 우리가 말하는 여러 교의에 관해 훌륭하게 이룩한 점이 바로 이것이다. 즉 기독교는 우리로 하여금 우리가 느끼거나 알고 있는 나라가 아니라 우리가 믿는 상태를 바라게 한다. 육체 부활에 이르기까지 모든 것이 우리를 정신적 관념으로 이끈다.

25편

법과 각 나라의 종교 존립 및
그 대외정책의 관계

9. 종교에 대한 관용

어떤 국가의 법이 다수의 종교를 용인해야 한다고 판단하면, 이 종교들이 서로 관용하도록 강제할 필요도 있다. 탄압받는 종교가 다른 종교를 탄압하게 된다는 것이 원칙이다. 왜냐하면 어떤 우연으로 억압에서 벗어난 종교는 그 즉시 자기를 탄압한 종교를 종교로서가 아니라 폭압으로서 공격하기 때문이다.

그러므로 법이 이들 여러 종교에 대해 단지 국가를 혼란시키지 않을 뿐만 아니라 서로를 방해하지 않도록 요구하는 것은 유익한 일이다. 시민이 국가기관을 동요시키지 않는다고 해서 법을 만족시키는 것은 결코 아니다. 나아가 그는 다른 시민 누구에게도 폐를 끼치지 않아야 한다.

26편

법과 자연의 관계에서의 판단 능력

15. 민법 원리에 의존하는 것을 정치법 원리로 규정하면 안 된다

인간은 자신의 자연적 독립을 포기하고 정치법 아래 살아가는 것처럼 재산의 자연적 공유를 포기하고 민법 아래 생활한다.

정치법은 인간으로 하여금 자유를 획득하게 했으며, 민법은 소유권을 획득하도록 해주었다.

키케로는 "국가가 설립된 것은 각 개인이 그 재산을 보존하기 위해서이므로 토지 균분법은 옳지 못한 것"이라고 주장했다. 따라서 국가가 개인 재산을 필요로 하는 경우 엄격한 정치법에 의거해 행동하면 안 된다.

집정자가 공공건물이나 새로운 도로를 만들려면 그에 대한 배상을 해야 한다. 이 점에서 국가는 개인과 교섭하는 개인과 같다〔예를 들어 옛 법은 개인에게 배상하지 않고 그들의 땅에 길을 낼 수 있도록 허용했다〕. 국가는 시민을 강제하여 그 상속재산을 매각하도록 하고, 자기 재산의 양도를 강제당할 수는 없다는 민법상의 큰 특권을 뺏는 것만으로 충분하다〔수용을 위한 배상이라는 관행은 대혁명 이후에 생겼다).

　로마를 멸망시킨 여러 국민은 정복 자체를 남용하고 나서야 자유정
신을 통해 평등 정신으로 돌아갔다. 그들은 가장 야만적인 법을 절도
있게 집행했다.

6부

27편

상속에 관한
로마법의 기원과 혁신

입법자가 자연적 감정을 거역하는 법을 제정하지 않을 수 없다는 것은 인간 조건의 한 가지 불행이다. 보코니아법이 바로 그 예였다. 왜냐하면 입법자는 시민이 아니라 사회의 관점에서, 인간이 아니라 시민의 관점에서 법을 만들기 때문이다. 이 법은 시민과 인간을 희생시켰으며, 오직 공화국만을 생각했다. 어떤 사람이 친구에게, 유산을 딸에게 넘겨주라고 간곡히 부탁했다고 하자. 그런데 법은 유언자의 자연적 감정을 무시했고, 딸의 효심도 무시했다. 법은 유산 교부를 위탁받은 자에 대해 아무 고려도 하지 않았고, 그래서 그는 몹시 곤란해졌다. 즉 유산을 상속하면 나쁜 시민이 되고, 그냥 갖고 있으면 부정직한 인간이 되는 것이다.

법을 피하려는 것은 원래 착하게 태어난 사람들뿐이며, 법을 피하기 위해 택할 수 있는 것은 오직 성실한 사람들뿐이다. 왜냐하면 그것은 곧 탐욕과 쾌락에 대해 거둬야 하는 승리이기 때문이다. 또한 그런 종류의 승리를 거둘 수 있는 것은 오직 성실한 사람들뿐이기 때문이다.

이때 그들을 나쁜 시민으로 간주하는 것은 가혹한 일일지도 모른다. 만일 그가 만든 법이 성실한 사람에게만 법을 무시하도록 강제하는 경우에 입법자는 그 목적을 대부분 달성했다고 말할 수도 있다.

28편

프랑크인에게 있어서의
민법의 기원과 혁신

20. 체면의 기원

바바리아인 법전에서는 많은 수수께끼가 발견된다. 프리즈인(현 네 덜란드 북쪽 지역에 살던 민족) 법은 지팡이로 맞은 사람에게 보상금을 반 수 (sou)만 지불하도록 정했다. 그러나 상처를 입히면 그 상처가 아무리 작 더라도 더 많은 보상금을 물어줘야 했다. 살리카법에 따르면, 한 자유 인이 다른 자유인을 지팡이로 세 번 때리면 3수를 지불했지만, 만일 피 가 나게 했을 때는 칼로 벤 것으로 간주되어 15수를 지불해야 했다. 즉 상처의 크고 작음에 따라 형량이 정해졌다. 롬바르디아인(이탈리아 북부 와 포 평야, 베네치아까지 지배했던 민족)의 법은 1격, 2격, 3격, 4격에 대해 각 각 다른 배상금을 정해놓았다. 그러나 지금은 한 번을 때리든 10만 번 을 때리든 형량이 똑같다.

우리는 여기서 우리 체면에 관한 특수 조항들이 생기고 형성되는 것을 알 수 있다. 고소인은 먼저 재판관에게 이러이러한 사람이 저러저 러한 행동을 했다고 말한다. 그러면 이 사람은 고소인이 거짓말을 했다고 대답한다. 이에 대해 재판관은 결투를 명령한다. 주장이 반박받으면 결투를 해야 한다는 격률이 성립되었던 것이다.

일단 결투를 하겠다고 선언하면 취소할 수 없었다. 취소할 경우에는 형벌을 받아야 했다. 여기서 남자가 말로 약속했을 때 명예는 그 말의 철회를 허용하지 않는다는 규정이 생겨났다.

귀족은 말을 타고 무기로 싸웠으며, 천민은 땅에서 지팡이를 갖고 싸웠다. 그래서 지팡이는 모욕의 도구가 되었다.[1] 왜냐하면 지팡이로 얻어맞는 사람은 천민 취급을 받았기 때문이다.

얼굴을 드러내놓고 싸운 것은 천민뿐이었다.[2] 따라서 얼굴을 지팡이로 맞을 수 있는 것도 그들뿐이었다. 뺨을 얻어맞는 것은 피로 설욕해야 하는 모욕이 되었다. 뺨을 맞은 사람 역시 천민 취급을 받았기 때문이다.

게르만 민족도 우리 못지않게 체면을 중시했다. 아니, 우리보다 더 중시했다. 그래서 아주 먼 친척들까지 모욕 사건에 매우 적극적으로 참가했다. 따라서 그들의 법전은 모두 이 점에 근거한다. 롬바르디아인 법에 따르면, 치욕과 조소를 퍼부을 목적으로 종자들과 힘을 합쳐 무방비 상태인 사람을 때렸을 경우 그를 죽였을 때 내야 하는 배상금의 절반을 지불하고, 또 같은 동기로 상대편을 묶었을 경우 같은 배상금의 4분의 3을 지불해야 했다.

그러므로 우리는 우리 조상들이 모욕에 무척 민감했지만, 이를테면 어떤 특정한 도구로 어떤 특정한 방법을 통해 몸의 특정 부위를 공

---

1   로마인은 지팡이로 싸우는 것이 비열한 행동이라고 생각하지 않았다.

2   그들이 가진 거라곤 방패와 지팡이뿐이었다.

격당하는 것 같은 특별한 종류의 모욕에 대해서는 알지 못했다고 말할 수 있다. 이 모든 것은 다 얻어맞았다는 모욕에 포함되어 있었기 때문이다. 그리고 그런 경우 폭행 정도가 바로 모욕 정도가 되었다.

29편

법을 제정하는 방법

6. 똑같아 보이는 법이 언제나 똑같은 결과를 초래하지는 않는다

카이사르는 집에 60세스테르세스 이상의 돈을 보관하지 못하게 했다.[3] 로마에서 이 법은 채무자와 채권자를 화해시키는 데 매우 적합한 것으로 간주되었다. 왜냐하면 부자로 하여금 가난한 사람에게 돈을 빌려주도록 강요함으로써 가난한 자가 부자를 만족시킬 수 있게 했기 때문이다. 그러나 같은 제도의 시대에 프랑스에서 만들어진 같은 법은 엄청난 폐해를 끼쳤다. 왜냐하면 그것이 제정될 당시 상황이 무시무시했기 때문이다. 그 제도는 돈을 투자하는 모든 수단을 빼앗는 것으로 모자라 각자가 돈을 집에 보관하는 수단까지 빼앗았으므로 사실상 폭력을 통한 탈취나 다를 바 없었다. 카이사르는 돈이 국민 사이에서 돌고 돌도록 이 법을 만들었으나, 프랑스 장관은 돈이 단 한 사람 손으로 들어가게 하려고 이 법을 만들었다. 전자는 화폐 대신 토지나 개인에 대

---

3   아리스토텔레스, 《공화국》 5권 3장.

한 저당권을 주었다. 반면에 후자는 전혀 가치가 없고, 그 자체의 성질과 법이 그것을 갖도록 강요했다는 이유로는 가치를 가질 수 없는 증권을 화폐 대신 제공했다.

7. 같은 주제의 연속 ― 법을 잘 만들어야 할 필요성

오스트라시즘 법은 아테네와 아르고스, 시라쿠사에서 만들어졌다. 시라쿠사에서는 그 법이 대충대충 만들어졌기 때문에 엄청난 폐해를 끼쳤다. 유력한 시민들은 무화과 잎을 손에 들고 서로를 추방했다. 그 바람에 조금이라도 능력 있는 사람은 일을 그만두었다. 아테네에서는 입법자가 이 법을 얼마나 확대하고 제한해야 하는지를 알았으므로 오스트라시즘은 가히 감탄할 만했다.

8. 똑같아 보이는 법이 항상 똑같은 동기를 갖지는 않는다

프랑스에서는 대리 상속인 지정에 관한 로마법을 대부분 받아들이고 있다. 그러나 프랑스에서 이 법은 로마에서와는 전혀 다른 동기를 갖는다. 로마의 경우에 상속재산은 상속인이 해야 하고 신관(神官)의 법으로 규정되는 일정한 희생과 결부되어 있었다. 그 결과 로마인은 상속인 없이 죽는 것을 불명예스럽게 생각하고, 자기들의 노예를 상속인으로 정하는 대리 상속인 지정 제도를 만들어내게 되었다. 맨 처음 만들어졌으며 지정 상속인이 유산을 받지 않을 경우에만 시행되었던 보통 대리 상속인 지정 제도가 그 사실을 보여주는 가장 큰 증거다. 그 목적은 상속재산을 같은 이름의 가문에 영구히 물려주는 데 있는 것이 아니라, 상속재산을 받을 누군가를 찾아내는 데 있었다.

10. 상반되는 듯한 법이 때로는 같은 정신에서 유래한다

지금은 누군가를 법정에 소환하려면 그 사람 집으로 간다. 그러나 로마법에서는 그렇게 할 수 없었다.

법정에 소환한다는 것은 일종의 신체 구속[4] 같은 폭력적 행위였다.[5] 그래서 오늘날 민사상 부채 때문에 유죄선고를 받은 사람의 집으로 신체 구속을 하러 갈 수 없는 것처럼, 그때는 법정에 소환하려고 그 사람 집에 갈 수 없었다.

로마법이나 우리 법은 또한 모든 시민은 자기 집을 피난처로 가지며, 거기서는 어떤 폭력도 당하지 않아야 된다는 원칙도 인정한다.

11. 서로 다른 두 법은 어떤 식으로 비교될 수 있는가

프랑스에서 위증한 사람에 대한 형벌은 매우 무겁지만 영국에서는 그렇지 않다. 두 나라 법 가운데 어느 법이 더 나은가를 판단하려면, 프랑스에서는 범죄자에 대한 고문이 행해지지만 영국에서는 그렇지 않다는 사실을 덧붙여야 한다. 또한 프랑스에서는 피고가 증인을 내세우

---

4 *Rapit in jus*, 호라티우스, 《풍자시》 9편. 그래서 어느 정도 존경받는 사람은 법정에 소환할 수가 없었다.

5 십이동판법을 보라.

지 않고, 정당화 사유라고 불리는 것을 인정하는 경우가 매우 드물다. 반면에 영국에서는 모든 사람의 증언을 받아들인다. 프랑스의 세 가지 법은 매우 밀접하게 연결되어 조리 있는 하나의 체계를 이루고 있으며, 영국의 세 가지 법 또한 이에 못지않게 매우 밀접하게 연관되어 조리 있는 체계를 이루고 있다. 범죄자에 대한 고문을 허용하지 않는 영국 법은 피고에게서 범죄를 저질렀다는 자백을 받아낼 가능성이 매우 희박하다. 그러므로 피고는 여기저기서 제3자의 증언을 구하고, 중벌을 받을지도 모른다는 두려움 때문에 감히 증인의 의지를 꺾어놓지 못한다. 그러나 프랑스 법은 또 하나의 수단(고문)을 가졌으므로 증인을 위협하는 것을 두려워하지 않는다. 오히려 이성도 법이 그들을 위협할 것을 요구한다. 프랑스 법은 한쪽 증인의 말에만 귀 기울인다.[6] 그것은 검찰관이 내세우는 증인들로, 피고의 운명은 오직 그들의 증언에 좌우된다. 그런데 영국에서는 양쪽 증인이 다 인정된다. 말하자면 사건은 그들 사이에서 다투어지는 것이다. 거기서는 위증 위험이 줄어들 수 있으며, 피고는 위증에 맞설 수 있는 방책을 갖는다. 반면에 프랑스 법은 피고가 그런 방책을 전혀 갖지 못한다. 그러므로 영국과 프랑스 법 가운데 어느 법이 더 조리에 맞는가를 판단하려면 이 법들을 따로 떼어서 비교해볼 것이 아니라 모든 면을 종합해 전체를 비교해보아야 한다.

---

6 프랑스의 옛 판례에 따라 양쪽 증인들의 증언을 다 듣는다. 생 루이의 《법》 1권 7장을 보면, 위증한 증인들에게 벌금형을 내린다고 나와 있다.

13. 법을 그 제정 목적과 분리하면 안 된다 — 절도에 관한 로마법

절도범이 훔친 물건을 감추려고 어떤 장소로 가져가기 전에 그 물건과 함께 붙잡혔을 때 로마인은 그를 현행 절도범이라고 불렀다. 또 절도범이 그 후에 발견되었을 때는 비현행 절도범이라고 했다.

십이동판법은 현행 절도범이 성년이면 곤장을 때린 다음 노예로 삼고, 미성년이면 그냥 곤장만 때린다고 정했다. 그리고 비현행 절도범은 훔친 물건의 두 배에 해당하는 돈을 물어내야 한다고 정했다.

포르키아법이 시민을 곤장으로 때린 다음 노예로 삼는 관행을 폐지하자, 현행 절도범은 훔친 물건 값의 네 배에 해당하는 벌금형을 선고 받았고[7] 비현행 절도범은 변함없이 두 배의 벌금을 물어야 했다.

법들이 이들 두 가지 범죄의 질과 형벌을 이처럼 구별한 것은 기이해 보인다. 실제로 절도범이 훔친 물건을 목적지로 가져가기 전에 붙잡혔든 나중에 붙잡혔든, 그 같은 정황이 범죄의 질을 바꾸지는 않는다. 나는 절도에 관한 로마법 이론이 스파르타 제도에서 유래했다는 사실을 의심할 수가 없다. 리쿠르고스는 스파르타 시민에게 능란한 솜씨와 계략, 활력을 부여하고자 어린아이들에게 도둑질을 시키되 현장에서 붙잡힌 아이는 곤장을 치라고 명했다. 그래서 그리스인에 이어 로마인은 현행 절도범과 비현행 절도범을 분명하게 구분했던 것이다.[8]

민법은 정치법에 종속되므로(두 법 모두 한 사회를 위해 만들어지므로) 한 나라의 민법을 다른 나라에 적용하고자 할 경우에는 두 나라가 같

---

7   파보리누스가 아울루스 겔리우스에 관해 한 얘기를 보라. 20권 1장.
8   플루타르코스의 《리쿠르고스의 삶》과, 판례집인 《드 푸르티스》 및 《법률 요약집》 4권을 비교 참조해보라.

은 제도와 같은 정치법을 가졌는지 미리 검토하는 것이 좋다.

따라서 절도에 관한 법이 크레타 사람들에게서 스파르타 사람들에게 옮겨졌을 때는 그 정체와 헌법도 함께 옮겨진 것이므로, 이 법은 두 나라 사람들 모두에게 합리적이었다. 그러나 그 법이 스파르타에서 로마로 옮겨졌을 때는 로마 정체가 스파르타 정체와 같지 않았으므로, 로마에서는 언제나 생소했으며 다른 민법들과 전혀 연관되지 않았다.

14. 법을 그 제정 상황과 분리하면 안 된다

로마법은 의사가 부주의하거나 무능할 때 처벌할 수 있다고 정했다.[9] 지위가 조금 높은 의사는 유형에 처하고, 지위가 낮은 자는 사형에 처했다. 로마법은 우리 법과 같은 상황에서 만들어진 것이 아니었다. 로마에서는 누구든지 원하기만 하면 의사 노릇을 할 수 있었으나, 우리 프랑스에서 의사는 공부를 하고 정해진 학위를 취득해야 한다. 그래야만 의술을 알고 있는 것으로 간주된다.

16. 법을 만들 때 지켜야 할 것들

자기 나라 국민이나 다른 나라 국민에게 법을 만들어줄 수 있을 만큼 충분한 재능을 갖춘 사람은 만드는 방법에도 상당한 주의를 기울여야 한다.

---

9 코르넬리우스 법, *De sicariis* ; 《법률 요약집》 4권 3조 ; *De lege Aquilia*, §7.

법 문체는 간결해야 한다. 십이동판법은 명확성의 모델이다. 아이들도 암기할 정도였다.[10] 유스티니아누스 황제의 신 칙령은 너무 장황해서 요약하지 않으면 안 될 정도였다.[11]

법 문체는 평이해야 한다. 직접적 표현은 완곡한 표현보다 언제나 더 잘 이해된다. 비잔틴제국 법에는 전혀 위엄이 없다. 군주가 꼭 웅변 선생처럼 말을 한다. 법 문체가 과장되면 사람들은 그것이 그냥 자기과시를 위한 창작물에 지나지 않는다고 생각한다.

법 언어가 모든 사람에게 똑같은 생각을 불러일으키는 것은 중요한 일이다. 리슐리외 추기경은 국왕 앞에서 장관을 탄핵할 수 있다고 인정했지만[12] 탄핵으로 밝혀진 것이 중대한 일이 아닐 경우에는 탄핵자가 처벌받아야 한다고 정했다. 그래서 모두 자기에게 불리한 경우에는 그게 무엇이든 분명 진실을 말하지 못했을 텐데, 중대한 일이란 상대적이어서 누군가에게 중대한 일이 다른 사람에게는 중대하지 않을 수 있기 때문이다.

법이 어떤 결정을 하지 않으면 안 될 경우 돈으로 해결하는 일은 되도록 피해야 한다. 수많은 원인이 돈 가치를 바꿔놓기 때문이다. 따라서 설사 화폐 명목은 옛날과 같더라도 동일한 것은 아니다. 로마의 한 무례한 인간이 길에서 만나는 사람들마다 뺨을 한 차례씩 때리고 십이동판법이 정한 대로 25수의 돈을 물었다는 이야기[13]는 잘 알려져 있다.

---

10 *Ut carmen necessarium.* 키케로, *De legibus*, 2권.

11 이것은 이르네리우스의 작품이다.

12 정치적 유언.

13 아울루스 겔리우스, 20권 1장.

어떤 법에서 사물 개념을 일단 확정하고 나면 절대 모호한 표현을 다시 사용해서는 안 된다. 루이 14세의 범죄에 관한 칙령[14]을 보면, 왕과 관련된 사건들을 정확히 열거한 후에 "언제나 국왕의 판사가 재판한 사건"이라는 문구를 덧붙인다. 이는 모처럼 빠져나온 전제 속으로 다시 빠져 들어가는 것이다.

법은 또한 너무 치밀하면 안 된다. 법은 보통의 지적 능력을 가진 사람들을 위해 만들어지는 것이다. 그것은 논리의 기술이 아니라 가부장의 단순한 이론이기 때문이다.

어떤 법에서 예외와 제한, 수정이 필요하지 않을 경우에는 차라리 그런 법을 만들지 않는 편이 훨씬 낫다. 이처럼 세세한 것들은 새로운 세세한 것들로 이어지기 때문이다.

충분한 이유 없이 법을 바꿔서도 안 된다. 유스티니아누스 황제는, 남편이 2년 동안 아내와 육체관계를 맺지 못할 경우 아내는 지참금을 잃지 않고 남편과 이혼할 수 있다고 정했다. 그는 이 법을 고쳐 그 불행한 남편에게 유예기간 3년을 주었다. 그러나 이런 경우는 2년이나 3년이나 마찬가지고, 3년이라고 해서 2년보다 나을 것도 없다.

최소한 법적인 이유를 제시할 때는 그 법에 적합한 이유여야 한다. 어떤 로마법을 보면, 장님은 사법관의 제복을 볼 수 없기 때문에 소송할 수 없다, 라고 나와 있다. 적절한 이유가 얼마든지 있는데 이런 황당한 이유를 든 것으로 보아, 그 법은 일부러 만든 것이 분명하다.

법은 인간보다 더 잘 추정한다. 프랑스 법은 상인이 파산 전 10일 동

---

14 이 칙령 조서에는 그에 합당한 이유들이 나와 있다.

안 한 모든 행위를 사기 행위로 간주하는데, 이것은 법의 추정이다. 반면 로마법은 간통한 아내를 집에 두는(남편이 재판 결과를 두려워하거나 그 자신이 받게 될 모욕감 따위는 아랑곳하지 않아 그렇게 하기로 결심하지 않은 한) 남편을 처벌했다. 이것은 인간의 추정이다. 재판관은 남편이 어떤 이유에서 그런 행동을 했는지를 추정함으로써 매우 애매모호한 사고방식에 입각해 판결을 내려야 했다. 재판관이 추정할 경우 판결은 자의적이 되고, 법이 추정할 경우 그것은 재판관에게 일정한 규율을 부여한다.

30편

군주정체 확립과 관련해
프랑크족의 봉건법 이론

1. 봉건법

그때까지 알려져 있던 법들과는 아무 관련도 없이 어느 한순간 유럽 전역에 나타난 법, 수도 없이 많은 선한 일과 악한 일을 한 법, 영지는 양도했어도 권리는 내버려둔 법, 같은 사물이나 같은 사람에 대한 다양한 종류의 영주권(領主權)을 여러 사람들에게 주면서도 그 영주권 전체의 중압을 줄인 법, 너무 넓은 제국에 여러 경계를 설정한 법, 무정부적 성향을 띤 규율과 질서 및 조화의 성향을 띤 무정부 상태를 만들어낸 법, 그것이 바로 봉건법이다.

봉건법은 전망이 아주 좋다. 오래된 떡갈나무가 서 있다. 잎이 우거진 잔가지들이 멀리서 보인다. 가까이 다가가면 나무줄기가 보인다. 그러나 뿌리는 전혀 안 보인다. 뿌리를 보려면 흙을 파내야만 한다.

2. 봉건법의 기원

로마제국을 정복한 민족은 게르마니아 출신이었다. 그들의 풍속을 묘사한 고대 저자들은 매우 드물지만, 그중에서도 두 사람은 상당히 권위가 있다. 카이사르는 게르만인과 전쟁하면서 그들의 풍속에 대해 서술했고[15] 이 풍속을 근거로 전략을 세웠다.[16] 이 점에 관한 한 카이사르의 몇 페이지는 몇 권 분량에 해당하는 가치가 있다.

타키투스는 게르만 사람들의 풍속을 다룬 특이한 저서를 남겼다. 이 책은 짧지만, 타키투스는 모든 것을 요약해놓았다. 그는 모든 것을 보았기 때문이다.

카이사르와 타키투스의 이 책들은 우리가 가진 만민법전과 거의 일치하므로, 이들 두 저자의 책을 읽다 보면 어디서나 이 법전을 발견할 수 있다. 그리고 이 법전을 읽다 보면 어디서나 카이사르와 타키투스를 발견할 수 있을 정도다.

나는 봉건법을 연구하다가 설사 길과 모퉁이가 불쑥불쑥 나타나는 어두운 미로에서 헤매더라도 손에 쥐고 있는 실로 길을 잃지 않고 걸어갈 수 있으리라고 믿는다.

3. 봉신제의 기원

카이사르는 말한다. "게르만 사람들은 농업에 종사하지 않았고, 대부분 우유나 치즈, 고기를 먹고 살았다. 아무도 자신만의 땅이나 경계

---

15 《갈리아 전기》 6권.

16 예컨대 그의 갈리아 퇴각.

를 갖지 않았으며, 각 국가의 군주와 행정관은 개인에게 그들이 원하는 토지를 원하는 장소에 나누어주고, 이듬해에는 의무적으로 다른 곳으로 옮겨가도록 했다." 또한 타키투스는 "각 군주에게는 그에게 종속되어 있고 그를 따르는 한 무리의 사람들이 있다"고 말한다. 타키투스는 그들의 신분과 관련된 이름을 자신의 언어로 붙여주고 그들을 '동반자'로 명명했다. 그들은 군주에게서 어떤 특전을 받으려고 경쟁을 벌였고, 군주도 자신이 거느린 동반자의 숫자가 얼마나 많고 그들이 얼마나 용감한가를 놓고 같은 경쟁을 벌였다.

타키투스는 곧이어 덧붙인다. "언제나 선발된 청년들에게 둘러싸여 있다는 것은 곧 위엄과 권력을 가졌다는 의미다. 그들은 평화로울 때 장신구가 되고 전쟁할 때는 성채가 된다. 거느리는 봉신이 남보다 더 많고 더 용감하면 국민이나 이웃 민족 사이에서 명성이 높아진다. 선물이 들어오고, 여기저기서 사절이 찾아온다. 흔히 명성이 전쟁의 승패를 결정짓는다. 군주가 전투를 할 때 덜 용감한 것은 굴욕이다. 군대가 군주의 용기에 필적하지 못하는 것도 굴욕이다. 군주보다 오래 살아남는 것은 영원한 불명예다. 가장 신성한 의무는 군주를 지키는 것이다. 군주들은 어떤 도시가 평화로우면 전쟁 중인 다른 도시로 간다. 그렇게 해서 많은 친구를 갖게 된다. 친구들은 그들에게서 군마(軍馬)와 무시무시한 투창을 받는다. 별로 맛은 없지만 풍성한 식사가 그들에게 지불되는 일종의 급료다. 군주는 전쟁과 약탈을 통해서만 이 같은 은혜를 베풀 수 있다. 땅을 일구고 한 해의 수확을 기다리라고 그들을 설득하기보다 적을 불러들여 부상을 당하라고 설득하는 편이 훨씬 쉬울 것이다. 피를 흘림으로써 얻을 수 있는 것을 땀을 흘려서는 얻지 못하기 때문이다."

이같이 게르만인에게는 봉신이 있었지만 봉토는 없었다. 봉토가 없었던 것은 군주에게 줄 만한 토지가 없었기 때문이었다. 봉토는 다름아닌 군마와 무기, 식사였다. 그러나 봉신은 있었다. 서약으로 관계를 맺고, 전쟁을 위해 고용되고, 그 이후에 봉토를 위해 한 것과 거의 비슷한 봉사를 한 충성스러운 사람이 존재했기 때문이다.

14. 센서스라고 불리던 것

바리아인은 고향을 떠날 때 자기들의 관습을 글로 기록하려고 했다. 그러나 게르만 말을 로마자로 표기하는 데 어려움이 따랐기 때문에 라틴어로 써서 공포했던 것이다.

정복과 진전의 혼란 가운데 많은 것은 성질을 바꾼다. 그것을 표현하려면 새로운 관습과 가장 큰 관련이 있는 옛 라틴어 단어들을 사용해야 했다. 그래서 로마 사람들이 옛날에 사용하던 '센스'라는 단어의 개념을 되살릴 수 있는 것을 '센서스'와 '트리부툼' 등으로 불렀다.[17] 그리고 센스와 관계가 없을 경우에는 되도록 게르만 단어를 로마자로 써서 표현하려 했다. 이같이 하여 '프레둠'이라는 단어가 만들어졌는데, 여기에 대해서는 나중에 상세히 설명하겠다.

'센서스'나 '트리부툼'이라는 단어가 이렇게 자의적으로 사용되었으

---

17 '센서스'는 매우 총칭적인 단어이므로 건너야 할 다리나 나룻배가 있을 경우에는 강의 통행료 징수소를 가리키기도 한다. 이 단어는 또 자유인이 왕이나 왕이 보낸 사절에게 제공하는 마차를 가리킬 수도 있다.

므로, 제1왕조와 제2왕조에서 이 단어들이 가졌던 뜻이 다소 모호해졌다. 그래서 특별한 이론을 펼치던 현대의 저자들(뒤보 신부와 그를 따른 저자들)은, 당시 저술들에서 이 단어를 발견하자 센서스라고 불린 것이 바로 로마인의 센스라고 판단했다. 여기서 그들은 우리 제1왕조와 제2왕조 왕들이 로마 황제에 버금가는 지위에 오르고, 행정제도에 전혀 손을 대지 않았다는 결론을 얻었다.[18] 그리고 제2왕조 때 징수되던 세금이 어떤 우연과 개정을 통해 다른 세금으로 바뀌었기 때문에[19] 그들은 이 세금이 로마인의 센스였다고 결론지었다. 그리고 근대의 여러 규정 이후 국왕의 직할령이 절대 양도될 수 없다는 사실을 알게 되었으므로, 그들은 로마인의 센스를 대신하며 국왕 직할령의 일부를 이루지 않는 이들 조세는 완전한 침탈이라고 말했다.

15. 센서스라고 불리던 것은 자유인이 아닌 농노에게만 징수되었다

국왕과 성직자, 영주 들은 각자 자기 영지의 농노에게 정해진 세금을 징수했다. 나는 국왕에 대해서는 빌리스 칙령을 통해, 성직자에 대해서는 바바리아인 법전을 통해, 그리고 영주에 대해서는 샤를마뉴가 정한 규칙을 통해 이 사실을 증명하겠다.

이 세금은 센서스라고 불렸다. 그것은 세무(稅務)적 조세가 아니라

---

18 《프랑스 군주제의 수립》 3권 6부 14장에서, 뒤보 신부의 논거가 얼마나 약한지를 보라. 특히 그가 그레그와르 드 투르 교회와 샤리베르 왕과의 다툼에 대해 그레그와르 드 투르의 한 문장에서 유추한 결론의 논거가 얼마나 약한지를 보라.

19 예컨대 세금 면제를 통해.

경제적 조세였고, 공적 부담금이 아니라 사적 부과금이었다.

당시 센서스라고 불리던 것은 농노에게 과해진 세금이었다. 나는 그 사실을 마르쿨푸스의 한 조항으로써 증명할 텐데, 이 조항은 자유인 신분이고 센서스 장부에 등록되어 있기만 하다면 성직자가 될 수 있도록 국왕이 허용한다는 내용을 포함하고 있다. 나는 샤를마뉴가 작센 지방에 파견한 어느 백작에게 준 위임장을 통해서도 역시 그 사실을 증명할 수 있다. 이 위임장은 작센인이 그리스도교에 귀의했으므로 해방시킨다는 내용을 포함하고 있는데, 사실상 이것은 자유인 신분임을 인정하는 일종의 증서였다. 이 군주는 그들이 최초에 누리던 시민적 자유를 회복시키고 센서스도 면제해주었다. 그러므로 농노라는 것과 센서스를 납부하는 것은 같은 뜻이며, 자유라는 것과 센서스를 납부하지 않는 것도 같은 뜻이다.

같은 군주가 왕국이 받아들인 에스파냐 사람들을 위해 일종의 특허장을 발부한 까닭에 백작들은 그들에게 센서스를 내라고 요구하거나 그들의 땅을 빼앗을 수 없었다. 우리는 프랑스에 도착한 외국인이 노예 취급을 받았다는 사실을 알고 있다. 그리고 샤를마뉴는 에스파냐 사람들이 자유인으로 간주되기를 바랐으므로(그들이 땅을 갖기를 원했기 때문에) 그들에게 센서스 납부를 요구하지 못하도록 금했다.

같은 에스파냐 사람들을 위해 정해진 대머리 샤를 왕의 칙령은 그들을 다른 프랑크인과 마찬가지로 취급하는 한편, 그들에게서 센서스를 거두지 말 것을 요구한다. 즉 자유인은 센서스를 지불하지 않았다.

피스트 칙령 30조는, 국왕이나 교회의 많은 소작인이 그들 소유의 장원 부속지를 성직자나 그들과 신분이 똑같은 사람들에게 팔고 자신이 살 작은 집 한 채만 남겨놓음으로써 센서스를 더는 내지 않아도 되었던 폐습을 개혁했다. 그리고 이 칙령은 사물을 원상태로 되돌려놓으라고 명령한다. 그러므로 센서스는 곧 노예의 세금이었다.

군주정체에는 일반적인 센서스가 존재하지 않았다는 결론이 다시 한 번 여기서 나온다. 이 같은 사실은 많은 문서를 통해 분명해진다. 다음 칙령은 무엇을 의미하는가? "우리는 옛날에 왕의 센서스가 합법적으로 요구되었던 모든 곳에 그것을 요구하기를 바란다." 샤를마뉴가 지방으로 파견된 사신들에게 옛날에 왕의 영지에 속했던 모든 센서스를 정확히 조사할 것을 명하는 칙령은 과연 무엇을 의미하는가? "만일 누군가가 의례적으로 센서스를 징수하던 연공지(年貢地)를 취득했다면"이라고 쓰여 있는 칙령에 대해, 그리고 마지막으로 대머리 샤를 왕이 센서스가 먼 옛날부터 국왕에 속해 있던 연공지에 대해서 말하는 칙령에 어떤 의미를 부여할 것인가?

언뜻 내가 한 말과 반대되는 듯 보이지만, 사실은 그 말을 확인해주는 몇 가지 문서가 있다는 사실에 주목하기 바란다. 앞에서 보았듯이 군주정체에서 자유인은 수레 몇 대만 공급하면 되는 의무를 가지고 있었을 뿐이다. 내가 방금 인용한 칙령은 그것을 센서스라고 부르고, 이 칙령은 농노들이 내는 센서스와 그것을 대립시킨다.

게다가 피스트 칙령은 자기 목숨과 거처를 위해서 국왕에게 센서스를 지불해야 하고 기아에 시달리는 동안 용병이 된 자유인에 대해서 말하고 있다. 국왕은 그들을 되사길 원했다. 그것은 국왕의 편지로 해방된 사람들이[20] 정상적으로는 충분하고 완전한 자유를 획득하지 못했기 때문이다. 그러나 그들은 인두세(in capite)를 지불했다. 그리고 여기서 말하는 것은 바로 그런 부류 사람들이다.

그러므로 로마인의 정책에서 유래한 일반적이며 보편적인 센서스 개념을 버릴 필요가 있는데, 영주의 권리들도 찬탈을 통해 이 개념에서 유래한다고 가정했던 것이다. 프랑스 왕국에서 센서스라고 불린 것은 이 말의 남용과는 관계없이 주인이 농노에게 징수한 개별적 세금이었다.

16. 근위 무사 또는 봉신

게르만인 가운데 군주를 따라 함께 싸웠던 지원병에 대해서는 이미 설명했다. 이런 관행은 정복 후에도 지속되었다. 타키투스는 그들을 동반자라는 이름으로 지칭했다. 또 살리카법은 그들을 왕의 법 아래 있는 사람이라고 불렀으며, 마르쿨푸스는 왕의 측근 신하라고 불렀고, 우리 초기 역사가들은 근위 무사와 충성스러운 자로, 그 뒤 역사가들은 봉신과 영주로 불렀다.

살리카법과 리푸아리아 법에서는 프랑크인을 위한 규정이 수없이 발견되는데, 측근 신하에 대한 규정은 겨우 몇 개뿐이다. 측근 신하에 대한 규정은 다른 프랑크인에게 적용하기 위해 만든 규정과는 다르다. 이 두 가지 법을 보면 프랑크인의 재산에 대한 규정이 도처에 등장하지만, 측근 신하의 재산에 대한 규정은 전혀 등장하지 않는다. 왜냐하면 측근 신하의 재산은 민법이 아닌 정치법으로 규정되고, 또 그것은 군대에 대한 분배이지 한 집안의 세습재산이 아니었기 때문이다.

---

20 같은 칙령 28조는 이 모든 것을 잘 설명하고 있다. 이 조항은 심지어 로마인 해방 농노와 프랑크인 해방 농노를 구분하기까지 한다. 그리고 여기서는 '센스'가 총칭적이지 않다.

측근 신하에게 주어지는 재산은 저자에 따라, 그리고 시대에 따라 각각 재무 재산이라든가 녹봉지, 예우 또는 봉토라고 불렸다.

처음에는 봉토를 함부로 빼앗을 수 없었다는 사실에는 의심의 여지가 전혀 없다. 그레그와르 드 투르가 쓴 책을 읽어보면, 쉬네지질과 갈로망이 왕고(王庫)에서 받은 것은 모두 빼앗고 소유지만 남겨주었다는 사실을 알 수 있다. 공트랑은 조카 실드베르를 왕위에 앉힐 때 그와 비밀 회동을 갖고 누구에게 봉토를 주고 누구에게서 빼앗을지를 알려주었다. 마르퀼푸스의 문례에 따르면, 국왕은 봉토를 빼앗는 대신 자기 왕고에 포함된 은급지뿐만 아니라 다른 사람이 소유한 은급지까지 주었다. 롬바르디아인 법은 은급지를 소유지와 대립시킨다.

17. 자유인의 병역

두 부류의 사람들에게 병역의무가 있었다. 즉 예속된 근위 무사나 배신은 봉토를 소유했기 때문에 병역의무를 졌다. 백작 밑에서 복무하는 자유인과 프랑크인, 로마인, 갈리아인은 백작과 그 장교들의 지휘를 받았다.

한편으로는 은급지나 봉토를 전혀 소유하지 않고, 또 한편으로는 땅을 의무적으로 경작해야 하는 농노의 예속 상태에 속해 있지 않은 사람들을 자유인이라고 불렀다. 또 그들이 갖고 있던 토지는 자유지라고 불렀다.

백작은 자유인을 모아 전장에 데리고 갔다. 그는 자기 밑에 백작 대리라고 불리는 관리를 두었다. 그리고 모든 자유인은 부락이라고 하는 백인대로 나뉘었으므로, 백작은 다시 자기 밑에 백인대장이라는 관리를 두었는데, 이 백인대장은 부락의 자유인[21] 또는 백인대를 전장에 데리고 나갔다.

이렇게 자유인을 100명씩 나누는 것은 프랑크인이 갈리아에 자리잡은 뒤에 이루어진 일이다. 각 지역에서 벌어지는 절도에 책임을 지게할 목적으로 클로테르와 실드베르가 이렇게 했던 것이다. 군주들의 명령문을 읽어보면 이 사실을 알 수 있다. 이런 종류의 정책은 오늘날에도 영국에서 시행되고 있다.

18. 이중의 역무

누군가의 군사적 권력에 복종하는 자는 그의 시민적 재판권에도 복종하는 것이 군주정체의 기본 원리였다. 그래서 815년에 온후한 루이왕의 칙령은 자유인에 대한 백작의 군사적 권력과 그의 시민 재판권이 동시에 이루어지도록 했다. 따라서 자유인을 전장에 데리고 나간 백작의 재판소는 자유인의 재판소라고 불렸다. 그 결과 자유에 관한 문제를 재판할 수 있는 것은 백작의 재판소지 그 관리의 재판소가 아니라는 원칙이 생겨났다. 백작은 자신의 시민 재판권에 복종하지 않은 주교나 수도원장의 봉신은 전장에 데리고 나가지 않았다.

이 재판권을 이같이 전장에 데려가는 권리와 결부시킨 이유 가운데하나는 전쟁에 참가한 자가 동시에 왕고의 세를 지불하도록 했기 때문

---

21 그들을 compageneses라고 불렀다.

인데, 이 세금은 자유인이 부담하는 약간의 수송 역무와 나중에 설명할 약간의 재판상 이익으로 이루어져 있었다.

영주는 백작이 백작령에서 재판할 권리를 가졌던 것과 같은 원리에 따라 자기 봉토에서 재판할 권리를 가졌다. 더 자세히 말하자면, 백작령은 여러 시대에 걸쳐 일어난 많은 변화 속에서도 언제나 봉토에서 일어난 변화를 따랐다. 양쪽이 다 똑같은 계획과 개념에 따라 다스려진 것이다. 다시 말해 백작은 자기 백작령에서는 근위 무사이고, 근위 무사는 자기 영지에서는 백작이었다.

백작을 재판관으로, 공작을 무관으로 간주하는 것이 100프로 정확한 것은 아니었다. 백작과 공작은 둘 다 무관이자 문관이었다. 차이가 있다면 딱 한 가지, 프레데게르의 경우에서 알 수 있듯 공작 아래에는 여러 백작들이 있었지만 백작들 위에는 공작이 없었다는 것뿐이다.

아마도 여러분은 같은 관리가 국민에 대해 군사적 권력과 시민적 권력, 나아가 재정적 권력까지 모두 갖고 있었기에 프랑크인의 통치가 당시에는 매우 가혹했다고 생각할 것이다. 이것이야말로 앞에서 말한 전제정체의 변별적 특징이다.

21. 교회 영지 재판권

교회는 막대한 재산을 획득했다. 우리는 국왕이 그들에게 엄청난 왕고를, 즉 광활한 봉토를 준 사실을 알고 있다. 또한 재판권이 먼저 교회 영지에서 확립되었다는 것도 알고 있다. 대체 이렇게 예외적인 특권은 어디서 유래하는가? 이 특권은 주어진 사물의 본질에 있었다. 성직자의 재산도 그런 특권을 가졌는데, 사람들이 그것을 빼앗지 않았기 때문이다. 교회에 왕고가 주어졌다. 근위 무사에게 주었으면 그들이 가졌을 특권이 교회에 주어진 것이다. 따라서 우리가 이미 보았듯 왕고가 만일 속인에게 주어졌다면 국가는 그 대가로 그들에게 역무를 부과했을 것이다.

따라서 교회는 영지 안에서 속죄금을 징수하고 평화금을 요구할 권리를 갖게 되었다. 그리고 그런 권리는 필연적으로 국왕의 관리가 영지 안에 들어와서 평화금을 요구하거나 거기서 모든 재판 행위를 하는 것을 저지할 권리를 포함하고 있었기에, 성직자가 자기 영지 안에서 재판할 권리는 특허장과 법령 면제라고 불렸다.

806년에 제정된 샤를마뉴 칙령을 보면, 교회는 교회 영지 안에 사는 모든 사람에게 형사 및 민사 재판권을 행사한다고 규정되어 있다. 마지막으로 대머리 샤를 왕의 칙령은 국왕의 재판권과 영주의 재판권, 그리고 교회의 재판권을 구별하고 있는데, 나는 거기에 대해 더는 할 말이 없다.

31편

프랑크족 봉건법 이론과
그 군주정체 변천의 관계

1. 관직 및 봉토에서 일어난 변화

처음에 영주들은 관할지에 1년 동안만 파견되었다. 그러나 얼마 안 있어 그들은 돈을 써서 임기가 연장되도록 만든다. 그 한 가지 예가 클로비스의 손자들이 나라를 다스릴 때부터 이미 발견된다. 페오니우스는 오세르 시 영주였는데, 계속 그 자리에 눌러앉고자 공트랑에게 갖다 주라며 아들 뭄모뤼스에게 돈을 주었다.[22] 그런데 뭄모뤼스는 자신을 위해 그 돈을 주고 아버지의 지위를 차지했다. 이미 국왕들의 은사(恩賜)는 부패하기 시작했다.

봉토는 왕국 법에 따라 내리거나 회수했지만, 기분 내키는 대로 하지는 않았다. 그것은 보통 국민 집회에서 다루어진 주요 사항 가운데 하나였다.

31부 7장에서 나는 군주들이 일정 기간 행한 증여와는 별도로 영

---

22 그레그와르 드 투르, 4권 42장.

구적으로 행한 증여도 있었다는 사실을 알려줄 것이다. 궁정이 이미 이루어진 증여를 취소하려 한 일이 있었다. 그러자 모든 국민이 불만스러워했고 얼마 안 있어 프랑스 역사에서 널리 알려진 혁명이 일어났는데, 그 최초의 사건은 바로 놀랍게도 브뤼네오를 처형한 것이었다.

브뤼네오는 낙타에 실려 병사들이 모두 지켜보는 가운데 끌려 다녔는데, 그것은 그녀가 그들에게 인기를 잃었다는 확실한 증거다. 프레데게르에 따르면, 브뤼네오의 총신 프로테르는 영주들의 재산을 빼앗아 왕의 창고를 가득 채우는가 하면 귀족계급을 모욕하고, 그 누구도 자신의 지위를 보전할지 확신할 수 없게 되었다고 한다. 병사들은 음모를 꾸며 그를 천막 안에서 칼로 찔러 죽였다. 그러자 브뤼네오는 그 죽음에 대해 복수했기 때문에, 또는 같은 계획을 계속 밀고나갔기 때문에 백성에게는 날이 갈수록 더욱더 가증스런 존재가 되었다.

혼자 통치하겠다는 야심을 품고 있던 클로테르는 격렬한 복수심에 사로잡혀 있던 데다 만일 브뤼네오의 자식들이 득세하게 되면 자기는 끝장이라는 생각으로 음모에 가담했다. 그리고 그는 서툴러서 그랬는지, 아니면 정황상 어쩔 수 없어서 그랬는지 자기가 나서서 브뤼네오를 고발하고 이 왕비를 무시무시한 본보기로 만들었다.

바르나셰르는 브뤼네오에 대한 음모를 주도했다. 그는 부르고뉴 궁중 감독관에 임명되었다. 그는 자기가 죽을 때까지 그 자리를 유지하게 해달라고 클로테르에게 요구했다. 그리하여 이 궁중 감독관은 프랑스 영주들이 놓여 있던 상황에 더는 놓이지 않게 되었다. 그래서 이 권력은 왕권에서 독립되기 시작했다.

특히 백성의 외면을 산 것은 브뤼네오의 해로운 섭정 정치였다. 법이 힘을 유지하는 동안에는, 법이 봉토를 영구적으로 준 것이 아니었기에 그것을 몰수당한다 해도 불평을 늘어놓을 수 있는 사람이 아무도 없었다. 그러나 탐욕과 나쁜 관행, 부패가 봉토를 주게 했을 때, 사람들은 정당하지 못한 방법으로 획득한 봉토를 또 같은 방법으로 빼앗겼다며 불평했다. 만일 공공복지를 위해 증여를 취소했다면 사람들은 아무 말도 하지 않았을 것이다. 그러나 공공 안정이라는 미명 아래 부패가 횡행했다. 왕고 재산을 제멋대로 낭비하려고 그 권리를 주장했다. 증여는 이제 봉사의 대가도 아니고, 희망도 아니게 되었다. 브뤼네오는 부패한 정신으로 오래된 부패의 악습을 뿌리 뽑으려 했다. 그녀의 변덕은 유약한 정신의 그것이 아니었다. 측근과 고관 들은 이대로 가만히 있다가는 자기들이 파멸할지도 모른다고 생각했다. 그래서 그녀를 파멸시켰다.

클로테르는 파리 종교회의에서 악습을 폐지하기 위한 칙령을 선포했는데, 칙령을 보면 이 군주가 소란을 불러일으킨 불평을 잠재웠다는 사실을 알 수 있다. 그는 이 칙령에서 선왕들에 의해 시행되거나 확인된 모든 증여를 추인하고, 한편으로는 근위 무사나 충직한 신하에게 빼앗은 모든 것을 되돌려주라고 명령한다.

또한 그는 성직자 특권에 반대해 만들어진 것은 시정되어야 한다고 명령했다. 즉 궁정이 주교 선거에 미치는 영향력을 약화시켰다. 그리고 그는 재정 개혁도 실시했다. 모든 새로운 정액 지대(地代)를 폐지하는 한편 공트랑과 시즈베르, 실페릭이 죽은 뒤 만들어진 통행세를 일절 징수하지 말라고 명령했다. 다시 말해 프레데공드와 브뤼네오의 섭정 시대에 이루어진 모든 것을 폐지한 것이다. 그는 자신의 가축 떼를 개인의 숲 속으로 몰고 가지 말라고 명했다. 잠시 후에 우리는 개혁이 한층 더 일반적으로 이루어졌으며 세속적 문제에까지 확대되었다는 사실을 알게 될 것이다.

8. 어떻게 자유지가 봉토로 바뀌었는가

자유지를 봉토로 바꾸는 방법은 마르퀼푸스의《판례집》에 나와 있다. 즉 토지 소유자가 토지를 국왕에게 증여하면, 국왕은 증여자에게 용익권이나 은급으로 돌려준다. 그리고 증여자는 자신의 상속인들을 국왕에게 지정했다.

자유지의 성격이 이처럼 변질된 이유를 알아내려면, 11세기 전부터 먼지와 피, 땀에 묻힌 이 귀족계급의 옛 특권을 심연 속에서 찾아야 한다.

봉토를 소유한 사람들은 매우 큰 이점을 갖고 있었다. 그들이 손해를 입었을 때의 합의금은 자유인의 합의금보다 많았다. 마르퀼푸스의《판례집》에 따르면, 국왕의 봉신은 큰 특권이 있어서 봉신을 죽인 사람은 합의금으로 600수를 지불해야 했다. 이 특권은 살리카법과 리푸아리아법으로 정해져 있었다. 이 두 가지 법은 누가 국왕의 봉신을 죽였을 경우 합의금으로 600수를 지불하도록 명령했지만, 프랑크인과 바바리아인 또는 살리카법의 적용을 받는 자유인을 죽였을 때는 200수, 로마인을 죽였을 때는 100수였다. 국왕의 봉신이 누리는 특혜는 이뿐만이 아니었다.

그러므로 국왕의 봉신이 아닌 프랑크인이, 특히 로마인이 국왕의 봉신이 되려고 애썼으리라는 생각을 쉽게 할 수 있다. 소유지를 빼앗기

지 않으려고 자유지를 국왕에게 증여한 다음 봉토로서 되돌려받고, 상
속인을 국왕에게 지명하는 관행을 생각해냈으리라는 생각 또한 쉽게
할 수 있다. 이 같은 관행은 항상 계속되었으며, 특히 정치적 군주정체
를 갖지 않아 모든 사람이 보호자를 필요로 하고 다른 영주들과 일체
를 이루어 봉건 군주제를 이루고자 했던 제2계급의 무질서 속에서 더
욱 활발하게 행해졌다.

9. 어떻게 교회 재산이 봉토로 바뀌었는가

국고 재산은, 왕이 프랑크 사람들을 새로운 시도(국고 재산을 증가시
키는)에 끌어들이기 위해 할 수 있는 증여에 도움이 된다는 것 이외의
목적을 갖지 말았어야 했다. 바로 이것이 내가 말한 국민정신이었다.
그런데 증여는 다른 과정을 거쳤다. 클로비스의 손자 실페릭의 연설문
을 보면, 그는 국고 재산 대부분이 교회에 주어졌다고 이미 불평하고
있다. "우리 국고가 비어버렸다. 우리 재산이 교회로 넘어가고 있다.[23]
지금 나라를 다스리는 것은 오직 사제들뿐이다. 그들이 권세를 누리고
있지만, 우리로서는 어찌할 도리가 없다."

그러자 궁중 감독관들은 감히 영주들은 공격하지 못하고 교회들을
약탈했다. 그리고 페팡이 뇌스트리에 들어가려고 내세운 이유 가운데
하나는 교회의 모든 재산을 빼앗은 왕들의, 즉 궁중 감독관들의 시도
를 중단시키려고 성직자들이 초청했기 때문이라는 것이었다.

---

23 그래서 그는 교회에 유리한 내용의 유언은 물론이고 아버지가 행한 증여까지도 무효화
한다. 공트랑은 그것들을 원상태로 되돌리고, 심지어 새로 증여한다.

페팡은 뇌스트리와 부르고뉴 지방을 정복했다. 그런데 그는 궁중 감독관들과 왕들을 멸망시키려고 교회 억압을 핑계로 내세웠으므로 자신의 지위와 모순되게 교회를 약탈해 백성을 무시한다는 사실을 더는 나타낼 수가 없었다. 그러나 두 거대한 왕국을 정복하고 반대파를 없앰으로써 그는 자기 집사들을 만족시키기에 충분한 수단을 갖게 되었다.

페팡은 성직자 계급을 보호해 군주정체의 지배자가 되었다. 그의 아들 샤를마르텔은 성직자 계급을 억압함으로써만 권력을 유지할 수 있었다. 이 군주는 왕실 재산과 국고 재산 일부가 종신으로 또는 소유권으로 귀족계급에게 주어지고, 성직자가 자유지의 거의 대부분까지 부자들과 가난한 자들한테서 받아 취득한 것을 보고 교회 재산을 몰수했다. 그리고 최초로 분배된 봉토는 이제 존재하지 않았기 때문에 다시 봉토를 만들었다. 그는 자신과 집사들을 위해 교회 재산과 교회 자체를 차지했다. 그리고 보통의 폐단과는 달리 극단적이어서 그만큼 더 고치기 쉬웠던 폐단을 없애버렸다.

12. 십일조 제정

페팡 왕 치하에서 제정된 규칙들은 교회에 실제로 도움을 주기보다 오히려 도움을 받을 수 있으리라는 희망을 안겨주었다. 그리하여 샤를마르텔이 공공 재산 전체가 성직자들의 수중에 있는 것을 발견했듯, 샤를마뉴는 성직자들의 재산이 군인들의 수중에 있는 것을 발견했다. 그러나 군인들에게 이미 준 것을 다시 돌려받을 수는 없었다. 더욱이 당시 상황 때문에 이 일은 원래 그러는 것 이상으로는 이뤄질 수 없었다.

한편 사제와 사원, 교화 부족으로 기독교를 멸망시켜서는 안 되었다.[24]

그래서 샤를마뉴는 새로운 종류의 재산이라고 할 수 있는 십일조를 제정했는데, 십일조는 특히 교회에 주어진 것이었으므로 성직자들로서는 나중에라도 그것이 침탈당했는지를 구별하기가 한층 쉽다는 이점이 있었다.

십일조가 이보다 훨씬 전에 제정되었다고 주장하는 사람들이 있었다. 샤를마뉴 이전에도 성직자가 성서를 펼쳐 〈레위기〉의 증여와 봉헌을 설교했다는 사실에는 의심의 여지가 없다. 그러나 나는 이 군주 이전에는 십일조를 하라고 설교했을지 몰라도 십일조가 제정된 적은 결코 없었다는 말을 하고 싶다.

샤를마뉴의 계획은 부담이 엄청 크게 느껴져 처음에는 실패했다. 유대인의 십일조는 그들의 국가 건설 계획에 들어 있었던 반면, 샤를마뉴의 그것은 군주정체 건설을 위한 부담과는 무관했다. 롬바르디아인 법에 부가된 규정을 보면, 민법으로 십일조를 받아들이도록 하는 데는 어려움이 따른다는 사실을 알 수 있다. 여러 종교회의의 종규를 봐도, 교회법으로 십일조를 받아들이도록 하는 것은 어렵다는 판단을 내릴 수 있다.

백성은 결국 십일조를 내면 지은 죄를 없애준다는 조건으로 십일조에 동의했다. 그러나 온후한 루이 왕의 율령이나 그의 아들 로테르 황제의 율령은 이것을 허용하지 않았다.

십일조에 대한 샤를마뉴의 법은 필요의 산물이었다. 종교만 거기일조하고 미신은 전혀 일조하지 않았다.

---

24 샤를마르텔 시대에 일어난 내란 중에는 랭스 교회 재산이 속인들에게 주어졌다. 성직자들은 자기가 알아서 살아남도록 내버려두었다고 한다.

교회 건축물을 위해서, 가난한 사람들을 위해서, 주교를 위해서, 그리고 성직자를 위해서 십일조를 네 부분으로 나눈 샤를마뉴의 유명한 분류는 그가 교회가 잃은 고정적이고 영속적인 지위를 돌려주고 싶어 했다는 사실을 잘 증명해준다.

13. 주교 직과 수도원장 직에 대한 임명권

교회가 가난해지자 국왕들은 주교 직 임명권과 그 밖의 교회와 관련된 특권을 포기했다. 군주들은 성직자 임명에 예전처럼 신경을 쓰지 않았고, 수도원장 지원자들도 자신들의 권한을 덜 요구했다. 그리하여 교회는 빼앗겼던 재산에 대한 일종의 보상을 받았다.

그리고 온후한 루이 왕이 로마 백성에게 교황을 선거할 수 있는 권리를 부여한 것은 그가 살던 시대가 갖고 있던 보편 정신의 결과였다. 그는 로마 교황 직에 대해서도 다른 주교 직과 마찬가지 방법으로 통치했다.

24. 자유인은 봉토를 소유할 수 있게 되었다

처음 자유인은 봉토를 받고 충성을 맹세할 수 없었지만, 그 후에는 그렇게 할 수 있었다. 그리고 나는 이 같은 변화가 공트랑 치세부터 샤를마뉴 치세에 이르는 동안 이루어졌다고 생각한다. 나는 공트랑과 실드베르, 브뤼네오 왕비 사이에 맺어진 앙들리 조약[25]과 샤를마뉴가 자식들에게 행한 분배, 그리고 온후한 루이 왕이 자식들에게 행한 분배를 비교함으로써 이 점을 증명한다. 이 세 가지 문서는 봉신들과 관련해 거의 똑같은 규정을 포함하고 있다. 그리고 이들 문서에서는 똑같은 사항들을 거의 똑같은 상황 아래서 규정하고 있으므로 이 세 가지 조약의 정신 및 문면은 이 점에 관해서는 거의 똑같다.

그러나 자유인에 관한 한 이 문서들에는 한 가지 중요한 차이가 발견된다. 앙들리 조약에는 그들이 봉토를 받고 충성을 맹세할 수 있다는 말이 전혀 없다. 반면에 샤를마뉴와 온후한 루이 왕의 분배에는 자유인이 봉토를 받고 충성을 맹세할 수 있다는 명시적 조항이 있다. 이는 앙들리 조약이 체결된 뒤 자유인으로 하여금 큰 특권을 누릴 수 있게 해주는 새로운 관행이 생겼다는 사실을 말해준다. 이런 일은 샤를마르텔이 교회 재산을 자기 병사들에게 일부는 봉토로, 일부는 자유지로 나누어줌으로써 봉건법에 혁명이 이루어졌을 때 일어난 것이 분명하다.

26. 봉토에 일어난 변화

자유지에 일어난 만큼의 변화가 봉토에도 일어났다. 페팡 왕 치하에서 만들어진 '콩피에뉴 칙령'[26]을 통해 우리는 국왕에게서 녹봉지를 받은 자가 그 일부를 자신의 여러 가신에게 나누어주었다는 사실을 알 수 있다. 그러나 그런 부분은 전체와 구분되지 않았다. 국왕은 전체를 빼앗을 때 그 부분도 빼앗았다. 그래서 근위 무사가 죽으면 봉신도 역시 부속 봉토를 잃었다. 즉 봉토의 새로운 수령자가 뒤를 이었으며, 그 사람 역시 새로운 봉신을 두었다. 그래서 부속 봉토는 봉토에 종속되지

25 587년.

26 757년.

않았다. 봉토에 종속되는 것은 사람이었다. 한편 배신은 영원히 봉신에게 속해 있는 것이 아니었으므로 다시 국왕에게 돌아갔다. 그리고 부속 봉토 역시 다시 국왕 소유가 되었다. 왜냐하면 그것은 봉토 부속물이 아니라 봉토 자체였기 때문이다.

《봉토의 서》를 보면, 국왕의 봉신은 봉토로서, 즉 국왕의 부속 봉토로서 줄 수 있었으나, 배신이나 소배신은 그처럼 봉토로서 줄 수 없었다고 되어 있다. 그러므로 그들은 준 것을 언제라도 되돌려받을 수 있었다. 게다가 그런 식의 양도는 봉토 법을 통해 실시된 것으로 간주되지 않았기 때문에 봉토와는 달리 자식들에게 이전되지 않았다.

27. 봉토에 일어난 또 다른 변화

샤를마뉴 시대에는 어떤 전쟁이든 징집에 응해야지, 안 그러면 무거운 벌을 받았다. 핑계는 통하지 않았다. 그리고 만일 영주가 누군가를 면제해줄 경우 그 자신이 처벌을 받았다. 그런데 삼형제의 조약은 이 점에 대해 한 가지 제한을 두어 귀족계급이 국왕의 손아귀에서 벗어나도록 했다. 즉 방어를 위한 전쟁을 할 때 이외에는 국왕을 따라 싸움터에 나가지 않아도 되었다. 다른 전쟁의 경우에는 영주를 따르든 자기 일에 종사하든 그들의 자유였다. 이 조약은 5년 전 형제 간인 대머리 샤를 왕과 게르마니아 사람 루이 왕이 체결한 또 다른 조약과 관계가 있는데, 이 조약으로 두 형제는 그들 중 한쪽이 다른 쪽을 공격했을 때 자신의 봉신들이 자기들을 따라 싸움터로 나가는 것을 면제해주기로 했다. 두 군주가 이렇게 맹세하고, 또한 병사들에게도 맹세시켰다.

퐁트네 전투에서 살아남은 귀족들은 10만 명이나 되는 프랑스 사람들이 이 전투에서 죽는 것을 보면서, 분배에 대한 왕들의 사적 분쟁으로 자기들은 결국 망하고 말 것이며, 왕들의 야심과 질투로 자기들이 남아 있는 피를 남김없이 흘리게 될 것이라고 생각했다.

그래서 나라를 외적의 침입에서 방어해야 할 때 이외에는 군주를 따라 싸움터에 나가지 않아도 된다는 법이 만들어졌다. 이 법은 몇백 년 동안 시행되었다.

28. 요직 및 봉토에 일어난 변화

모든 것이 극도로 타락한 동시에 부패한 듯 보였다. 나는 앞에서 처음에는 일부 봉토가 영구적으로 양도되었다고 말했다. 그러나 그것은 특별한 경우이며, 대부분의 봉토는 여전히 그 본래의 성질을 간직하고 있었다. 그러므로 군주는 설사 봉토를 잃었더라도 다른 봉토로 대체했다. 또 나는 마찬가지로 군주는 지금까지 요직을 영구적으로 양도한 적이 없었다는 말도 했다.[27]

그러나 대머리 샤를 왕은 일반 규칙을 만들었는데, 그것은 요직과 봉토 모두에 똑같이 영향을 미쳤다. 그는 이 칙령집에서 영주는 자기 직위를 자식들에게 물려줄 수 있으며, 또한 이 규정은 봉토에도 적용된다고 정했다.

---

27 몇몇 저자들은 툴루즈 백작령이 샤를마르텔에 의해 주어졌으며, 상속자 여러 명에게 넘어갔다가 마지막으로 레이몽 소유가 되었다고 말한다. 설사 그렇더라도 툴루즈 백작들을 이 마지막 소유자의 자식들 가운데서 선택하도록 할 수 있었던 것은 어떤 상황의 결과였다.

얼마 지나지 않아 이 규정은 더욱더 확대되어 요직과 봉토는 더 먼 친족에게까지 넘어갔다. 그래서 지금까지 국왕에게 직접적으로 종속되어 있던 대부분의 영주는 이제 간접적으로만 종속되는 데 지나지 않게 되었다. 옛날에는 국왕의 재판소에서 재판한 영주들, 자유인을 전쟁터로 끌고 간 영주들은 국왕과 그의 자유인들 사이에 위치하게 되었다. 그리하여 왕권은 다시 한 걸음 후퇴했다.

그뿐만이 아니다. 여러 칙령에 따르면, 영주는 자기 영지에 딸린 녹봉지를 소유하며 휘하에 가신들을 거느리고 있었던 것으로 보인다. 영지가 세습되자 영주의 가신은 국왕의 직접적 봉신이 아니게 되었으며, 영지에 부속된 녹봉지도 이제는 국왕의 녹봉지가 아니게 되었다. 영주는 이미 거느리고 있던 가신들이 그들로 하여금 다른 가신들을 가질 수 있도록 만들어주었으므로 권력이 더욱더 강해졌다.

제2왕조 말기에 군주정체가 그것으로 얼마나 쇠약해졌는지 알려면 제3왕조 초기에 일어난 일을 알아보면 되는데, 이때는 부속 봉토가 증가해 대(大)가신들을 절망에 빠뜨렸다.

형이 동생들에게 분배를 해주면 동생들은 형에게 충성을 맹세해, 군주는 그렇게 분배된 땅을 단지 부속 봉토로서만 갖고 있는 것이 왕국의 관습이었다.

29. 대머리 샤를 왕 치세 이후 봉토의 성질

앞에서 말했듯, 대머리 샤를 왕은 요직이나 봉토의 소유자가 아들을 남기고 죽을 경우 그 관직이나 봉토는 아들에게 주어져야 한다고 정했다. 《봉토의 서》에 따르면, 황제 콘라트 2세 치세 초기에 그가 통치하는 지방에서는 봉토가 손자에게 이전되지 않았다. 봉토는 마지막 소유자의 자식들 가운데 영주가 선택한 자식에게만 이전되었다. 이와 같이 봉토는 영주가 자식들을 놓고 행하는 일종의 선택을 통해 주어졌다.

왕위는 세습되는데, 국왕은 반드시 그 혈통 중에서 선출되었기 때문이다. 왕은 선출되는데, 국민이 자식들 중에서 왕을 선출하기 때문이다. 사물은 언제나 점진적으로 진행하며 어떤 정치법은 반드시 다른 정치법과 관계를 가지므로, 사람들은 봉토 상속에서 왕위 계승에서와 같은 정신을 따랐다.[28] 그래서 봉토는 계승권이나 선거권을 통해 자식들에게 이전되었다. 그래서 어느 봉토나 왕위와 마찬가지로 선거적이며 또한 세습적이었다.

이 같은 영주 선거권은 《봉토의 서》를 쓴 저자들의 시대에는, 즉 황제 프레데릭 1세 치세에는 남아 있지 않았다.

30. 같은 주제의 연속

《봉토의 서》에 따르면, 황제 콘라트가 로마로 출발할 때 그의 총신들은 자식에게 이전되는 봉토가 손자에게도 이전될 수 있도록, 또 정당한 상속인 없이 죽은 사람의 형제는 그들의 아버지에게 속해 있던 봉토를 상속할 수 있도록 법제화해줄 것을 그에게 청원했다. 그리고 그 청원은 받아들여졌다.

---

28 최소한 이탈리아와 독일에서는 그랬다.

《봉토의 서》의 같은 대목에는 다음과 같이 부언되어 있다. 그 저자들은 황제 프레데릭 1세 시대에 살고 있었다는 사실을 상기해야 한다.[29] "고대 법률가의 변함없는 의견은 바로 동렬친(同列親)의 봉토 상속은 친부모와 형제를 넘어서는 전해질 수 없다는 것이었다. 그러나 현대에 이르러 신법에 의해 직계에서는 그것이 무한히 전해지는 것과 마찬가지로, 이제 그것을 7등친까지 미치게 했다." 이렇게 해 콘라트의 법은 조금씩 확대되어갔다.

이런 모든 것을 전제로 한다면, 프랑스 역사를 한 번만 읽어봐도 봉토의 영구성은 독일보다 프랑스에서 훨씬 빨리 확립되었음을 알 수 있다. 1024년 황제 콘라트 2세가 통치하기 시작했을 때, 독일의 사태는 아직 877년에 죽은 대머리 샤를 왕 치하의 프랑스와 같았다. 그러나 프랑스에서는 대머리 샤를 왕 치세 이후 심한 변화가 생겨서, 단순한 샤를 왕은 제국에 대한 그의 부정할 수 없는 권리를 두고 외국의 한 왕가와 싸울 능력이 없을 만큼 쇠잔해 있었다. 그리하여 마지막으로 위그 카페 시대에 이르자, 당시 왕가는 모든 소유령을 빼앗기고 왕위를 지탱할 수조차 없게 되었다.

31. 어떻게 제국은 샤를마뉴 가문에서 나왔는가

대머리 샤를 왕의 혈통을 배척하고 이미 게르마니아 사람 루이 왕 혈통의 서자들에게 주어졌던[30] 제국은 912년에 프랑코니아 공작 콘라

---

29 쿠자스가 그 점을 아주 잘 증명해주었다.

30 아르눌과 그의 아들 루이 4세.

트가 선출되면서 또다시 다른 가문으로 옮겨갔다. 프랑스를 지배했으나 촌락조차 제대로 지키지 못한 가계에 제국을 감당할 힘이 있을 리 없었다. 우리는 단순한 샤를 왕과 콘라트의 뒤를 이은 앙리 1세 황제 사이에 맺어진 한 협정을 알고 있다. 이것은 '본 협정'[31]이라고 부른다. 두 군주는 라인 강 한가운데 띄운 배로 가서 영원한 우정을 맹세했다. 그들은 훌륭한 절충안(mezzo termine)을 채용했다. 샤를은 서프랑스 왕의 칭호를, 앙리는 동프랑스 왕의 칭호를 가졌다. 샤를은 황제가 아닌 게르마니아 왕과 약정했다.

32. 어떻게 프랑스 왕위가 위그 카페 가문으로 옮겨갔나

봉토가 세습되고 부속 봉토가 전반적으로 정착되면서 정치적 통치가 종식되고 봉건정치가 형성되었다. 국왕은 무수히 많은 봉신 대신 이제 봉신 몇 명만 갖게 되었고, 다른 자들은 이 봉신들에게 종속되어 있었다. 국왕은 이제 직접적 권위를 갖지 못했다. 많은 다른 권력과 매우 강력한 권력을 통하지 않으면 안 되는 권력은 정지되거나, 목적지에 도달하기도 전에 소멸되었다. 그처럼 강력한 권력을 갖게 된 봉신들은 더는 복종하지 않았고, 게다가 복종하지 않으려고 자기들의 배신(陪臣)을 이용하기까지 했다. 영지를 잃고 랭스나 리옹 같은 도시로 축소된 왕들은 그들의 손아귀에 들어갔다. 나무가 나뭇가지를 너무 멀리 뻗치자 꼭대기가 말라붙어버렸다. 왕국은 오늘날 독일제국처럼 영지를 잃었고,

---

31 926년 오베르 르 미르에 의해 체결되었다.

왕위는 가장 강력한 봉신에게 넘어갔다.

노르만인은 왕국을 약탈했다. 그들은 뗏목이나 중형 선박을 타고 강어귀로 들어온 다음, 강을 거슬러 올라가면서 강 양쪽 지역을 폐허로 만들었다. 그런데 오를레앙과 파리 두 도시가 이 강도들을 막았다. 그래서 그들은 센 강에서도, 루아르 강에서도 전진하지 못했다. 이 두 도시를 갖고 있던 위그 카페는 왕국의 불행한 나머지 지방에 대한 두 열쇠를 손에 쥐고 있었다. 그래서 왕관을 그에게 넘겨주었는데, 오직 그만이 지킬 수 있었기 때문이다. 또한 그 후로는 터키와의 국경을 꿋꿋하게 지키는 왕가에 제국을 주었다.

봉토 세습이 일종의 관용으로 성립했을 뿐인 시대에 제국은 샤를마뉴 가문에서 빠져나가버렸다. 봉토 세습은 프랑스보다 독일에서 더 늦게 실시되었다. 그리하여 독일제국은 하나의 봉토로 간주되어 모든 일이 선거를 통해 이루어졌다. 반면에 프랑스 왕위는 샤를마뉴 가문에서 다른 가문으로 옮겨지자 봉토가 실제로 세습되었다. 즉 왕위도 하나의 대봉토처럼 세습된 것이다.

그러나 이미 일어나거나 그 뒤에 일어난 모든 변화를 이 변혁 시기에 귀착시킨 것은 큰 잘못이었다. 모든 것은 두 가지 사건으로 귀착된다. 즉 왕가가 바뀌었고, 왕위가 하나의 대봉토와 결합했다.

◎ 작품해설

1. 몽테스키외의 생애와 저서

샤를 루이 드 스콩다는 1689년 1월 18일, 한 법복귀족 집안에서 태어났다. 여기서 법복이란 사법관의 그것을 말한다. 즉 법복귀족은 원칙적으로 더 오래되고, 더 군사적이며, 더 명망 있는 무관 귀족과 구분된다. 어린 몽테스키외(그는 1716년 백부가 죽고 나서야 이 몽테스키외라는 이름을 쓰게 된다)는 고향인 라 브레드에 살면서 부모가 보르도에 자리 잡을 때까지 또래 시골 아이들과 친하게 지냈다.

1700년 그는 '근대식' 교육을 실시하는 오라토리오 수도원 학교에 들어갔다. 보르도에서 법 공부를 마친 그는 변호사로 일하다가 1714년 보르도 고등법원 고문으로 임명되었다. 프랑스 구체제에서 고등법원은 상고사건을 재판하고 일부 사건에 대해서는 직접 판결을 내리기도 하는 최고재판소였다. 고등법원에 소속된 사람들은 많은 특권을 누렸기 때문에 매관매직이 성행했고, 아주 적은 수의 가문만 여기서 일할 수 있었다. 말하자면 '배타적 특권 계층'이었다. 그들은 선출된 정치집단이 아니었는데도 루이 14세가 죽고 나자 정치적 역할을 해내겠다고 주장하면서 툭하면 왕의 대신과 지방 장관에게 반대를 하고 나섰다.

스물여섯 살 때인 1715년 몽테스키외는 부유한 신교도 여성인 잔 드 라르티그와 결혼했다(그의 가문에서는 이미 여러 사람이 신교도와 결혼했다). 그들 사이에서는 세 아이가 태어났다. 그다음 해에 백부가 죽자 몽테스키외는 이 백부의 이름과 엄청난 유산, 그리고 그가 보르도 고등법원에서 맡고 있던 '법모(法帽) 쓴 고등법원 판사'라는 관직을 물려받았다. 스물일곱 살에 고위 법관이 되고 그에 걸맞은 재산을 갖게 된 것이다. 그는 자신의 포도밭도 잘 관리하고, 자식들도 재산을 관리하는 데 유리하도록 결혼시켰다. 1716년 보르도 학술원 회원이 된 몽테스키외는 이미 회고록을 집필하는가 하면 법과 역사, 정치, 물리학, 자연과학 등 매우 다양한 주제로 논문을 썼으며, 죽을 때까지 글쓰기를 계속했다. 그는 또 중력의 원인이라든지 자화된 바늘의 변화, 번개와 천둥이 치는 원인, 참나무에 끼는 이끼, 신장선(腺)에 대해서뿐만 아니라 〈이교도들의 영원한 징벌〉이라든가 〈키케로론〉 같은 글도 썼다.

몽테스키외는 파리에 오랫동안 머무르면서 과학계와 문학계를 드나들었다. 그는 살롱을 출입하고, 연애도 몇 번 하고, 1724년에는 '그니드의 사원'이라는 제목의 수준 낮은 연애소설도 썼다. 그는 정치적 야망도 어느 정도 있었으며(대사가 되고 싶어 했다), 정치경제학에도 관심이 많았다. 1721년 《페르시아인의 편지》를 펴낸 뒤로 그는 유명 인기 작가가 되었다. 이 짧은 서한 소설에서 페르시아인 두 명은 외국인의 눈으로 프랑스 왕국을 바라본다. 몽테스키외는 하렘에서 허구로 능숙하게 전개되는 이 이야기를 통해 파리의 풍속과 길고 길었던 루이 14세 치하의 정치 및 종교 제도를 신랄하게 비판한다. 전제주의라는 용어도 등장한다. 그렇지만 몽테스키외는 계속 다양한 주제에 관심을 기울이며《의무론》을 쓰기 시작한다. 1726년 그는 보르도 고등법원 관직을 팔았다. 그가 보르도에 없을 때는 그의 아내가 대신 그의 일을 맡아 처리했다.

1728년(39세) 몽테스키외는 유럽 여행을 시작해, 오랜 기간에 걸쳐 오스트리아와 헝가리, 이탈리아(로마와 나폴리), 독일, 네덜란드를 방문한다. 그러고 나서는 런던에 1년간 머무르며 영국 하원 회의를 방청하기도 했다. 어디를 가나 그는 풍습과 제도뿐만 아니라 자연현상에도 관심을 보였다. 베수비오 화산에 오르는가 하면 하르츠 광산을 방문하기도 했다. 1731년 고향 라 브레드로 돌아온 그는 1734년 파리로 올라가《로마인의 위대함과 퇴폐 원인에 관한 고찰》을 펴냈다. 이 책 제목은 그것이 단지《법의 정신》에서 떨어져 나온 하나의 장(章)만은 아니라는 사실을 보여준다.

1745년 그는《실라와 외크라트의 대화》를 출판한 후, 1748년에는 다시 오랫동안 심혈을 기울여 집필해온 대작《법의 정신》을 세상에 선보인다. 그의 나이 60세, 눈은 거의 보이지 않았다. 성공과 논쟁이 곧 이어졌다. 이 작품은 프랑스에서 판매가 금지되었다. 2년 뒤, 이 걸작은《'법의 정신'을 옹호함》(1750년)이 출판되고 친구들이 애를 써주었지만 로마에서도 판금되었다. 그러나 몽테스키외는《로마인의 위대함과 퇴폐 원인에 관한 고찰》과《페르시아인의 편지》재판을 찍고, 디드로와 달랑베르의《백과전서》를 위해 일했으며,《취향론》을 쓰기 시작했다.

몽테스키외는 1755년 2월 10일 파리에서 숨을 거두었다.

그는 1727년 프랑스 한림원 회원으로 임명되었고, 런던 왕립아카데미 회원(1727년)이자 프레데리크 2세 베를린 아카데미 회원(1746년), 스타니슬라스 왕 낭시 아카데미 회원(1747년)이었다. 볼테르는 그보다 다섯 살 아래

였지만, 디드로(그보다 24년 연하)와 루소(그보다 23년 연하)는 그와 다른 세대에 속했다.

2. 철학자 몽테스키외

'철학자'라는 단어는 매우 다양하고 때로는 자의적이기도 한 의미들을 갖는다. 몽테스키외에게는 최소한 세 가지 의미가 해당된다.

1) 철학자의 지혜가 진리 추구와 결합된 절제와 평정으로 특징지어진 다면 몽테스키외의 삶이야말로 철학자의 삶이다. 물론 그는 영웅도 아니었고, 성인도 아니었으며, 고행자도 아니었다. 물론 그는 재산이 많으면 여러모로 이익이라는 사실을 모르지 않았다. 그러면서도 그 는 자기 재산이 자신의 출생과 지위에 걸맞다는 사실을, 즉 넘치지도 않고 모자라지도 않는다는 사실을 만족스럽게 생각했다. 그렇다고 해서 그가 사교계 생활의 즐거움이나 만족을 거부한 것은 아니었다. 하지만 병을 앓기 시작하면서, 특히 말년에 눈이 안 보이기 시작하면 서는 이처럼 절도 있는 쾌락주의가 금욕주의로 바뀐 것 같다.

2) 만일 철학자라는 단어가 18세기 작가들에게 적용된다면 몽테스키 외는 분명히 철학자다. 합리주의자인 그는 진리와 미덕, 행복이 일체 를 이룬다고 믿었다. 자유로운 정신의 소유자로서 식견을 갖춘 그는 《페르시아인의 편지》를 출판할 때부터 모든 도덕적·정치적·종교적 편견을 공격했다. 그는 분명 '철학자 진영'에 속해 있었으며,《백과전 서》집필에 협력했다. 거의 종교적이지 않고 전혀 신비적이지 않은

정신의 소유자였던 그는 아주 일찍부터 종교가 정치적 도구라는 의심을 품었으며, 죽을 때까지 이신론을 믿었다.

물론《'법의 정신'을 옹호함》의 표현에 따르면, 그가 "기독교야말로 자연 종교의 완벽한 상태"라고 진지하게 생각했던 것은 사실이다. 그는 자신의 지위와 특권을 보존하는 데 열중했다는 사실 때문에 보수주의자라는 비난을 받는다. 그러나 몽테스키외는 불안정하고 복잡한 균형을 이루는 중도파 정부에서만 진정한 정치적 자유를 발견할 수 있다고 생각했다. 그리하여 그는 항상 "모든 인간의 평화와 행복을 위해" 일하기를 원했다. 여기서 다음 문장을 인용하기로 한다. "만일 내가 내게는 유용하지만 내 가족에게는 해를 끼칠 수도 있는 무엇인가를 알게 된다면 내 마음속에서 그것을 몰아낼 것이다. 만일 내가 내 가족에게는 유용하지만 내 조국에는 그렇지 않은 무엇인가를 알게 된다면 그것을 잊어버리려고 애쓸 것이다. 만일 내가 내 조국에는 유용하지만 유럽에는 유해하거나, 유럽에는 유용하지만 인류에게는 유해한 무엇인가를 알게 된다면 나는 그것을 범죄로 간주할 것이다."(《생각》, 741)

3) 방금 인용한 생각은 말브랑슈의 《도덕론》에 등장하는 질서와 완벽의 상관관계 이론에서 영감을 얻은 게 분명하다. 몽테스키외는 철학자라는 단어의 가장 엄격하고 고전적인 의미에서의 철학자일까? 지금 사람들은 이 같은 형용사가 장 자크 루소나 디드로 같은 인물에게나 어울리지 《법의 정신》을 쓴 몽테스키외에게는 어울리지 않는다고 생각한다. 18세기에 쓰인 이 문학과 정치적 사고의 기념비적 저

서는, 이 점에서 결코 디드로 같은 인물에게 뒤지지 않는 몽테스키외의 놀라울 만큼 다양한 문학적·역사적·과학적 관심사를 어둠 속에 묻어버린 게 사실이다. 그러나 특히 그가 오직 현대 사회과학과 정치과학의 선구자로서만 평가될 수 없다는 것은 대체로 인정되는 사실 같다. 그의 저서에 대한 해석은 따라서 우선적으로 회고적인 것이 될 수밖에 없으며, 그것의 엄격하게 철학적인 측면은 무시해도 좋은 것으로 간주되고, 그의 시대에는 아직 어설펐던 경험적 방법론의 단순한 적용으로 보인다.

그렇지만 몽테스키외는 데카르트의 합리주의에, 더욱 특별하게는 말브랑슈의 합리주의에 속해 있다. 말브랑슈의 심오한 영향은 18세기를 관통해 심지어는 만물을 신에게서 본다는 이론을, 즉 말브랑슈의 '체계'를 거부했던 저자들에게서도 느껴진다. 몽테스키외는 이 체계를 논박할 수 있다고 믿었지만, 이렇게 쓴다. "말브랑슈 신부 정도의 양식을 가진 견자(見者)는 결코 없었다."(《생각》, 303) 몽테스키외는 그의 물질적 메커니즘 개념을 받아들이고, 심지어는 말브랑슈의 사상이 데카르트에서 비롯되었다는, 예를 들면 자아가 관념이 아니라 오직 감정에 의해서만 인지된다는 말브랑슈의 이론이 사실은 데카르트에서 비롯되었다는 주장까지 펼친다. 그는 자기 시대 사람들처럼 뉴턴을 존경했으나, 그것은 학자로서였을 뿐 철학자로서는 아니었다. "뉴턴이 기하학을 남용하고, 흔히 그렇듯이 그의 계산은 옳지만 가설은 틀릴 가능성이 매우 높다."(《문집》, 565) 그렇지만 몽테스키외는 말브랑슈가 발전시킨 데카르트 원리에 뉴턴 이론을 접목해 더한층 충실하게 만든 사람들 중 하나다.

344

3. 법의 개념

《법의 정신》은 많은 주석자들을 당혹스럽게 만드는 저 유명한 정의에서 시작된다. "가장 넓은 의미에서의 법은 사물의 성격에서 유래하는 필연적 관계다." 이 같은 정의는 가장 저명한 법 이론가들이 내린 정의와 완전히 다르다. 그로티우스는 "우리가 정당하고 합리적인 일을 하도록 만드는 도덕적 행위의 규칙"이라고 정의하며, 푸펜도르프는 "그것을 통해 자신에게 종속되어 있는 사람들에게 자신이 정한 방법대로 행동하게끔 강제하는 어느 상급자의 뜻"으로 규정한다. 몽테스키외가 내린 정의에 삽입되어 있는 관계 개념은 많은 사람들을 놀라움에 빠트렸다(예를 들어 데스튀트 드 트라시는 "법은 관계가 아니다"라고 주장했다).

그러나 이것은 법의 정치적·사법적 의미에서(모든 반론이 상정하는 것처럼)뿐만 아니라 가장 넓은 의미에서도 역시 법에 도달하는 것이 중요하다는 사실을 잊어버리는 것이다. 그런데 몽테스키외는 도덕적·정치적·사회적 법뿐만 아니라 형이상학적 법과 물리적 법까지 모두 다 포함하는 정의를 우선 제안한다. 그래서 흔히 이루어지는 정치적 법과 복잡한 기계의 비교는 형이상학을 훨씬 넘어선다. 즉 뉴턴의 발견을 통해 완전해진 데카르트 메커니즘을 정치 영역으로 확장시킨 것이라고 할 수 있다.

이 같은 보편적 법의 개념은 바로 말브랑슈의 그것으로서, 말브랑슈는 이 개념을 모든 물질적·도덕적 자연뿐만 아니라 심지어 초자연적인 것(신이 내리는 은총의 법)까지 확대했다. 그런데 만일 신이 만물의 원인이라 할지라도, 심지어는 신이 만물의 유일한 실제 원인이라 할지라도 그것은 가장 간단한 방법으로 지혜를 발휘해가며 오직 보편적 의사에 따라서만 행동한다. 그러므로 보편적 의사나 법을, 우리에게 기적으로 보일 수 있는 것이 사실은 어떤 법에 속하는 것일 수도 있기 때문에 오직 예외적으로만 가정될 수 있는 신의 개별적 의사(말하자면 기적)와 구별해야 한다.

몽테스키외가 《로마인의 위대함과 퇴폐 원인에 관한 고찰》에서 이미 참조한 것이 바로 이 결정론이다(반면에 보쉬에는 《보편적 역사론》에서 '개별적인 것들의 섭리'에 첫 번째 자리를 내주었다). 어떤 전투의 우연이, 말하자면 어떤 개별적 원인이 어느 국가를 멸망시켰다고 하자. 그렇다 해도 이 국가가 단 한 차례 전투에서 패배하지 않을 수 없게 만든 어떤 보편적 원인이 있었다. 이를 통해 몽테스키외는 신의 은총을 거부하지 않으면서도 자신이 역사 속에서 하는 행동이 합리적이라고 단언한다.

그래서 신학은 그 자체로는 배제되지 않으며, 몽테스키외는 사람들이 자기 의도를 의심하지 않게 만들면서 이 결정론의 무신앙적 해석을 당당히 거부할 수 있게 된다. 말브랑슈 역시 관계 개념(법의 관계를 설명하는)을 논한다. "진리는 오직 관계들일 뿐이다. 그러나 그것은 실제적이며 이해 가능한 관계들이다." 그리고 《기독교의 대화》에는 "모든 관계는 창조된 존재들 간 관계와 이념들 간 관계, 존재들과 그들이 갖는 이념들 간 관계라는 세 가지 관계로 축소된다"라고 되어 있으며, 이것은 《법의 정신》의 첫 번째 문단과 상당히 일치한다. 여기서는 '인간보다 우월한 지성', 즉 천사에 대한 몽테스키외의 비유가 주목되는데, 말브랑슈에 따르면 이 천사들도 보편적 법에서 벗어나지 못한다. 같은 장에서 잠깐 언급되고 마는 '종교의 법'은 이런저런 나라에 설립된 교회들의 그것은 아직 아닌 듯 보인다. 법에 대한 좀 더 일반적인 정의가 도입되고 나서야 이 같은 구분이 이루어질 것이다.

a. 물질세계는 법과 필연 관계에 복종하여 그것들을 지속적으로 따르는

반면 '지적 존재들'은 그들의 법이 그 자체로는 아무리 불변이라 할지라도 반드시 그것을 따르지는 않는다. 왜일까? 그것은 그 자체로 작용하고 자유롭지만, 그와 동시에 '한정적이어서' 언제든지 오류를 범할 수가 있다.

b. 지적 존재들의 경우, 그들 고유의 것이지만 그들이 만들지는 않은 법(가능한 사법 관계)과 그들이 만든 법(실정법)을 구분해야 한다. 이성에 근거해 만들어지며 지적 존재들(꼭 인간들만 가리키는 것은 아닌)에게 고유한 '기본' 법은 '자연의 법'(살아 있는 존재들의 성격과 관련된)과 혼동되지 말아야 한다.

c. 인간은 흔한 지적 존재가 아니다. 인간은 무엇보다도 그 육체를 통해 물질적인 자연법을 따른다. 그리고 나서 인간은 다른 살아 있는 존재들과 공통된 '자연의' 법에 따르는 생명체다. 몽테스키외는 인간 존재에게 고유한 자연법을 추출해내려고 '자연 상태'의 가설에서 출발하는데, 이것은 18세기에 매우 흔한 일이었다. 그러나 그가 중요하게 생각한 것은 역사나 인류학을 참조하지 않아도 되는 말 그대로의 추상화(化)였다. 여기서 자연은 사회 다양성을 고려하지 않고 그 보편성에서 파악한 인간 성격(자신이 약하다는 사실을 의식하는 존재들 간 평화, 식량 구하기, 성에 대한 매혹, 사회를 이루어 살고 싶다는 욕망)과 마찬가지다. 이 법들이 인간과 동물 모두에 공통된다는 사실에 주목하자. 그러므로 여기서 '자연의 법'이라는 표현은 자연법의 고전 이론과 아무 관련 없이 매우 제한된 범위를 갖는다.

몽테스키외는 '공정한 이성'을 토대로 자연법을 만드는 이론가들(예를 들어 푸펜도르프는 《사람들의 자연법》이라는 유명한 책에서 이렇게 말한다. "결국 항상 한 가지 중요한 차이가 있다. 즉 짐승들의 움직임은 오직 그들이 갖는 성격 성향과 경향의 결과인 반면 인간의 움직임은 의무 원칙에서 출발할 뿐이다")과는 반대로 오직 실정법을 만들 때만 인간 이성을 개입시킨다. 몽테스키외에 따르면, 인간은 이미 신에 대한 직관을 어느 정도 갖고 있는 종교적 존재이기도 하지만, 그에게 인정되는 것은 지식보다 특히 사변적 인식 능력이다.

다른 한편으로 몽테스키외는 자연 상태에 대해 짧게 언급하기는 하지만 사회 기원이라는 문제에 대해서는, 더더구나 사회계약 이론에 대해서는 전혀 관심을 기울이지 않는다. 그러므로 몽테스키외는 그로티우스나 푸펜도르프, 홉스나 루소와는 상당히 다르다. 요컨대 몽테스키외와 '자연법'을 결부시키지 않도록 해야 한다.

어쨌든 몽테스키외에 따르면 법은 모든 입법 이전에 '자연의 법'으로서, 특히 최초의 형평 관계로서 이미 항상 존재했었다. 법은 새로 만들어야 되는 것이 아니라 원래 상태로 되돌려놓아야 하는 것이다. 그 궁극적 토대는 사회계약이라는 인간 사이의 합의에 있는 것이 아니라 신의 지혜에 있다. 정치적 자유는 오직 법 이후에 존재하며, 오직 법에 의해서만 결정될 뿐이다. 그래서 《법의 정신》 첫 문장은 법에 대한 일반적 정의인 것이다. 정반대로 장 자크 루소는 처음부터 인간의 자유가 법을 만들어내는 원리라고 주장하면서 《사회계약론》을 시작한다.

4. 《법의 정신》

《법의 정신》에서 '정신'은 어떻게 정의해야 할까? 몽테스키외는 '정신'에 대해 데카르트의 전통을 따르는 일반적 정의를 제안한다. "정신 그 자체는 앎과 결합된 양식(良識)이다. 양식은 사물들을 정확히 비교하는 것이며, 같은 사물들을 그 실제적 상태와 상대적 상태에서 구별하는 것이다."《생각》, 1682) '정신'이라는 단어는 또한 어떤 개개인이나 나라, 시대를 특징짓는 성향을 가리키기도 한다. 그때 그것은 '원리'나 '특성'(보쉬에가 로마인의 특성에 대해 말했던 의미에서)의 동의어가 될 수 있다. 어느 민족의 '정신'이라는 표현을 헤겔이 사용했던 의미로 생각해볼 수도 있다. 여기서 몽테스키외에게 고유한 두 가지 의미가 파생된다.

어떤 민족의 일반 정신은 19편 4장에서 다음과 같이 정의된다. "풍토와 종교, 법률, 통치 격률, 과거 사례들, 풍속, 생활양식 등 여러 가지가 인간을 지배한다. 일반 정신은 이런 것들에서 유래하여 형성된다." 그러므로 일반 정신은 어느 민족이나 민족 집단의 고유한 산물이다.

법의 정신은 요소로서의 어느 민족의 일반 정신을 포함하는 관계 체계다. 그래서 법의 정신은 법을 관계들로서, 그것들 간에 유지하는 관계들로서, 그리고 그것들이 다른 모든 것과 유지하는 관계들로서 간주한다.

이 수많은 관계를 어떻게 분석하고 정리할 것인가? 몽테스키외의 방법은 아직은 불완전하고 불충분한 경험론적 방법으로 해석되었기 때문에 엄격한 평가를 받았다. 사람들은 그가 '연역적' 방법을 사용했다고 비난했다. 이것은 곧 몽테스키외가 중요하게 생각하는 것이 다양한 실정법에서 일반 법을, 즉 자연 상태에서 빠져나온 지적 존재의 이성을 발견하는 것이라는 사실을 잊어버리는 것이나 다름없다. 모든 실정법을 앞서는 형평 관계가 경험적 방법을 통해 발견되는 것은 분명히 아닐 것이다.《법의 정신》앞부분을 고려하지 않으면, 뒤르켐 같은 19세기 말 사회학자들의 관심을 끌었던 것만을 자의적으로 부각해서는 몽테스키외의 사유 방식을 이해하려야 할 수가 없다.

그러므로 몽테스키외가 볼 때 새로움이란 이미 오래된 어떤 비교방법론의 완성에 있는 것이 아니라 일반법을 그 적용인 실정법과 연결하도록 해주는 중개 '원칙'의 발견에 있다. 서문에서 자주 이용되는 다음 문장은 이런 식으로 이해되어야 한다. "나는 원칙들을 정했고, 개별적인 경우들이 마치 스스로 알아서 그러는 것처럼 이 원칙에 따르는 것을 보았다." 더한층 명확한 글도 있다. "체계에서부터 시작하고, 그다음에 증거들을 찾는다."《생각》, 1902) 여기서는 모든 고전적이며 경험적인 방법을 배제하는 '체계'라는 용어에 주목하자. 몽테스키외는 이미 존재하고 있지만 수많은 가변적 사실에 덮여 있던 합리성을 찾는다. 그는 사회학의 선구자로 보이기보다 헤겔이 쓴 《법철학의 원칙들》의 선구자로 보이는데, 헤겔은 다음 유명한 문구로 이 책의 서문을 끝맺는다. "일체의 현실적인 것은 합리적이고, 일체의 합리적인 것은 현실적이다." 헤겔은 우연한 사실이나 관례를 아무것이나 정당화하는 것이 중요한 게 아니라 그것들을 그 합리적 의미와 연관시키는 것이 중요하다며 항의했다.

그러므로 법의 정신을 이해한다는 것은 곧 이성과 실정법 사이의 간격을 이해한다는 것인데, 이것은 존재들 간 관계의 다양성을 고려한다면 그 자체로 이유가 없지 않은 간격이다. 심지어 전제정체도 그 비합리성의 이유를 갖는다. 그러므로 실정법이 관계의 연쇄에 의해 설명되느냐, 아니면 원칙을 통해 이성(실정법은 이성의 적용이다)과 관련되느냐에 따라 그것에 대해 두 가지 관점을 가질 수가 있다. 몽테스키외의 사유에는 비논리도 없고, 목표의 이원성도 존재하지 않는다.

가장 명백한 실례는 노예제의 그것이다. 노예제는 합리적 형평 관계나 자연법과 근본적으로 반대된다. 몽테스키외는 《법의 정신》 15편 5장에서 노예제를 통렬하게 비판한다. 노예가 저항을 통해 자유의 몸이 되는 것은 당연한 일이다. "스파르타 전쟁은 기도된 전쟁 중에서 가장 합법적인 전쟁이었다."(《생각》, 174) 그렇지만 노예제도는 많은 사회에서 항상 실정법에 의해 수립된다. 그렇게 하기를 거부한다고 해서 아무것이나 마음대로 수정할 수 있게 되는 것은 아니다. "사람은 누구나 평등하게 태어났으므로 노예제가 어떤 나라에서는 자연적 이유에 근거를 두고 있다 하더라도 원칙적으로는 자연에 어긋난다."(15편 7장) 이 문장에서 '자연'이라는 단어는 지적 존재의 성격을, '자연적'이라는 단어는 물리적 자연(예를 들면 풍토)을 가리킨다고 봐야 한다. 설사 모순이 존재한다 할지라도 그것은 몽테스키외의 사유에 있지 않고 '사물의 성격'에 있다. 그렇다면 노예제를 체념하고 받아들여야 한다는 얘기일까? 아니다. 그 이유는 내세워진 '이성'(매우 무더운 나라에서 강제 노동의 필요성)이 잘못된 것(우리는 그것을 이념적인 것이라고 말할 것이다)일 수도 있기 때문이다. 법에 속하는 것을 물질적 자연의 일부로 돌리는 것은 너무 쉬운 일이며, 몽테스키외는 주저하지 않고 그의 풍토 이론을 문제 삼는다.

5. 정체의 원칙들

이 책 1~5편에는 바로 이 '정체의 원칙들'이라는 제목을 붙일 수도 있다. 또 6~7편은 이 원칙들의 결과를 다룬다. 그리고 8편은 이 원칙들의 붕괴에 대해 논하고 있다. 이 8개 편이 《법의 정신》 1부를 구성한다고 볼 수 있다.

이 8개 편을 이해하려면 우선 몽테스키외의 혁신적 개념에 대해 알아두어야 한다.

a. 국민법은 정치법(이 법은 국민법에 속해 있다)과 구분되어야 한다. "나
   는 정치법이 국민법과 유지하는 관계를 다루려고 하는데, 누군가가
   나보다 먼저 이 일을 했는지 그건 잘 모르겠다."(《생각》, 1770) 몽테스
   키외는 《법의 정신》에서 정치체제와 헌법에 관한 연구가 가장 중요
   하다는 주장을 여러 차례 펼친다.

b. 어떤 정체의 성격과 원칙을 구분할 때 그 성격은 그 '개별적 구조'(그
   것이 그렇게 되도록 만드는)로, 그리고 그 원칙은 '그 정체가 작용하게
   만드는 것'으로 이해해야 한다. 그런데 몽테스키외의 '새로운 개념들'
   을 구성하는 것은 바로 이 원칙들이다. 군주정체와 귀족정체, 민주정
   체(이들 세 가지 정체는 공화정이라는 이름으로 묶인다)의 구분, 전제정
   체와 군주정체의 구분은 최소한 플라톤과 아리스토텔레스까지 거슬
   러 올라가는 매우 진부한 전통에 따른다. 물론 몽테스키외는 전제정
   치라는 뜻으로 tyrannie라는 단어 대신 despotisme이라는 신조어를
   사용한다.

'원칙'이 정체 성격과 구분되어 덜 일반적인 뜻을 가질 때 이 단어를 어
떤 의미로 이해해야 할까? 몽테스키외는 "인간을 움직이게 만드는 열정"에
대해 말하지만, 우리는 그것이 경험론적 집단심리학과 관계있다고는 생각
하지 않는다. 게다가 덕성이나 명예 개념은 우리가 알고 있는 심리학에 속
하지도 않는다. 모든 오해를 피하고자 몽테스키외는 개정판에 '저자가 알려

드리는 말씀'을 덧붙여, 공화정체라는 정체의 '원동력'으로 간주되는 덕성의 정치적 특수성에 대해 강조한다. "그것은 도덕적 덕성이나 기독교적 덕성이 아닌 정치적 덕성이다." 조금 더 뒤에서 그는 이 정치적 덕성을 '조국애와 평등애'로 정의한다. '덕성'이라는 단어가 우선적으로 '힘', '영혼의 힘'을 의미하며, '원칙'이 어떤 정체에 힘을 부여한다는 사실에 주목하자. 그래서 공화국의 특성인 덕성은 최고의 원칙인데, 그것이 완전한 의미에서 정치적이기 때문이다. 이것만으로도 고대 그리스 로마 시대의 공화국들을 참고할 만한 충분한 이유가 된다.

몽테스키외는 18세기의 부패한 몇몇 귀족정체를 관찰하여 '정치국가'의 원칙을 발견하는 것이 아니라 옛 저자들의 증언에서 그 원칙을 발견한다. 명예는 공동 이익이 여기서는 이제 직접적으로 목표로 설정되는 것이 아니라 간접적으로 설정된다는 점에서 정치적 덕성을 대신한다. 그래서 몽테스키외가 직접 관찰한 프랑스와 영국의 중도적 군주정체가 모델로 쓰이게 될 것이다. 전제정치의 원칙인 두려움에 관해서도 말해보자. 그것은 정치적으로 별 효과를 거두지 못한다. 이 정치체제에서는 그 무엇도 정치적 덕성을 대신할 수 없다. 그리고 정치체제는 군주의 가신 체제로 축소된다. 말하자면 정치체제가 사라지는 것이다. 그러므로 세 가지 원칙은 '어떤 힘이 국가를 그렇게 보존하는가?'라는 정치적 질문에 대한 응답으로서 소로에게서 연역되는 것이다.

플라톤과 아리스토텔레스, 많은 동시대인들(그리고 나중에는 장 자크 루소)과는 반대로 몽테스키외는 권력이 오직 한 사람을 통해 행사되느냐, 몇 사람을 통해 행사되느냐, 아니면 모든 사람을 통해 행사되느냐에 따른 권력의 성격적 차이에 결정적 중요성을 부여하지는 않는다. "많은 사람들이 군주정체와 귀족정체, 혹은 국민국가 중 어느 것이 더 낫느냐를 검토했다. 그러나 수없이 많은 종류의 군주정체와 귀족정체, 국민국가가 있기 때문에, 이렇게 제기된 문제는 너무나 애매모호해서 그것을 다루려면 정말 아주 적은 숫자의 논리만을 가져야 한다."(《생각》, 942) 그러니 《법의 정신》에서 이런 질문에 대한 대답을 찾지는 말자. 물론 많은 주석자들이 이 질문에 대답해 여러 가지 결과를 얻기는 했지만 말이다. 그런데 역사는 몽테스키외에게 수많은 '혼합' 정체를 보여주었다. 로마는 처음에 혼합된 귀족정체였다가 혼합된 민주정체로 바뀌었다. 중요한 점 하나. 영국의 정체는 공화국의 성격을 상당히 지니는 '혼합형 군주정체'다.

이 책 처음부터 전제정체와 중도체제의 구분이 이루어지는데, 아마도 여행 체험에 따른 관점의 변화 때문이 아닌가 싶다. 《페르시아인의 편지》가 거둔 성공은, 이 저서가 프랑스 왕권의 자의(恣意)에 반대하는 팸플릿으로 읽힌 때문으로 간주되었다. 군주정체와 전제정체의 구분은 수상쩍게 여겨질 수도 있었다. 볼테르는 "군주정체와 전제정체는 너무나 흡사해서 혼동하기 일쑤인 형제들이다"라고 생각한다. 몽테스키외가 어느 진영에 속해 있는지를 설명하고자 어떤 주석자들은 그가 프랑스 군주정체에서 지배층 특권을 보존하는 데 관심을 기울였다는 사실을 또다시 언급하고, 또 어떤 주석자들은 군주정체를 절대적인 것으로만 간주했던 홉스를 체계적으로 논박하려 했던 그의 뜻을 다시 한 번 언급한다.

그렇지만 몽테스키외는 권력이 정치법과 종교법에서 나오는 왕(basileus)과 독재자(turannos)를 대립시키는 오랜 역사적 전통을 내세울 수 있었다. 그러나 몽테스키외에 이르러 전제정체는 그냥 단 한 사람의 정체정체일 뿐만 아니라 귀족적이거나 민주적인 전제정체가 될 수도 있다. 전제정체의 변형으로 간주되는 군사정체는 한 군주(무갈 사람)의 그것일 뿐만 아니라 귀족계급(바르바리아 사람들)의 그것이기도 하다. 몽테스키외가 제안하는 정체의 3원성은 원칙의 3원성으로 확립되지만, 다음과 같이 확장될 수도 있다.

전제정체(두려움)	군주정체(명예)	
귀족적 전제정체	귀족정체	=공화정체(덕성)
국민적 전제정체	민주정체	

이때부터 《법의 정신》의 주요 문제는 전제정체가 출현했다는 것, 즉 정체들의 쇠퇴가 시작되었다는 것이다. "군주정체는 보통 전제정체로 변질되고, 귀족정체는 여러 사람의 전제정체로 변질된다."(《생각》, 1893) 그러므로 만일 이성의 명령이 들리지 않을 때 주권이 일반화되는 것은 정치적 자유에 중요하다. "전 세계 거의 모든 국민이 그들이 사랑하는 자유에서 너무나 멀리 떨어져 있다는 사실을 알더라도 놀라워하지 말아야 한다. 전제정체는 말하자면 눈에 확 띌 정도로 분명해졌다가 거의 혼자 자리 잡는다."(《생각》, 892) 사실 이 정체에서는 열정으로도 충분하지만, 중도정체를 수립하려면 신중함과 지식이 필요하다.

전제정체는 단순화하는 정체다. 자유는 정체 원칙이 흔들리면 바로 위협받는 균형과 복합적 요소들을 전제로 한다. 물론 우리는 이 원칙들을 완벽하게 만들거나 수정할 수 있으며, 또 그렇게 해야 한다. 그러나 항상 위협적인 전제정체의 쇠퇴를 방지하고, 이성에 고유한 진정한 법 관계를 회복시키는 것 말고는 진보의 전망이 없다. "우리가 입법자의 목표에서 멀어졌다고 느끼기란 쉬운 일이다. 어떻게, 무엇을 통해 그 목표로 돌아갈지 알아내는 것이야말로 어려운 일이다."(《생각》, 1873)

그러니 모든 입법화는 우선 이성으로 돌아갈 수 있는 가능성으로 평가되어야 한다.《법의 정신》은 바로 이 일에 기여하고자 한다. 즉 "개혁가가 되겠다며 거만해하지 않고" "몇 가지 문제를 규명하려 애쓰겠다"는 것이다. 몽테스키외의 저서에 19세기 진보 이론을 포개놓는 것은 그가 내세우는 철학적 프로젝트를 제대로 이해하지 못해서 생기는 일이다. "이성의 명령을 이성으로부터 직접 받을 수 없는 사람들에게 그것을 알리기 위해 법이 만들어진다는 것은 플라톤의 놀라운 생각(《공화국》, 9권)이다."(《생각》, 1859)

6. 몽테스키외의 이론

1) 풍토 이론은 동시대인들에게 강한 인상을 주었으며, 이후로 몽테스키외의 이름이 등장할 때마다 반드시 거론될 만큼 인간 사회에 큰 영향을 미쳤다. 일부는 풍토 이론이 진정한 과학적 결정론의 시초라고 생각하는 반면, 또 어떤 사람들은 그것이 운명론을 퍼트려 도덕적으로 위험하고 자의적인 이론이라고 보았다.

a. 몽테스키외가 반향을 불러일으킨 이 이론은 사실 고대 의학(히포크라테스, 갈리에누스)이나 정치철학(아리스토텔레스, 16세기의 장 보댕)에서 이미 선을 보였다. 몽테스키외의 동시대인들 가운데서도 그와 똑같은 주장을 편 사람들이 여러 명 있는데, 예를 들면 샤르댕(그는《법의 정신》에서 샤르댕의《여행기》를 자주 인용한다) 같은 사람이 있다. 그

러니까 몽테스키외가 이 이론을 창안했다고 말할 수는 없다.

b. 계절풍 현상을 고려하지 않았다고 몽테스키외를 나무라기 전에 '풍 토'라는 단어가 18세기에 어떤 의미로 쓰였는지에 주의를 기울여야 한다. 풍토라는 단어는 우선 햇빛에 대한 땅의 경사도를 의미한다. 적도와 수직을 이루는 햇빛은 극지에 다가갈수록 비스듬해진다. 지구가 움직이면, 적도에서 멀어질수록 점점 덜 더워진다. 풍토 결정론이 수학적이고 기하학적이며 하늘의 메커니즘에 따른다는 사실을 주목해야 한다. 그래서 전통적으로 풍토는 '본토(本土)'라는 일상적 의미를 가졌다. 지금의 기상학적 의미는 19세기가 되어서야 출현했다. 그러나 몽테스키외가 어느 정도 그걸 예감했던 것은 사실이다.

c. 실제로 몽테스키외는 결정론을 강조하기는커녕 물질적 결정론과 도덕적 결정론의 관계를 상대화하려고 노력했다. 물론 그는 "풍토의 제국은 모든 제국 중에서 첫 번째"(그러나 '제국'은 배타성이 아닌 탁월함을 의미한다)라거나 "자연과 풍토만으로도 미개인들을 거의 지배할 수 있다"라고 썼다. 그러나 여기서 주목할 점은, 미개인을 '거의' 지배한다는, 그리고 다른 민족은 그보다 덜 지배한다는 사실이다. 풍토가 어느 나라를 구성하는 수많은 요소 가운데 하나에 지나지 않는다는 사실을 확인하려면 일반 정신의 정의를 읽어보는 것으로 충분하다. 훌륭한 입법자란 풍토의 해로운 효과에 맞설 줄 아는 사람이다. "물질적 원인이 인간들로 하여금 더 많은 휴식을 취하게 할수록 도덕적 원인은 그들이 거기서 더 많이 멀어지도록 만들어야 한다." 그래서 몽

테스키외는 이렇게 주장할 수 있었다. "《법의 정신》이라는 책은 풍토에 대한, 혹은 일반적으로 물질적 원인에 대한 도덕의 영원한 승리를 이루어낸다."(《소르본 대학의 검열자들에 대한 응답》)

2) 입법권과 집행권, 사법권의 분리 이론은 흔히 몽테스키외가 만들어 낸 것으로 간주된다. 의심할 나위 없이 권력 병합은 전제정체로 이어진다. 의심할 나위 없이 중도정체에서는 권력이 구분되어야 한다. 그러나 권력은 절제되고 중단될 수 있어야 하며, 당연히 조화를 이룰 수 있어야 한다. 그러니까 분리되지 않을 수 있어야 하는 것이다. '영국 국가조직' 장(章)은 이 점에 대해 매우 명확하다. 권력 분립 표현은 1789년 인권선언문에 들어 있다(16조). "인권이 확실하게 보장되지 않거나 권력이 분리되지 않는 모든 사회는 헌법을 갖고 있지 않다." 그러나 권력 분배에 대해 말하는 몽테스키외에게는 이런 사회가 없다.

3) 몽테스키외는 영국 모델에 따라 프랑스 군주정체의 개혁을 제안했는가. 이 물음은 《법의 정신》에 나와 있는, 어떤 정체는 그것이 자리잡게 될 국민의 성향과 관련되어야 한다, 라는 말을 잊어버리기 때문에 하는 것이다. 다른 한편으로 프랑스의 군주정체 유형은 그 자체로 더 '완벽하다'. 영국의 군주정체는 프랑스에 이식되면 위험할 수도 있는 '혼합형' 정체다("영국인은 자유를 신장하고자 군주정체를 구성하는 모든 중간 권력을 제거했다"). 마지막으로 몽테스키외는 자신을 개혁자로 소개한 적이 결코 없다는 사실을 상기하자.

사상사 관점에서 볼 때 영국 제도에 관한 장들이 큰 영향력을 발휘한 것은 의심할 나위 없는 사실이다. 그러나《법의 정신》을 영국 제도 중심으로 해석할 경우 잘못된 관점을 갖게 될 뿐 아니라 몽테스키외 사상을 오해하게 될 수도 있다. 몽테스키외를 사회학의 선구자로, 프랑스혁명의 선구자로, 자유주의의 선구자로 내세우는 것은 너무 성급한 해석이다.

4) 몽테스키외는 두 가지 의도를 갖고 있어서 때로는 애매모호해 보이고, 심지어 모순을 보여주기까지 한다.《법의 정신》에는 두 가지 의도가 나타나 있다.

하나는 '법이 여러 사물과 가질 수 있는 여러 관계'를 보여주겠다는 '과학적' 의도다. 순전히 이론적인 의도인 것이다.

또 하나는 '개혁적' 의도다. 몽테스키외는 중간 집단이 빼앗긴 특권을 다시 그들에게 돌려줌으로써 프랑스 군주정체가 루이 14세 치하에서 잃어버린 온건이라는 특성을 되찾도록 하자고 제안했다.

그러므로 두 몽테스키외가 있다고 말할 수 있다. 즉 사법적·정치적 사회학의 토대를 마련한 몽테스키외와, 자기가 속한 계급의 특권을 옹호함으로써 18세기 의회 소수당의 이론가가 된 몽테스키외다. 특히 군주정체와 전제정체의 구분이 갖는 중요성은 이렇게 설명될 것이다.

매우 일반적인 이 같은 해석은 두 가지 반대에 부딪힌다. 한편으로 이 해석은 서문에 등장하는 몽테스키외 자신의 가장 단호한 진술과 배치된다. 그것은 그가 자기 의도를 계속 감추었다고 가정하며,

달랑베르가《찬사》에서 그렇게 주장했다는 사실만으로는 그 점을 증명할 수 없다. 몽테스키외가 "나는 어떤 나라에서든 이미 확립된 것을 검열하려고 글을 쓰지는 않는다"라고 쓸 때, 그것을 "국민이 식견을 갖추는 것은 중요하다"라는 뜻으로 이해하고 왜 그를 믿지 않는 것일까? 다른 한편으로 몽테스키외의 철학은 설명하는 이성과 규정하는 이성을 근본적으로 대립시키지는 않는다는 점을 다시 한 번 강조한다. 몽테스키외는 세 가지 정체의 원칙을 요약하면서 이렇게 쓴다. "이것은 어떤 공화정체에서 사람들이 덕성을 갖췄음을 의미하는 것이 아니라 그것을 갖춰야 한다는 것을 의미한다."

5) 몽테스키외의 사상이《법의 정신》을 집필하는 동안 변화했다는 가정은 실제적이거나 가정된 모순들을 설명할 수 있도록 해준다. 영국 제도에 관한 11편부터는 정치 이론에 일종의 단절이나 변화가 일어난다. 여행과 베니스공화국 쇠퇴의 경험, 그리고 특히 영국에서 겪은 경험이 결정적이었을 것으로 짐작된다. 그는 순전히 책에서만 고대 공화국들에 대해 감탄하다가 중도 온건 군주정체에 대해 연구한다. 그러나 여기서도 역시 1734년에야(여행을 마치고 난 뒤에) 시작된 이 저서의 집필과 관련된 정확한 문서조차 없이 저자 자신의 진술을 논박해야 할 것이다. 그렇지만 특히 3편부터(2편에서도 이미 알 수 있다) 몽테스키외는 영국 제도와 '중도 온건' 정체를 참조하며, 11편 이후에서도 고대 공화국에 대해 계속 검토한다.

6) 전제주의 정체와 전체주의 정체를 동일시해야 하는가? 만일 독재정

체와 전제정체, 전제정체가 예를 들어 인간 권한을 존중하는 자유체
제에 반대된다면 그것들은 동의어이며, 20세기에 나타난 전체주의
라는 용어는 전제정체를 가리키는 최신 용어에 지나지 않을 것이다.
그렇지만 몽테스키외가 '인간 권한'을 내세우지 않았으며, '정치적
자유' 개념도 11편에 가서야, 즉 정체 이론을 전재하고 나서 한참 뒤
에 그것과 무관하게 등장할 뿐이다. 사실 여러 가지 점에서 전체주의
와 전제주의는 반대된다. 즉 전체주의 정체는 대중의 동원과 사생활
을 흡수하는 정치화를 결과로 초래하는 반면, 몽테스키외는 전제주
의 정체를 근본적으로 부정적이며 모든 정치 생활을 파괴하고 심지
어는 국민에게 상대적 '평안'을 보장하기까지 하는 정치체제로 간주
한다. '전제정체'라는 용어를 선택한다는 것은 곧 사생활이 국가 자
체의 권력을 대체한다는 의미다. 몽테스키외는 계속 주장한다. 즉 전
제정체 아래에서는 공교육이 없고 오직 사교육만 있다는 것이다. 반
대로 전체주의 체제는 젊은이들의 교육을 엄밀하게 통제하는 한편
유일 정당을 통해 어떤 이데올로기를 강요하려 애쓴다. 그 반면 몽
테스키외에 따르면 정당이라는 개념 자체가 전제정체에서는 의미를
갖지 못한다.

　몽테스키외는 단번에 위대한 작가로 인정받았다. 그렇기는 하지만《법
의 정신》구성에 관해서는 흔히 평가가 유보적이다. 몽테스키외는 그 자신
의 표현에 따르자면 "두 종류의 인간"을, 즉 생각하는 인간과 즐기는 인간을
만족시키고자 했다. 말하자면 흔히 매우 엄격한 데다 라틴어로 쓰인 사법적
차원의 연구물을 많은 사람들이 접할 수 있기를 바랐다. 어떻게 보면 그는

《방법론》(1637년)을 프랑스어로 쓴 데카르트의 계획이나, 아니면《세계의 복수성에 관한 담화》(1686년)를 쓴 퐁트넬의 계획을 계속 추진해나갔다. 퐁트넬의 계획은 어마어마한 성공을 거뒀는데, 저자 자신은 "나는 철학을 전혀 철학적이지 않은 방법으로 다루고자 했다. 나는 철학을 이 세상 사람들은 너무 건조하게 느끼지 않고 또 학자들은 너무 진부하게 느끼지 않는 지점으로 끌어가려 애썼다"라고 말했다. 이 세상 모든 사람이 접근할 수 있는 새로운 영역이 몽테스키외와 더불어 열린 것이다. 볼테르는 이 같은 사실을 매우 잘 알고 있어서 렝게가 국민 교육에 대해 물었을 때 이렇게 대답했다. "하층민들이 그로티우스나 푸펜도르프의 책을 읽을까 봐 걱정하지 마십시오. 그들도 지겨운 건 안 좋아하니까 말입니다. 그들은 차라리 모든 사람이 접근할 수 있는《법의 정신》을 서너 장(章) 읽고 말 겁니다. 이 책은 문체가 꾸밈이 없고 읽으면 무척이나 재미있기 때문입니다."

몽테스키외는 독자의 주의를 끌려고 아주 다양한 전개 방법을 도입했다. 그는 놀라운 솜씨를 발휘해 다양한 문체를 구사한다. 때로는 산문으로 된 서정적인 절(節)들로 이야기하다가(예를 들면 서문), 또 때로는 준엄하게 독설을 퍼부으며(노예제도에 관한 장), 때로는 보쉬에식 화법을 구사하다가 또 때로는 볼테르식 화법을 구사한다. 반대로 단 한 단어에 그치는 은유들도 많이 등장한다(예를 들면 전제정체의 무시무시한 '평온함'). 이런 이미지들을 거의 대부분 그리스 로마 시대 작가들에게서 빌려왔다 하여 그 암시력(暗示力)이 효과를 발휘하지 못하는 것은 아니다. 물론 과장된 부분도 있고 부자연스러운 부분도 이따금 있지만, 몽테스키외는 그의 시대에 넘쳐났던 글 잘 쓰는 사람들 중에서도 단연 최고의 문장가다. 그는 말하자면 '바로크풍' 작가다('바로크'라는 단어에 경멸적 의미를 부여하지 않는다는 조건으로). 그의 문제는 또한 19세기에 흔히 볼 수 있었던 그 지루한 웅변조와도, 또 우리 시대 신문과 잡지의 중언부언과도 거리가 멀다. "중간 개념들을 부각해야 하는데, 따분해질 정도로 너무 조금 해서도 안 되고 아예 귀 기울이지 않을 정도로 너무 많이 해서도 안 된다." 이 중간 개념들을 재구성하고, 실례(實例)와 은유 형태로 논거를 다시 발견해내는 것은 독자의 몫이다.

몽테스키외의 문체는 겉으로 보기에 매혹적이고 손쉽게 읽을 수 있을 것 같지만 바로 이 같은 점 때문에 독자에게 상당한 주의력을 요구한다. 스탕달이 정확히 봤다. "그는 우리가 알고 있는 작가들 중 가장 간결한 문체를 구사하는 작가다. 우리가 아는 작가들 가운데 과연 누가 그처럼 여섯 줄로 네 페이지가 넘는 부연 효과를 낼 수 있겠는가?"(《라신과 셰익스피어》) 텐은 "그가 요약하면서 사고한다"고 말하고 나서 이렇게 덧붙인다. "흔히 요약조차 수수께끼처럼 보이며, 논거는 이중적이다. 우리는 이해한다는 즐거움과 더불어 예측한다는 만족감을 갖기 때문이다."

몽테스키외는 또 책을 구성할 때도 다양성을 발휘했다. 그는 책을 여러 편(篇)으로 나누며, 이 편들도 여러 장(章)으로 나누는데, 이 장들은 길이가 다양하기는 하지만 대부분 짧고 어떤 장들은 너무 짧아(예를 들어 전제정체에 관한 장) 상당히 놀라운 효과를 발휘한다. 어쨌든《법의 정신》전체에서 연속성이나 일관성을 찾기는 쉬운 일이 아니다. 몽테스키외의 동시대인들은 이 점을 지적했다. 1751년에 라 포르트 신부는 '방법론의 부재'에 대해 말하며 "나는 아무 출구도 안 보이는 미로에 들어왔다"라고 썼다. 그러나 이 지적은 부당하다.《법의 정신》플랜이 '귀족정체와 관련된 법' 장에 나와 있는 것이다. 이 책의 통일성은 때로 명확한 책 속의 상호 참조에 의해 보장된다. 그러나 이 책의 통일성은 특히 독자가 흔히 설렁설렁 읽고 넘어가는 처음 몇 편(部)에서 전개되는 기본적인 철학적 원칙들에 기인하고 있다.

이 세상 사람들이 《법의 정신》을 읽고 이해할 수 있도록 해야겠다는 데 신경을 쓰다 보니 몽테스키외는 또 다른 어려움에 부딪히는데, 바로 어휘 선택의 어려움이다. 어휘는 어쩔 수 없이 써야 하는 사법적 표현을 제외하고는 일상에서 사용되는 단어들로 제한되는데, 새로운 개념을 표현해야 하는 단어들의 경우에는 그 의미가 매우 모호하다. 몽테스키외는 '덕성'이라는 단어를 설명해야 했고, 'nature'나 'naturel'같이 자주 등장하는 단어들은 한 문단에서, 심지어 한 문장에서도 서로 다른 의미를 갖는다.

7. 《법의 정신》의 구성

감춰진 엄격함

《법의 정신》은 6부로 구성되어 있는데도 뭔가 질서가 없다는 느낌을 쉽사리 불러일으키며, 몽테스키외는 흔히 그것 때문에 비난을 받는다. 예를 들어 역사학자이자 비평가인 알베르 소렐(1842~1906년)은 이렇게 쓴다. "이 작품은 26편에서 멈춘다. (…) 그다음 편(篇)들이 전개됨에 따라 논리적 연관성이 풀리면서 자꾸 본론에서 벗어난다. 그 이유는 몽테스키외의 정신이 아무리 방대하더라도 30년 동안 읽으면서 모아놓은 그 엄청난 양의 주석들을 전체적으로 파악할 수는 없었기 때문이다." 이 책이 1~13편, 14~26편, 27~31편까지의 세 부분으로 나뉘어 있다는 사실을 발견한 것은 비평가인 귀스타브 랑송(1857~1934년)이었다. 그리고 철학자 루이 알튀세르(1918~1990년)는 이런 식의 분석을 보완하고 심화했다. 이 책의 구성은 우리에게 변증법적 독해를 권유한다. 이 책의 심오한 논리와 통찰력을 최대한 자세히 지켜봐야 하는 것이다. 오직 안 보이는 것만이 보이는 것을 이해하게 해주기 때문이다.

1~13편

시간과 공간을 제대로 파악하기 힘든 풍성한 다양성에서 출발한(그는 '서문'에서 이렇게 말한다) 몽테스키외는 이 다양성을 성격이 서로 다른 몇 가지 정치체제로 단순화하고(1, 2편), 여기서 출발해 정치 구조의 감추어진 깊이에 다다른다(3편 '원리들'). 이때부터 제도들에서 눈에 보이는 것, 즉 그가 '원리들의 결과'라고 부르는 것(6, 7편 제목들)이 그것의 조직 속에서 발견되고 드러나는데, 교육도 있고, 범죄율도 있고, 경제도 있고, 전쟁도 있고, 정치 제도나 사법 제도도 있고, 금융도 있다. 5편에서 몽테스키외는, 입법자는 그의 법을 원리에 일치시켜야 한다는 것을 보여준다. 8편과 11~13편에서는 한 걸음 더 나가 이 유명한 '원리들'과 정치 구조의 변화를 분석하려고 시도한다. 여기서는 자유가 주제를 이루며, 몽테스키외는 자유를 "각자가 자신의 안전에 대해 갖는 의견에서 유래하는 정신적 평온"으로 정의한다. 몽테스키외는 자유를 사회적 교류(정치 구조 내부에서 법에 의해 고정되는)의 요체로 파악하고 있는 것처럼 보인다.

14~25편

항상 가시적인 것과 즉각적인 것을 초월해야 한다. 풍토(14~17편)와 인구(18편), 교류(20~23편), 종교(24~25편)의 개념에 매달려서 몽테스키외가 이해하려고 노력하는 것은 정치적·사회적 영역에서 공간과 시간의 조직 및 지성이다. 바로 이때 몽테스키외가 첫 번째 부분에서 논리적으로 한계를 지컸던 제도 현상을 크게 넘어서게 된다.

26~31편

운동과 총체성은 역사가 아닌가? 마지막에 등장하는 6개 편은 사실 이 역사에 할애되어 있는데, 역사를 따라가기도 하고(27편은 로마 상속법의 변화를, 28편은 프랑스 국민법의 탄생을, 30~31편은 프랑스 군주정체의 기원을 다룬다), 역사를 인도하기도 한다(법을 어떻게 선택하고 구성할지를 26편과 29편에서 다룬다).

이 부분은 일관성이 없다. 몇 개 편은 거기 덧붙여졌을 수 있고, 또 몇 개 편은 마지막 순간에 삽입되었다. 몽테스키외가 피곤해서 그랬을까? 아니면 그 뒤에 사용하게 될 방법론을 예증하는 것일까? 몽테스키외가 역사와 동시에 시간과 시대를 발견한다는 것, 그것이 바로《법의 정신》을 지배하는 눈에 보이는 것과 눈에 안 보이는 것의 이 같은 변증법의 새로운 효과가 아닐까?

무질서의 항구성

그래서 질서는《법의 정신》에 확실히 자리 잡는데, 달랑베르는《몽테스키외 찬양》(1763년)에서 이 점을 차분하게 확인했다. "이 책을 더 깊이 파고들수록 그 점을 더욱더 확신하게 될 것이다." 이 질서는 우리로 하여금 이 책에서 매우 과학적인 방법론으로 사회를 연구한 최초의 저서를 떠올리게 해준다. 오귀스트 콩트(1798~1857년)는 몽테스키외가 사회학을 하나의 학문으로 정립한 사회학의 선구자라고 보았다. 철학자 레몽 아롱(1905~1983년) 역시 몽테스키외가 '사회학 이론가 중 한 명'이라고 생각했다. 그렇지만《법의 정신》의 질서는 위협받는 질서다. 이 책의 흐름을 따라갈 수도 있지만, 그렇다고 해도 설명하기 힘들 만큼 완곡한 어법들이 여전히 존재한다. 즉 길이 계속해서 놀라움과 기발함으로 점철되어 있고 외양이 매 순간 달라지는 바람에 독자는 너무 확실한 이 가이드북을 따라가기가 조금 힘들다.

무질서의 징후들

어떤 부는 책의 논리적 흐름을 거스르는데, 8편과 19편, 26편, 29편이 그렇다. 다른 편은 제자리에 자리를 잡고 있지만, 그 장(章)들의 배열을 뒤죽박죽으로 만들어놓고 독자를 무질서보다 더 짜증나는 것(존재하는 질서를 감추는 것)으로 빠트리는 데서 악의적 쾌감을 느끼는 듯 보인다. 그래서 24편의 경우는 종교가 사회에 미치는 영향과 사회적 요인들이 종교에 미치는 영향을 연구하고 있지만, 사실은 이 두 가지 질서를 구분하는 대신 그것들을 뒤섞어버리려고 애쓰는 것처럼 보인다.

이 책의 여러 편은 사실 더 호의적이지만, 그것은 대부분 더 큰 놀라움을 우리에게 안겨주기 위해서다. 마치 몽테스키외가 비평가들의 '분류에 대한 집착'과 다른 독단을 조롱하고 있는 듯, 장(章)들은 우선 매우 불균등한 중요성을 갖고 있다. 어떤 장은 한 문장으로 축소된다(5편 13장). 그리고 또 어떤 장은 진짜 한 편의 수필이라고 해도 될 만큼 길다(11편 6장). 한 장의 내용은 하나에서 여러 개까지 다양하게 변할 수 있다. 3편 15장은 그냥 그다음에 나오는 세 개 장과만 연관되어 있다. 5편 5장은 반대로 이 장을 다시 여러 부분으로 나눌 것을 요구한다. 저자는 이 같은 불균등을 없애려고 애쓰기보다 오히려 그것을 부각하며 만족스러워하는 것처럼 보인다. 11편 6장은 매우 짧은 장들로 둘러싸여 있다. 26편에서는 일련의 추상적이고 일반적인 장들이 '잉카 아타우알파의 불행한 운명'에 대한 언급으로 중단된다.

장 분할은 불규칙적이기는 하지만 훨씬 더 자의적이다. 몽테스키외는 자주 주제를 바꾸지 않고 장을 바꾼다. 독자가 그냥 '같은 주제의 연속'이라고만 이름 붙여진 3개 장을 연속으로 만나는 일이 빈번하게 일어난다(19편 24~26장, 28편 31~33장, 31편 21~23장). 11편에서 9장은 사실 8장의 예시로서 10장까지 전개된다. 12편에서는 오직 7장에만 '국가원수 모독죄에 관하여'라는 제목이 붙어 있지만, 그 뒤 6개 장도 다소 애매모호한 제목 아래 같은 주제를 다루고 있다. 이런 상황에서는 붙여진 제목을 믿을 수가 없다. 흔히 이 제목들은 드러내 보여주기보다 감추는 데 쓰인다.

각 장에서도 같은 지적을 할 수 있다. 영국 사람들의 풍습이 갖는 주요한 특징들을 병렬하는(단순한 관념 연상에 의해) 19편 27장만큼 일관성 없는 장은 없다. 그러나 각 장을 구성하는 짧은 별행들은 흔히 명확함보다 현기증을 불러일으키는 경우가 많다. 이 점에 대해 몽테스키외 자신은 다음과 같이 말했다. "글을 잘 쓰려면 중간 개념들을 뛰어넘어야 한다. 지겨워지지 않게 충분히. 그러나 들리지 않을 수도 있으니 너무 많이는 말고."《생각》, 802)

무질서를 위한 사소한 행동

"질서가 이성의 쾌락이라면 무질서는 상상력의 열락이다." 클로델(1868~1955년)은 언젠가 이렇게 말하게 될 것이다. 무질서의 징후들(또는 질서의 기습)은 단 하나의 동일한 원인으로 귀결될 수 없다. 그러므로 이 주제에 관해 할 수 있는 다양한 범주의 설명들을 구분해야 한다.

먼저 상황에 따른 이유들이 있다. 글을 쓰는 사람은 글을 진짜 유기적으로 구성하기보다 병렬해서 작은 단위들로 배열하려는 유혹을 느낄 수 있다. 무분별에 빠질지도 모르는 작가는 자신이 쓴 것을 다시 읽기가 힘들다. 몽테스키외는 직업 작가가 아니며, 특히 독자를 지겹게 만들까 봐 이렇게 또는 저렇게 보이는 것을 원하지 않는다. 신중함도 역시 끼어든다. 외견상 무질서와 산만함은 적의 공격과 비판에 대한 덜 쉬운 대응을 제공한다.

몽테스키외는 그 이전 시대 사람들이 마음에 들어 하던 위대한 총합적·독단론적 작품을 마음에 들어 하지 않는 세기에 속해 있다. 18세기는 그 원리 자체는 어둠에 잠겨 있을 수도 있는 '빛'의 최초 근원에 도달할 수 있으리라는 확신을 갖고 있지 않았다. 《백과전서》의 '과학의 기본 원리'라는 항목에서 달랑베르는 이렇게 쓴다. "우리는 그것들을 원리라고 부르는데, 우리 인식이 바로 거기서 시작되기 때문이다. 그러나 그것들은 그 자체로는 이 이름에 어울리기는커녕 어쩌면 더 일반적인 다른 원리들(그 탁월함이 눈에 안 띄는)에서 멀리 떨어진 결과에 지나지 않을지도 모른다." 그러나 몽테스키외는 세부적인 것을 과학적으로 분석하기 시작하고, 위대한 형이상학적 종합을 탁월한 솜씨로 계승한다. 그는 옛날에 나 있던 길을 따라가고 싶은 유혹을 느끼지 않았을까? 그가 면밀하게 조사했으며 그중 어느 하나도 놓치려고 하지 않았던 이 파편적 현실에서 이따금 길을 잃지 않을 수 있었을까?

그런데 이 책에 대해 몽테스키외는 완전한 책임을 요구하며, 볼테르가 그것을 '전통적 순서에 따라' 다시 하겠다고 주장하자 이렇게 아이로니컬하게 항의한다. "볼테르는 물론 에스프리를 갖고 있다. 그는 자기가 비판하려는 작품을 다시 만들고 그것을 판단한다. 내가 만들겠다고 주장한 것은 내 책이다." 학문적인 책에 이처럼 지속적으로 '나'가 등장하는 것은 엉뚱하고 색다르다. 어떤 경험을 이야기하는 순수하고 거의 객관적인 '나'(예를 들어

14편 1장)가 문제가 아니라, 자신의 불확실성과 불안을 우리에게 고백하는 또 다른 '나'가 문제다. 이 '나'가 오직 '너'('나' 자신이 존재를 부여하는)에 의해서만 존재한다는 것은 명백한 사실이다. 저자의 영속적 현존은 그것과 함께 그 독자의 현존을 만들어내며, 그들이 만나는 영역이야말로 함께 세계의 목록을 작성하고 명명하려 애쓰는 두 은밀한 존재의 무언의 대화에서 '만들어야 할' 이 작품의 '무질서'다.《법의 정신》의 '시학'과 '수사학'은 다른 식으로는 설명되지 않는다.

1757년 판 차례

1757년 완본판 차례는 그 내용과 몽테스키외의 주제를 요약해 보여준다. 이 목차는 비록《법의 정신》전체를 다 읽지는 못한다 할지라도 이 책의 구조를 더 잘 이해할 수 있도록 해준다.

3부

4부

5부

7. 자연법 규범이 문제가 될 때는 종교 규범으로 결정해
   서는 안 된다

8. 민법 원리들에 따라 규제되는 것들을 교회법 원리들
   로 규제해서는 안 된다

9. 민법 원리에 따라 규제되는 것들이 종교법 원리로 규
   제되는 것은 매우 드물다

10. 어떤 경우에 금지하는 종교법이 아니라 허용하는
    민법을 따라야 하는가

11. 인간의 법정을 다른 삶에 관계되는 법정 원리로 해
    결해서는 안 된다

12. 같은 주제의 연속

13. 어떤 경우에 결혼에 대해 종교법을 따르고, 또 어떤
    경우에 민법을 따라야 하는가

14. 어떤 경우에 친척끼리의 결혼에서 자연법에 따라
    조정하고, 또 어떤 경우에 민법에 따라 조정해야 하
    는가

15. 민법 원리에 의존하는 것을 정치법 원리로 규정하
    면 안 된다

16. 정치법 규칙에 따라 결정해야 될 때 민법 규칙으로
    결정해서는 안 된다

17. 같은 주제의 연속

18. 서로 모순되어 보이는 법들이 같은 종류의 것인지
    를 검토해야 한다

19. 가정법에 따라 결정되어야 하는 것들을 민법으로
    결정하지 말아야 한다

20. 사람들의 법에 속해 있는 것을 민법 원리로 결정해
    서는 안 된다

6부

용되지 않았는가

옮긴이 **이재형**

한국외국어대학교 프랑스어과 박사 과정을 수료하고 한국외국어대학교, 강원대학교, 상명여대 강사를 지냈다. 지금은 프랑스에 머무르면서 프랑스어 전문 번역가로 일하고 있다.

옮긴 책으로 《가벼움의 시대》(질 리포베츠키), 《달빛 미소》(줄리앙 아란다), 《나는 걷는다 끝.》(베르나르 올리비에·베네딕트 플라테), 《하늘의 푸른빛》(조르주 바타유), 《프랑스 유언》(안드레이 마킨), 《세상의 용도》(니콜라 부비에), 《어느 하녀의 일기》(옥타브 미르보), 《시티 오브 조이》(도미니크 라피에르), 《군중심리》(귀스타브 르 봉), 《사회계약론》(장 자크 루소), 《꾸뻬 씨의 행복 여행》(프랑수아 를로르), 《프로이트: 그의 생애와 사상》(마르트 로베르), 《마법의 백과사전》(까트린 끄노), 《지구는 우리의 조국》(에드가 모랭), 《밤의 노예》(미셸 오스트), 《말빛》(로베르 메를르), 《세월의 거품》(보리스 비앙), 《레이스 뜨는 여자》(파스칼 레네), 《눈 이야기》(조르주 바타유) 등이 있다.

법의 정신

1판 1쇄 발행   2015년 5월 20일
1판 8쇄 발행   2024년 8월 10일

지은이 몽테스키외 | 옮긴이 이재형
펴낸곳 (주)문예출판사 | **펴낸이** 전준배
출판등록 2004. 02. 11. 제 2013-000357호 (1966. 12. 2. 제 1-134호)
주소 04001 서울시 마포구 월드컵북로 21
전화 393-5681 | **팩스** 393-5685
홈페이지 www.moonye.com | **블로그** blog.naver.com/imoonye
페이스북 www.facebook.com/moonyepublishing | **이메일** info@moonye.com

ISBN 978-89-310-0950-7 03160